Rodney Huddleston
Geoffrey K. Pullum

「英文法大事典」シリーズ
【編集委員長】畠山雄二
【監訳】藤田耕司・長谷川信子・竹沢幸一

5

The Cambridge Grammar of the English Language

前置詞と前置詞句, そして否定

縄田裕幸
久米祐介
松元洋介
山村崇斗
［訳］

開拓社

The Cambridge Grammar of the English Language

by Rodney Huddleston and Geoffrey K. Pullum

Copyright © Cambridge University Press, 2002
Japanese edition © Yuji Hatakeyama et al., 2018

Japanese translation rights arranged with
the Syndicate of the Press of the University of Cambridge, England
through Tuttle-Mori Agency, Inc., Tokyo.

『英文法大事典』の刊行にあたって

　英語をネタにして生計を立てている人の間で 'CGEL' といったら 2 つのものが思い浮かべられるであろう．*A Comprehensive Grammar of the English Language* (Quirk et al. (1985)) と *The Cambridge Grammar of the English Language* (Rodney Huddleston and Geoffrey K. Pullum (2002)) である．'CGEL' と聞いてこの 2 つが思い浮かべられないような人はモグリの英語ケンキュウシャといってもいいであろう．それぐらい，この 2 つの CGEL は英語をネタにして生計を立てている人（すなわち英語の教育者ならびに研究者）の間ではバイブル的な存在になっている．ちょうど，ちゃんと受験英語をやった人にとって『英文法解説』（江川泰一郎）が受験英語のバイブル的参考書であるように．

　さて，この 2 つの CGEL であるが，*The Cambridge Grammar of the English Language* は，*A Comprehensive Grammar of the English Language* を踏み台にしてつくられている．踏み台とされた *A Comprehensive Grammar of the English Language* であるが，これはすでに一定の，そして非常に高い評価を受けており，英文法の「標準テキスト」となっている．しかし，*The Cambridge Grammar of the English Language* の編者の 1 人である Huddleston が，*Language*, Vol. 64, Num. 2, pp. 345–354 で同書を評論しているように，*A Comprehensive Grammar of the English Language* (Quirk et al. (1985)) には少なくない，しかも深刻な問題がある．

　Huddleston のいうことをそのまま紹介すれば，*A Comprehensive Grammar of the English Language* (Quirk et al. (1985)) は 'It will be an indispensable sourcebook for research in most areas of English grammar. Nevertheless, there are some respects in which it is seriously flawed and disappointing. A number of quite basic categories and concepts do not seem to have been thought through with sufficient care; this results in a remarkable amount of unclarity and inconsistency in the analysis, and in the organization of the grammar. (CGEL (Quirk et al. (1985)) は英文法を学ぶにあたり，ほとんどの分野において，今後なくてはならない，そして何か調べたいときはまず手にしないといけないものとなるでしょう．でも，CGEL (Quirk et al. (1985)) には看過できないミスや読んでいてガッカリするところがあり

iii

ます．かなり多くの基本的な文法範疇や概念が精査された上で使われていると
は思えないところがあるのです．そして，その結果，分析にかなり多くの不明
瞭さや不統一が見られ，英文法全体の枠組みもぼんやりして一貫性のないもの
になってしまっているのです)' なのである（同評論 p. 346 参照）．

A Comprehensive Grammar of the English Language (Quirk et al. (1985))
を批判した Rodney Huddleston が Geoffrey K. Pullum といっしょにつくっ
た本，それが *The Cambridge Grammar of the English Language* (Rodney
Huddleston and Geoffrey K. Pullum (2002)) である．このような経緯からも
わかるように，*The Cambridge Grammar of the English Language* は *A
Comprehensive Grammar of the English Language* を凌駕したものとなって
いる．*The Cambridge Grammar of the English Language* がまだ刊行されて
いない段階で *A Comprehensive Grammar of the English Language* が世界最
高峰の英文法書であったように，*The Cambridge Grammar of the English
Language* が刊行され，それを凌駕する英文法書がいまだ出ていない今日，
The Cambridge Grammar of the English Language が今ある世界最高峰の英
文法書であるといっても過言ではない．

　さて，そのような世界最高峰の英文法書 *The Cambridge Grammar of the
English Language* (Rodney Huddleston and Geoffrey K. Pullum (2002)) で
あるが，編者の Rodney Huddleston と Geoffrey K. Pullum は，ともに，広
い意味での生成文法学派の研究者である．ただ，Huddleston はもともと Hal-
liday 派の機能文法の研究者であったし，Pullum は一般化句構造文法（GPSG)
の創始者の１人でもある．このことからわかるように，*The Cambridge
Grammar of the English Language* は生成文法系の編者によってつくられて
はいるものの，言語をさまざまな観点から眺められる，そういったバランスの
とれた編者によってつくられている．誰が読んでも，そしてどんな立場の人が
読んでも，さらに素人ばかりでなくプロが読んでもいろいろ学べる世界最高峰
の英文法書，それが *The Cambridge Grammar of the English Language* なの
である．

　上で触れたように，*The Cambridge Grammar of the English Language* は
生成文法的なバックボーンとツールを用いて書かれている．しかし，あくまで
英語という言語の記述がメインでテクニカルな説明はなされていない．生成文
法や機能文法，そして認知言語学や一般化句構造文法などすべての現代言語学
の文法理論を通してどれだけ英語を記述できるか，そしていかにして英語の真
の姿に向き合えるか，そのような目的をもって書かれたものが *The Cam-*

bridge Grammar of the English Language だともいえる.

The Cambridge Grammar of the English Language では，これまで生成文法などで等閑視されてきた言語事実がたくさん紹介されている．たとえば，いわゆる破格文がいろいろ紹介されているが，文法から逸脱したこのような文をいかに分析したらいいか，生成文法をはじめ認知言語学や機能文法，そして一般化句構造文法（GPSG）の後継者である主辞駆動句構造文法（HPSG）にとって大きな課題となるであろう．このように，*The Cambridge Grammar of the English Language* では破格文をはじめ，いわゆる規範文法を否定する例がたくさん紹介されているが，その意味でも，*The Cambridge Grammar of the English Language* は規範文法だけでなく理論言語学にも非常にチャレンジングなものとなっている．

本気で英語を勉強したり，真摯に英語に向き合ったり，さらには英語学を極めようと思っている人にとって避けては通れない本，それが *The Cambridge Grammar of the English Language* であるが，原著を読んだことがある人ならわかるように，かなり骨の折れる本である．骨が折れる理由は2つある．1つは分量である．1860ページあり，しかも重量が3.1kgもある．これだけの分量を読むのは文字通り骨が折れる．

残るもう1つの骨が折れること，それは，*The Cambridge Grammar of the English Language* の英文と内容のレベルの高さである．*The Cambridge Grammar of the English Language* が英語ネイティブを読者として想定していることもあり，英語非ネイティブのためにやさしい英語を使って書かれてはいない．さらに内容もいっさい妥協せずクオリティの高いものになっている．ことばをことばで説明するというメタ言語的な内容も多いだけに，高度な英文読解力と論理的思考力が読み手に要求される．

骨を2つ折らないと *The Cambridge Grammar of the English Language* は読むことができない．暇人ならともかく，そしてかなり高い英語力がある人ならともかく，英語にあまり自信のない人が膨大な時間をかけて骨を2本も折るのはかなり酷なことである．そもそも，骨を2本折ったところで正しく読めていないのであればそれこそ骨折り損というものである．

そこで，皆さんの代わりに骨を折ってやろう！ということで刊行されたのが本シリーズ『英文法大事典』全11巻である．本シリーズを刊行するにあたり，合計104本の骨が折られることになった．つまり，本シリーズ『英文法大事典』全11巻を刊行するにあたり，総勢52名の方に参戦していただくことになった．

The Cambridge Grammar of the English Language を完訳するという無謀とも思えるプロジェクトに参加して下さった 52 名の方々には心から感謝する次第である．まず，監訳者の藤田耕司氏と長谷川信子氏，そして竹沢幸一氏の 3 氏に心から感謝申し上げる．各氏の厳しい原稿チェックがなければこれほどハイクオリティのものを世に出すことはできなかった．ちなみに，本シリーズはどの巻も 10 回以上のチェックを経た後に刊行されている．

各巻の責任訳者にも感謝申し上げたい．各巻のタイトルならびに責任訳者は次のとおりであるが，各巻の共訳者をうまくとりまとめていただいた．

第 0 巻『英文法と統語論の概観』（本田謙介）原著 1 章と 2 章の翻訳

第 1 巻『動詞と非定形節，そして動詞を欠いた節』（谷口一美）原著 3 章と 14 章の翻訳

第 2 巻『補部となる節，付加部となる節』（木口寛久）原著 4 章と 8 章の翻訳

第 3 巻『名詞と名詞句』（寺田寛）原著 5 章の翻訳

第 4 巻『形容詞と副詞』（田中江扶）原著 6 章の翻訳

第 5 巻『前置詞と前置詞句，そして否定』（縄田裕幸）原著 7 章と 9 章の翻訳

第 6 巻『節のタイプと発話力，そして発話の内容』（松本マスミ）原著 10 章と 11 章の翻訳

第 7 巻『関係詞と比較構文』（岩田彩志）原著 12 章と 13 章の翻訳

第 8 巻『接続詞と句読法』（岸本秀樹）原著 15 章と 20 章の翻訳

第 9 巻『情報構造と照応表現』（保坂道雄）原著 16 章と 17 章の翻訳

第 10 巻『形態論と語形成』（今仁生美）原著 18 章と 19 章の翻訳

いうまでもなく，各巻の訳者の方たちにも心から感謝申し上げる．根気と集中力と体力と知力のいる翻訳作業，本当にご苦労さまでした．そして，この巨大プロジェクトに参加してくださり，ありがとうございました．

最後になるが，開拓社の川田賢氏に心から感謝申し上げる次第である．訳者の人選など，そして本つくりのプロセスなど，すべて私のやりたいようにやらせてもらった．気持よく仕事をやらせてくれた川田氏の懐の深さに感謝する次第である．

なお，本シリーズ『英文法大事典』は *The Cambridge Grammar of the English Language* の完訳ということもあり，読者の利便性を考えて意訳しながらも，原著を忠実に訳しています．原著の例文には，ところによって，タ

ブー語やののしり語などの表現が含まれている場合もありますが，これも英語という言語の特徴的な部分でもあり，それらも忠実に訳しています．読者諸氏にはこの点どうぞご理解いただければと思います．

　読者諸氏には，ぜひ，本シリーズ『英文法大事典』全11巻を通読していただき，世界最高峰の英文法書 *The Cambridge Grammar of the English Language* （Rodney Huddleston and Geoffrey K. Pullum（2002））を堪能していただきたい．そして，英語の教育と研究に大いに役立てていただきたい．

編集委員長　畠山　雄二

第 5 巻　前置詞と前置詞句，そして否定

ま え が き

本巻は，*The Cambridge Grammar of the English Language*（CGEL）の第 7 章（Prepositions and Preposition Phrases）および第 9 章（Negation）を翻訳したものである．前置詞と否定の用法は，日本語母語話者が英語を学習する際にとくに疑問が生じやすい文法事項である．その意味で，本巻の内容は英語を真摯に勉強したい学習者や，英語を教える立場にある方々に，大いに参考になるであろう．たとえば，同じ out という前置詞を使っても，The sun is out.（太陽が出ている）では太陽が話し手の視界にあるのに対し，The light is out.（明かりが消えている）では明かりは話し手の視界にはない．この違いはなぜ生じるのだろうか．また，I was too tired to budge. という文は，形式上は肯定文であるが，日本語では「私はとても疲れていたので少しも動けなかった」という否定文として訳される（学校の英語の授業でも，そのように教わることであろう）．なぜこのようなことが生じるのであろうか．本巻には，われわれが英語の前置詞や否定表現に抱くこの種の素朴な疑問に対する答えが，いたるところにちりばめられている．

　また，半世紀以上にわたる現代英語学・言語学の成果をふんだんにもりこんだ CGEL の分析は，ときとして伝統文法に基づく英語の見方に大きな変更を迫ることがある．典型的な例が，本巻における前置詞の品詞論である．われわれは，前置詞といえば，They are both keen on golf.（彼らは両方ともゴルフに熱中している）のように名詞句が後続する例を思い浮かべるが，本巻によれば，I have not seen her since.（私はそれ以来彼女に会っていない）における since や，He left after he saw her.（彼女に会った後で彼は立ち去った）における after も前置詞に分類される．その際に援用されるのが，動詞をはじめとするほかの品詞との類似性である．動詞には，She was eating.（彼女は食事をしていた）のような目的語をとらない自動詞用法や，I assume he saw her.（私は彼が彼女に会ったと思う）のように節が後続する用法がある．そのことを考えれば，上の since や after も，「目的語をとらない前置詞」あるいは「節を目的語としてとる前置詞」と分析しても何ら問題ないはずである．このようにして，従来は副詞あるいは接続詞として分類されていた語の多くが，前置詞として捉え直されている．

ix

CGEL は英語の記述文法書であり，基本的には，英語の言語事実が豊富なデータとともに冷静な筆致で述べられている．しかし，本巻を読み進めていくと，原著者たちが読者にメッセージを送っている箇所をみつけることができるだろう．そのひとつが，否定呼応表現を解説した部分である．He didn't say nothin'.（彼は何もいわなかった）のように複数の否定語が単一の意味的否定を表す否定呼応は，イングランドのコックニー方言やアフリカ系アメリカ人口語英語にみられる表現で，しばしば「非論理的」で「標準方言よりも劣った」言い回しだと非難されることがある．しかし，原著者たちは英語以外の言語の例にも言及しながら，否定呼応の有無がありふれた文法的変異にすぎず，決して一方の変異形が他方よりも優れたり劣ったりしているわけではないことを力説している．「すべての言語・方言に内在的な優劣差はない」という，現代言語学の基本的な価値観を読者に伝えようとしているのである．The Rolling Stones の曲名 I Can't Get No Satisfaction を引用し，「この題名を「私はいつでも満足だ」と解釈する人がいれば，その人は英語を知らないのだ」と喝破するくだりは，まさに痛快の一言である．

このように，CGEL は英文法の参考書・事典でありながら，読み物としても耐えうるストーリー性をもっている．その記述の背後には，ある現象が「なぜそうなるのか」を追求する視点が貫かれている．読者の皆さんは，本巻の中に前置詞や否定に関する疑問の答えを探し出したら，ぜひその前後の記述もあわせて読んでいただきたい．そしてできれば，全体を通読していただければ幸いである．英語の前置詞と否定について，明快な全体像を見渡すことができるであろう．

翻訳に際しては，なるべく原著の内容と雰囲気を再現しながらも，ストレスなく読み進められるよう，自然な日本語になるよう心がけたつもりである．必要に応じて，訳者注として本シリーズの他巻の内容にも言及した．これらの試みがどの程度成功したかは，読者の皆さんの判断を仰がねばならない．また草稿作成の段階では，責任訳者の所属大学の学生や同僚諸氏にも目を通していただき，さまざまな指摘をいただいた．ここに記して感謝申し上げる．残された不備は，ひとえに責任訳者に帰するものである．

第 5 巻責任訳者　縄田　裕幸

第 5 巻　前置詞と前置詞句，そして否定

目　　次

『英文法大事典』の刊行にあたって　　iii
まえがき　　ix
例の提示に関する但し書き　　xiv

第 I 部　前置詞と前置詞句
Geoffrey K. Pullum and Rodney Huddleston

第 1 章　前置詞という範疇 ･･ 2

第 2 章　英語前置詞の弁別的特徴 ･････････････････････････････････ 13

2.1　概観 ･･･ 13
2.2　前置詞と形容詞 ･･･ 19
2.3　前置詞と動詞 ･･･ 28
2.4　前置詞と副詞 ･･･ 30

第 3 章　前置詞を主要部とする慣用表現と化石表現 ･･････････････ 44

3.1　for the sake of X, at odds with X 型の表現 ････････････････ 45
3.2　そのほかの表現：on the grounds that ..., up against, in brief ･･････････ 55

第 4 章　前置詞と補部の相対語順 ･･･････････････････････････････ 64

4.1　前置詞残置：What was she referring to? ･･････････････････ 64
4.2　前置詞句構造において補部に後続する前置詞 ･･･････････････ 73
4.3　spoonful by spoonful 型の前置詞句 ･･･････････････････････ 75
4.4　前置詞句構造における前置 ･････････････････････････････････ 77

第 5 章　前置詞句の構造と機能 ･･････････････････････････････････ 81

5.1　補部構造 ･･･ 81

xi

xii

5.2	修飾	99
5.3	前置詞句の機能	104

第6章　文法化した前置詞 　　108

6.1	典型的な前置詞の意味	109
6.2	文法化した前置詞の統語的用法	119

第 II 部　否定

Geoffrey K. Pullum and Rodney Huddleston

第1章　はじめに 　　142

1.1	節の極性テスト	142
1.2	否定の種類の概略	145
1.3	否定の作用域と焦点	151
1.3.1	「作用域にもつ」という概念	151
1.3.2	相対的作用域：広い作用域の否定と狭い作用域の否定	154
1.3.3	焦点	163

第2章　動詞否定 　　168

2.1	一次動詞否定	168
2.2	命令否定	173
2.3	二次動詞否定	175
2.3.1	二次否定の形式的標示	175
2.3.2	助動詞に not が後続する二次否定	177

第3章　動詞外否定 　　183

3.1	動詞外否定標識としての not	183
3.2	総合的絶対否定語	194
3.2.1	節否定	194
3.2.2	節内部否定	200
3.3	近似否定語	202
3.4	動詞否定に関連した接辞否定	212

第 4 章　極性感応的項目 ………………………………………… 215
　4.1　否定指向極性感応項目（NPI）……………………………… 218
　　4.1.1　NPI と否定のイディオム ……………………………… 222
　　4.1.2　否定指向の強さにおける違い ………………………… 224
　4.2　肯定指向極性感応項目（PPI）……………………………… 230
　4.3　PPI，NPI，否定語の対応関係 …………………………… 235
　4.4　非肯定的文脈 ………………………………………………… 242

第 5 章　否定の増加特定性（I don't want to hear about it）………… 253

第 6 章　多重否定 ………………………………………………… 264
　6.1　単一節内にある多重の意味的否定 ………………………… 265
　6.2　否定呼応と冗長的否定 ……………………………………… 267

第 7 章　返答および照応における極性 ………………………… 273
　7.1　極性疑問への回答およびそれに類する返答 …………… 273
　7.2　照応形の so と not ………………………………………… 276

文献情報：もっと知りたい人のために ……………………………… 279

参考文献 ……………………………………………………………… 289

索　　引 ……………………………………………………………… 299

原著者・編集委員長・監訳者・訳者紹介 ………………………… 306

例の提示に関する但し書き

太字イタリック体：屈折形態素を取り除いた語彙素を表している.
　例）動詞 *go*

二重引用符：意味や命題を表している.

一重下線・二重下線と角カッコ：例文の一部を強調している.

スモールキャピタル：焦点ストレスを表している.
　例）I DID tell you.

矢印：↗は上昇ピッチのイントネーションを示し，↘は下降ピッチのイントネーションを表している.
　例）Is it a boy ↗ or a girl ↘?

＿＿：文中の空所を表している.
　例）Kim bought ＿＿.

・：語中の形態論的な区切りないし構成素を表している.
　例）work・er・s, 接尾辞・s

下付き文字：照応語とその先行詞の関係を表している.
　例）Jill_i said she_i would help. では，she は Jill を指していること表している.

例文を解釈するにあたっての文法性を以下の記号で表している.
*	非文法的	例）*This books is mine.
#	意味的ないし語用論的に変則的	例）#We frightened the cheese.
%	ある方言でのみ文法的	例）%He hadn't many friends.
?	文法性が疑わしい	例）?Sue he gave the key.
!	非標準的	例）!I can't hardly hear.

スラッシュ記号：選択肢の区切りを表している．

例）The picture seemed excellent / distorted. は The picture seemed excellent. と The picture seemed distorted. の 2 例をまとめた書き方となっており，I asked you not to leave / *to don't leave until tomorrow. は I asked you not to leave until tomorrow. と *I asked you to don't leave until tomorrow. をまとめた書き方になっている．選択肢が 1 語である場合を除き，スラッシュの前後にはスペースを置いている．

丸カッコ：随意的な要素を表している．

例）The error was overlooked (by Pat). は The error was overlooked by Pat. と The error was overlooked. の 2 例をまとめた書き方になっている．

会話中の A や B：異なる話者を示している．

例）A: Where's the key?　B: It's in the top drawer.

専門家向けの解説：

研究者向けの解説はフォントをゴシック体にして網をかけている．この部分は本文の分析を支持する言語学的な議論となっている．読み飛ばしても本文の流れを理解する上で支障はない．

第 I 部

前置詞と前置詞句

第 1 章　前置詞という範疇

本シリーズでは，**前置詞（preposition）**という**範疇（category）**に対して，伝統的な英文法よりもかなり広い定義を採用する．この章では，本シリーズの分析のもとで前置詞とみなされる要素を概観する．

■ 伝統的な定義

伝統文法において，前置詞は一般的に，名詞あるいは代名詞を**支配（govern）**するとともに通例それらに先行し，当該の（代）名詞とほかの語との関係を表す語として定義される．ここで「支配する」とは，名詞あるいは代名詞の**格（case）**を決定するということである（ある種の前置詞が**対格（accusative）**を支配し，別の前置詞が**与格（dative）**を支配するような言語もある）．英語では代名詞が**属格（genitive）**以外の格形式をもつが，これらは前置詞の後ではほぼ例外なく対格で現れる．したがって，格支配はさほど大きな問題とはならず，多くの定義ではその点にあえて触れていない．

　本シリーズでは，伝統的な「名詞あるいは代名詞」といういい方のかわりに**名詞句（noun phrase）**という用語を用いることにする．そうすると，伝統的定義を以下のような例を用いて説明することができる．下線が引かれているのが前置詞である．

(1)　i.　Max sent a photograph of his new house to his parents.
　　　　　（マックスは新居の写真を両親に送った）
　　　ii.　They are both very keen on golf.
　　　　　（彼らは両方ともゴルフに熱中している）

(1i) では，前置詞 of が名詞句 his new house を名詞 photograph に関連づけ

るとともに，to が名詞句 his parents を動詞 send と結びつけており，その解釈は「新居がその写真に写っており，彼の両親がその写真を受け取った」となる．同様に，(1ii) では on が名詞句 golf を形容詞 keen に関連づけている．[1] ここでは，golf が感情の刺激という**意味役割 (semantic role)** を担っており，golf と keen の意味関係は，They both very much like golf.（彼らは両方ともゴルフが大好きだ）における直接目的語と動詞の関係に似ている．

■ **主要部としての前置詞**

本シリーズでは，現代言語学の多大な研究成果に基づいて，前置詞について伝統文法とはかなり異なった見方を採用する．すなわち，動詞，名詞，形容詞，副詞がさまざまな種類の**依存要素 (dependent)** を含む句の**主要部 (head)** になっているのと同じように，前置詞も句の主要部であると考える．このように見方を変えると，前置詞として分類される語は大きく増大することになる．しかし，前置詞の範疇に属する語をあますところなく記述する前に，誰の目にも明らかな前置詞を取り上げて，なぜそれらが依存要素をとる主要部とみなされるべきかを説明しよう．

修飾要素

第一に，前置詞は，ほかの句にみられるのと同じような**修飾要素 (modifier)** をとることができる．

(2) i. She died [two years after their divorce].
   （彼女は離婚の 2 年後に亡くなった）

   ii. She seems [very much in control of things].
   （彼女は物事をとてもよく把握している）

   iii. It happened [just inside the penalty area].
   （それはちょうどペナルティーエリアの内部で起こった）

一重線で示されたこれらの修飾要素は，**形容詞句 (adjective phrase)**（例：two years old（2 歳）），名詞句（例：very much a leader（正真正銘の指導者）），

---

[1] 訳者注：ここで golf は単一の語であるが，本シリーズではこれを名詞句として扱う．これは生成文法における句の定義に基づいており，前置詞に後続する要素は単一語であろうとなかろうとすべて「句」とみなされる．同様の考え方は形容詞句や**副詞句 (adverb phrase)** といった範疇にも適用される．詳細は第 0 巻『英文法と統語論の概観』を参照のこと．

動詞句 (verb phrase) (例：She [just managed to escape]. (彼女はなんとか逃げおおせた)) においてもみられる.

名詞句以外の補部が後続する前置詞

第二に，前置詞の後に生じるのは「名詞あるいは代名詞」（ここでの用語では名詞句）だけではない.

(3) i.   The magician emerged [from behind the curtain].

（マジシャンはカーテンの後ろから現れた）

［前置詞句 **(preposition phrase)**］

ii.   I didn't know about it [until recently].

（私は最近までそのことを知らなかった）   ［副詞句］

iii.   We can't agree [on whether we should call in the police].

私たちは警察に電話すべきか否かについて意見が割れている）   ［疑問節］

iv.   They took me [for dead].

（彼らは私を死んでいると思っていた）   ［形容詞句］

(3i) では，下線の引かれた前置詞句が角括弧で囲まれたより大きな前置詞句の内部に埋め込まれている．これは，a house that size（その大きさの家）のように，ある名詞句がより大きな名詞句の内部に埋め込まれていたり，That she survived is a miracle.（彼女が生き延びたのは奇跡だ）のように，ある節が別の節に埋め込まれていたりするのと同じことである．(3ii) では，until が副詞句を**補部 (complement)** としてとっているが，これは until last week（先週）のような例における名詞句補部に相当する．また，(3iii) では on が疑問節補部をとっているが，これも We can't agree [on a course of action].（私たちは行動方針について意見が割れている）における名詞句補部に相当するものである．そして，(3iv) において dead は形容詞句であり，me がそれによって叙述される対象となっている.

　ここで大事なのは，前置詞によって**認可 (license)** する補部のタイプが異なるということである．たとえば，until は副詞句をとることができるが疑問節をとることができず，on は疑問節をとることができるが副詞句をとることができない．これは動詞，名詞，形容詞が特定の種類の補部を選択するのとまったく同じことである．さらに，(3iv) の形容詞句補部が叙述的であることから，動詞句（あるいは節）と同様，前置詞句構造においても**目的語 (object)** と**叙述補部 (predicative complement)** の区別を設けなければならない．以下の

第1章　前置詞という範疇　　5

例を比べてみよう．

(4)　　　　　　　　　　**目的語**　　　　　　　　　　　　　　　　**叙述補部**

　　　i. a. She consulted a friend.　　b. She considered him a friend.
　　　　　（彼女は友人に相談した）　　　　　（彼女は彼を友人だと思った）

　　　　　　　　　　　　　　　　　［節］　　　　　　　　　　　　　　　　　　［節］

　　　ii. a. She bought it [for a friend].　b. She took him [for a friend].
　　　　　（彼女はそれを友人に買った）　　　（彼女は彼を友人だと思った）

　　　　　　　　　　　　　　　　［前置詞句］　　　　　　　　　　　　　　　［前置詞句］

■ 前置詞を構成する要素の拡大

前置詞が，動詞，名詞，形容詞，副詞と同じように句の主要部であることが明らかになったところで，どのような語がこの範疇に属するのかについてあらためて考えてみよう．そうすると，伝統的に前置詞であるとみなされてきた語よりも，はるかに多くをこの範疇に含める強い根拠が存在することがわかる．

伝統文法における従属接続詞

(3) で，前置詞が名詞句以外の補部，たとえば前置詞句，副詞句，疑問節，形容詞句をとれることをみた．これは，大方の伝統文法や辞書における「前置詞」の一般的な定義とは相容れないが，実際のところ，伝統文法家も (3) における from, until, on, for を前置詞と分類することにためらいは感じないであろう．したがって，伝統文法家は前置詞句，副詞句，形容詞句が前置詞の補部となりうることを暗黙のうちに認めているのである．他方で，**陳述内容節 (declarative content clause)** に関してはそうではない．前置詞に類似しているが陳述内容節をとる語は，伝統的には**従属接続詞 (subordinating conjunction)** として分析される．しかし，この方針に十分な根拠があるわけではない．名詞句と陳述内容節をともに補部としてとることのできる動詞との類似性を考えてみよう．

(5)　i. a.　I remember the accident.　　　　　　　　　　［名詞句補部］
　　　　　　（私はその事故を覚えている）

　　　　b.　I remember you promised to help.　　　　　　［陳述補部］
　　　　　　（私はあなたが助けてくれると約束したのを覚えている）

　　ii. a.　He left [after the accident].　　　　　　　　　［名詞句補部］
　　　　　　（彼は事故のあと立ち去った）

第 I 部　前置詞と前置詞句

　　　b.　He left [after you promised to help].　　　　［陳述補部］
　　　　　（彼はあなたが助けてあげると約束したあとで立ち去った）

(5i) の (a) と (b) で補部の範疇が違うからといって，2 つの remember に別
の範疇を与えるべきだということにはならない．普通は，両者とも動詞として
扱われるであろう．(5ii) における after も同じように扱ってしかるべきであ
る．つまり，両者とも前置詞として分析できるのである．また，つぎの例も考
えてみよう．補部節は (a) では陳述，(b) では疑問を表す．

　(6)　i.　a.　I assume he saw her.　　　　　　　　　　　　［陳述補部］
　　　　　　　（私は彼が彼女に会ったと思う）

　　　　　b.　I wonder whether he saw her.　　　　　　　［疑問補部］
　　　　　　　（彼は彼女に会ったのだろうか）

　　　ii.　a.　the fact that he saw her　　　　　　　　　　［陳述補部］
　　　　　　　（彼が彼女に会ったという事実）

　　　　　b.　the question whether he saw her　　　　　　［疑問補部］
　　　　　　　（彼が彼女に会ったのかという疑問）

　　　iii.　a.　glad that he saw her　　　　　　　　　　　　［陳述補部］
　　　　　　　（彼が彼女に会ってうれしい）

　　　　　b.　unsure whether he saw her　　　　　　　　　［疑問補部］
　　　　　　　（彼が彼女に会ったか確信がない）

　　　iv.　a.　He left [after he saw her].　　　　　　　　　［陳述補部］
　　　　　　　（彼女に会った後で彼は立ち去った）

　　　　　b.　It depends [on whether he saw her].　　　　［疑問補部］
　　　　　　　（それは彼が彼女に会ったかどうかによる）

(6i-iii) で下線の引かれた**主要語 (head word)** が，(a) と (b) で同じ範疇（そ
れぞれ動詞，名詞，形容詞）に属していることに疑問の余地はない．同じこと
が (6iv) にも当てはまるのではないだろうか．(6i-iii) と同様，(6iv) の (a)
と (b) で補部の種類が異なるからといって，主要部の品詞まで違うことには
ならない．(6iva) の after と (6ivb) の on は，ともに前置詞として分析する
のが適切である．
　したがって，伝統文法でいうところの従属接続詞は，以下の 3 つの例外を
のぞいて，すべて前置詞に含めることができる．その例外とは，第一に
whether であり，第二に whether と同等のはたらきをする if であり（例：

第1章　前置詞という範疇　　　7

Ask him if he minds.（彼が気にしているかたずねてみなさい）），第三に従属節を
導入する that である．この3つは従属節を導入する際の標識であり，それら
が生じる節の主要部ではないと考えられる．[2]

一部の伝統的副詞

伝統的な分析では，前置詞は必ず補部をともなわなければならないが，前置詞
が動詞，名詞，形容詞，副詞と同様に主要部としてはたらくとすれば，そのよ
うな制約を課す原理的な理由もなくなる．つぎの例を比較しよう．

(7)　i.　a.　She was eating an apple.　　　　　　　　［補部あり］

　　　　　　　（彼女はリンゴを食べていた）

　　　　b.　She was eating.　　　　　　　　　　　　［補部なし］

　　　　　　　（彼女は食事をしていた）

　　ii.　a.　She's [the director of the company].　　［補部あり］

　　　　　　　（彼女はその会社の取締役だ）

　　　　b.　She's [the director].　　　　　　　　　　［補部なし］

　　　　　　　（彼女は取締役だ）

　　iii.　a.　I'm [certain it's genuine].　　　　　　　［補部あり］

　　　　　　　（私はそれが本物だと確信している）

---

[2] 訳者注：that, whether, if は，前置詞として分類されているほかの「従属接続詞」と異な
り，主節動詞の補部としてはたらく節を導入する（以下の例はいずれも本シリーズ第6巻『節
のタイプと発話力，そして発話の内容』からの引用）．

　(i)　a.　He knows [that she is right].

　　　　　　（彼は彼女が正しいことを知っている）

　　　b.　I wonder [whether/if he has read it].

　　　　　　（彼はそれを読んだだろうか）

このことから，生成文法ではこれら3つの接続詞を**補文標識**（**complementizer**）とよんでい
る．また，that はほかの前置詞的従属接続詞と共起することがあり，その場合には単なる従属
化の標識として用いられる．

　(ii)　a.　They went hungry [in order that their baby would have food].

　　　　　　（彼らは自分たちの赤ん坊が食べ物を得られるように，ひもじい思いをした）

　　　b.　It looks like any other typewriter [except that it has phonetic symbols].

　　　　　　（それは音声記号を備えている点をのぞけば，ほかのタイプライターと変わらない）

これらの例において，that は従属節の先頭にないためその主要部であるとはいえない（ただし，
whether と if にはこれに相当する用法はない）．2.1 節の議論ならびに2章注9も参照のこと．

b. I'm [certain].   [補部なし]
  (私は確信している)

iv. a. I haven't seen her [since the war].   [補部あり]
  (私は戦争以来彼女に会っていない)

b. I haven't seen her [since].   [補部なし]
  (私はそれ以来彼女に会っていない)

補部の有無は，(7i-iii) における主要部の分類とは関係がない．(a) と (b) の
ペアの両方において，eating は動詞であり，director は名詞であり，certain
は形容詞である．(7iv) だけを別扱いする理由はまったくなく，since は (a)
だけでなく伝統文法で副詞とされる (b) でも，やはり前置詞であると考えら
れる．

　補部を決してとらない downstairs のような語も，前置詞に含めることがで
きる．前置詞と副詞の関係については 2.4 節でさらに考察し，伝統的な副詞の
一部を前置詞へと移行することで，副詞という雑多な範疇をいくらか整理でき
ることを述べる．

■文法化された前置詞の用法

頻繁に用いられる典型的な前置詞のいくつかは，**文法化 (grammaticise)** さ
れた用法をもっている．

(8) i. He was interviewed by the police.
  (彼は警察に尋問された)

ii. They were mourning the death of their king.
  (彼らは王の死を悼んでいた)

iii. You look very pleased with yourself.
  (あなたは自分にとても満足しているようだ)

これらの前置詞は独自の意味をもっておらず，その用法はそれらが生じる構文
に依存している．(8i) の例は受動文であり，by は対応する能動文 The police
interviewed him. (警察は彼を尋問した) における主語を標示している．(8ii) の
of their king は，名詞 death の補部であり，Their king died. (彼らの王が死ん
だ) の主語に対応している．

　少数の例外をのぞいて，名詞は名詞句を補部にとらない．かわりに，名詞句
は前置詞を介して主要部名詞と関連づけられる．たとえば，They destroyed

the city.（彼らはその都市を破壊した）という節と，their destruction of the city
（彼らによる都市の破壊）という名詞句を比較してみよう．後者では名詞句 the
city が文法化された前置詞 of によって名詞 destruction に結びついている．
ディフォルト (default) の of 以外の前置詞は，Kim's marriage to Pat（キム
のパットとの結婚）や，the ban on smoking（禁煙）のような例でみられる．ま
た，形容詞もほぼ同じように振る舞う．proud of her achievements（彼女の業
績を誇りに思う）や keen on opera（オペラに夢中だ），very pleased with your-
self（(8iii) より）といった例を考えてみればわかるだろう．また，多くの動詞
は名詞句を補部にとるが，文法化された前置詞によって導入される前置詞句補
部をとる動詞もある．たとえば，It depends on the weather.（天候次第だ）や，
I owe everything to her.（すべては彼女のおかげだ）などのような場合である．

　文法化された用法において，前置詞はしばしば屈折変化（格）と同じ機能を
はたすことがある．たとえば，the death of their king（彼らの王の死）と their
king's death（同）において，their king はそれぞれ前置詞 of と属格によって
主要部名詞と関連づけられている．同様に，I gave it to Kim.（私はキムにそれ
をあげた）における to は，多くの言語において与格で標示される役割を示して
いる．[3]

　これらの用法では，前置詞は (2) のように修飾要素をとることができず，
補部に生じることのできる要素は名詞句にほぼ限定される．したがって，「前
置詞は名詞あるいは代名詞を支配する」という伝統的な定義は，これらの文法
化された用法を適切に扱うことができる．しかし同時に，behind, below,
since, underneath など，文法化された用法をもたない典型的な前置詞が数多
く存在する．また，文法化された前置詞にも，文法化されていない用法があ
る．たとえば，(8) における by, of, with の文法化された用法は，以下の文
法化されていない用法と対比することができるだろう．I left the parcel by
the back-door.（私は小包を裏口のそばにおいた）；That is of little importance.
（それは大して重要ではない）；He's with Angela.（彼はアンジェラと一緒だ）．した
がって，前置詞の適切な説明は，文法化された用法よりも広い範囲を扱うこと

---

　[3] 訳者注：英語にもかつては与格と対格の形態的区別が存在し，古英語では三人称単数男性
代名詞の与格を him，対格を hine と表していた．しかし，中英語以降の語形変化の単純化に
ともない，英語から与格が消失した．したがって，現代英語では We showed him the
animals.（私たちは彼にその動物をみせた）のように，間接目的語に対しても対格代名詞 him
を用いる．本シリーズ第 3 巻『名詞と名詞句』を参照のこと．

ができるようなものでなければならない．伝統的な定義は，あまりにも制約が
厳しいのである．

■前置詞と補部の相対的位置関係

伝統的な定義では，前置詞は通例それが支配する名詞句に先行すると規定され
ている．簡単な定義では，「通例」というただし書きがしばしば省略されるこ
とがあるが，このただし書きは，以下の2つの理由からはずすことができな
い．第一に，補部に後続することができる英語の前置詞が，少数ながら存在す
る．たとえば，「天候にもかかわらず」は notwithstanding the weather（主要
部＋補部）とも，the weather notwithstanding（補部＋主要部）ともいうこと
ができる．この点については4.2節で扱う．第二に，補部が文頭位置に現れて
前置詞が**残置 (strand)** されている，What are you looking <u>at</u>?（何をみている
のですか）のような例を考慮しなければならない．この点については4.1節で
議論する．**前置詞残置 (preposition stranding)** は，**開放疑問文 (open inter-
rogative)** や関係節などの一部の構文に制限され，通常の構文では（notwith-
standing 型のような少数の例外をのぞいて）普通の前置詞は常にその補部に先
行する．[4] ただし動詞，形容詞，副詞も同じように通例その補部に先行するの
で，補部に先行することは前置詞に固有の特徴というわけではない．さらに，
すべての前置詞が補部をもつわけではないことは，先ほどみたとおりである．
補部がなければ，当然前置詞との相対的位置関係も問題にならない．

[専門的解説]
実際のところ，「前置詞」という用語は，ここでの趣旨からすると決して最適
なものではない．というのも，この語は語源的には「位置」を意味する語幹
position と「前に」を意味する接頭辞 pre へと分割できるからである．しかし
ながら，この用語がすでに広く浸透していることから，本シリーズではこの品
詞の表す意味を変更したり，語順によっては定義できない語にも適用範囲を広
げたりしつつも，「前置詞」という用語を使い続けるのが妥当であろうと判断
した．
　このことに関連して，preposition の第一音節は，「前に」の意味が明快な

---

[4] 訳者注：本シリーズでは，疑問詞を用いた疑問文を開放疑問文，yes-no 疑問文を**閉鎖疑
問文 (closed interrogative)** とよぶ．これらの解釈上の特性については，第II部4章注6を
参照のこと．

pre-war（戦前）のように /pri/ と発音されるのではなく，prep（宿題）と同じように /pre/ と発音される点に注意されたい．したがって，preposition という語は，supposition（推測）や proposition（主張）などの語と同様に，接頭辞はもはや独立した意味を表していないともいえるのである．

　当該の範疇に属する語が，名詞句補部に後続する特徴をもつ言語もある．たとえば日本語がそうである．そのような言語の文法では，該当の語は一般に**後置詞（postposition）**とよばれる．しかしそのような言語のほとんどでは，他動詞もその目的語に後続するため，後置詞だけが特別な語順を示すというわけではない．むしろ，「主要部＋補部」の語順を示す言語に対して，「補部＋主要部」の語順を示す言語があるという，一般的・類型的区別が存在するにすぎない．postposition という用語は，「後に」の意味をもつ接頭辞 post と語幹 position に分割することができるので，この語が preposition と対比される場合にのみ，pre の語源的意味が復活するのである．

　補部との相対的位置は，一般的・類型的特徴を反映したものであるので，日本語の後置詞が英語の前置詞とは異なる基本的範疇を表しているとは考えにくい．たとえば「東京に」という句は，明らかにその英訳 to Tokyo と共通の構造をもっている．そこで，後置詞と前置詞をともに包摂する，より一般的な語として**接置詞（adposition）**という用語を使う言語学者もいる．しかし，この語は接置詞を主要部とする句を表す用語を作るのには用いられない．つまり，普通「接置詞句」といういい方はしないのである．

　したがって，「前置詞」という用語は両義的であることを理解しておく必要がある．一方の意味では**線形語順（linear order）**に対して中立的であり，他方の意味では補部に先行する語に限定される．ここでは「前置詞」を前者の意味で用いるが，記述対象である英語が，これらの語が補部に先行する特徴をもっているため，どちらの意味で用いても大きな問題にはならないだろう．ここで読者の方々には，「the weather notwithstanding は，notwithstanding が主要部となっている前置詞句である」といういい方が，何ら矛盾したものではないことを理解いただければ十分である．

■ **一般的定義**

前置詞は，名詞，動詞，形容詞，副詞に比べてはるかに少ない．また，ときとして新しい前置詞が加わることはあるものの，前置詞を形成する生産的な形態操作が存在するわけではない．上で，あらゆる前置詞が名詞句補部をとるという伝統的な制約を撤廃することで，一般的に考えられているよりも前置詞の集

合が拡大されることを指摘したが，それでもほかの品詞と比べると，前置詞は比較的**閉じた類 (closed class)**（新規メンバーの参入を簡単には受け入れない集合）をなしているといえる．

　前置詞のもっとも中心的なメンバーは，少なくともその起源において，空間的関係にかかわる意味をもっている．その関係は，Kim is in Boston.（キムはボストンにいる）のように静的であったり，Kim went to Boston.（キムはボストンに行った）のように動的であったりする．もっとも頻度の高い前置詞である of は，「… から離れ（てい）る (away from)」を意味する語から派生している．このような前置詞の特徴にその文法的用法を加味して，前置詞の一般的定義を以下のように与えることができる．

(9)　**前置詞**：　典型的には空間的関係を表したり，そのほかさまざまな文法機能や意味役割を標示するはたらきをしたりする，比較的閉じた語の類．

第2章　英語前置詞の弁別的特徴

2.1　概観

前置詞をほかの範疇に属する**語彙素（lexeme）**と区別するもっとも重要な特性は，つぎのようなものである.

(1) i. **補部**　　前置詞は，典型的に名詞句を補部にとる. 加えて，**拡大不可能な（non-expandable）**内容節は，一部の前置詞の補部としてのみ生じることができる. より一般的に，ほとんどの前置詞は何らかの補部を認可する.

　ii. **機能**　　あらゆる前置詞は，非叙述的な**付加部（adjunct）**として機能する前置詞句の主要部になることができる. また多くの前置詞は，補部として機能する前置詞句の主要部にもなれる.

　iii. **修飾要素**　一部の前置詞は，right や straight のような副詞を修飾要素としてとることができる.

もちろん，ほかの範疇にあって前置詞にはない特徴もある. たとえば，前置詞は動詞や名詞と異なって時制や数の屈折形をもたず，修飾要素として**限定要素（determiner）**をともなうこともない.

■ 補部

(a)　名詞句

上で述べたように，伝統文法は前置詞を，事実上名詞句補部をとる語として定義している. この定義は却下されたが，それでも典型的な前置詞句が，主要部前置詞と名詞句補部の形式をもっていることはたしかである. 名詞句補部をと

13

14 　　　　　　第 I 部　前置詞と前置詞句

る副詞は存在しないし，形容詞で名詞句補部をとるのは worth, due, like, unlike の４つだけである．よって，ごく一部の例外をのぞいて，名詞句補部をとることのできる語は動詞と前置詞だけであるが，通例，前置詞は機能と屈折の点で動詞と簡単に見分けることができる（2.3 節参照）．したがって，名詞句補部と共起することは，前置詞をほかの範疇から区別する重要な特徴であり，この特徴を示す前置詞は「いかにも前置詞らしい前置詞」であるといえる．名詞句補部をとらない前置詞も，ほかの点で典型的な前置詞と似ていれば，この範疇に含まれる要素として認められる．

(b)　拡大不可能な内容節
陳述内容節は，それが接続詞 that をともなうことができない場合に，拡大不可能であるという．この種の補部を認可する語は，ほぼ間違いなく前置詞であるといってよい．ただし，中にはほかの範疇の主要部のように，**拡大可能な (expandable)**（つまり接続詞 that をともなうことができる）内容節をとる前置詞もある．

(2) 　i. 　We left [before the meeting ended]. 　　　　　　［拡大不可能］
　　　　　　（私たちは会議が終わる前に帰った）

　　　ii. 　I'll come with you [provided (that) it doesn't rain].
　　　　　　（雨が降らなければあなたと一緒に行きます）　　　　　　　　［拡大可能］

　　　iii. 　I [know (that) you've done your best].
　　　　　　（あなたが最善を尽くしたことは知っています）

(2i) で，*We left before that the meeting ended. のように that を挿入できないことから，before は明らかに前置詞である．しかし，provided は (2iii) の動詞 know と同じように that を許容する．この場合，provided が前置詞であるというさらなる証拠が必要である．なお，拡大不可能な内容節補部をとる副詞としては，directly と immediately の２つがある．[1]

---

[1] 訳者注：本シリーズ第 4 巻『形容詞と副詞』に，つぎの例があげられている．

(i) 　He came to see me [directly he got the letter].
　　　（彼は手紙を受け取るとすぐに私に会いに来た）

(ii) 　You can watch the programme, but [immediately it's over] you're to go to bed.
　　　（その番組をみてもいいけど，終わったらすぐに寝なさい）

第 2 章　英語前置詞の弁別的特徴　　15

(c)　補部選択の一般的特性

前置詞はさまざまな種類の補部をとることができ，それらは動詞に認可される補部と多くの部分で重なる．ほとんどの前置詞は，義務的あるいは随意的に補部を認可する．補部をとらない前置詞は，空間領域を表すものにほぼ限られる．2.4 節で述べるように，前置詞を副詞と区別するもっとも一般的な基準は，それらがどのような補部を選択するかという点である．

■ 機能
(a)　非叙述的付加部

前置詞を主要部とする前置詞句は，主語と叙述関係にない付加部として機能することができる点で，形容詞を主要部とする形容詞句と異なる．[2] たとえば，つぎの例を考えてみよう．

(3)　i.　a.　<u>Tired of the ship</u>, the captain saw an island on which to land.　　　　［形容詞句］

（船にうんざりしていると，上陸する島が船長の目に入った）

　　　　b.　*<u>Tired of the ship</u>, there was a small island.　　［形容詞句］

　　ii.　a.　<u>Ahead of the ship</u>, the captain saw an island on which to land.　　　　　　　　　　　　　　　　　　　［前置詞句］

（船の前に，船長は上陸する島を目にした）

　　　　b.　<u>Ahead of the ship</u>, there was a small island.　［前置詞句］

（船の前に，小さな島があった）

(3ia) の tired of the ship は，主語 the captain を叙述する形容詞句であり，「船長が船にうんざりしていた」ことを表す．そして (3ib) の不自然さは，形容詞句が叙述できる適切な主語がないことに起因する．しかし，そのような制約は (3ii) の前置詞句 ahead of the ship には適用されない．(3iia) は「船長が船の前にいた」という意味ではなく，(3iib) も完全に適格である．

　前置詞の中には，形容詞からの**品詞転換 (conversion)** によって生じたものがある．品詞転換が生じたことは，当該の語が非叙述的付加部の主要部として

---

　[2] 訳者注：第 4 巻『形容詞と副詞』では，形容詞の主要な機能として**限定 (attributive)** 用法（例：my new job（私の新しい仕事）），**叙述 (predicative)** 用法（例：This is new.（これは新しい）），**後位 (postpositive)** 用法（例：something important（何か大切なもの））の 3 つがあげられている．

用いられることからたしかめられる.

(4) i. [Opposite the church] there is a path leading down to the lake.
（教会の向かい側に，湖へと通じる道がある）

ii. [Contrary to popular belief,] Eskimos don't have huge numbers of 'snow' words.
（一般的に信じられているのと異なり，エスキモーは「雪」を表す語をそれほどたくさんもっているわけではない）

また多くの場合，前置詞は非叙述的付加部としての用法によって，動詞の**動名分詞**（**gerund-participle**）や過去分詞とも区別される.[3]

(5) i. [Owing to my stupid bank,] there's no money for the rent.

［前置詞］

（間抜けな銀行のおかげで，家賃を払う金がない）

ii. [Owing money to my stupid bank,] I have to live very frugally.

［動詞］

（間抜けな銀行に金を返済するため，とてもつつましく生活しなければならない）

iii. *[Owing money to my stupid bank,] there's no money for the rent.

［動詞］

owing は，前置詞とも動詞 **owe** の動名分詞とも解釈されうる.[4] 前置詞としての owing は to 句を補部にとり，非叙述的である. 他方で，動詞としての owing は，直接目的語と to 句を補部にとるとともに，叙述対象として (5ii) の I のような解釈上の主語を必要とする. つまり，(5ii) は As I owe money to my stupid bank, I must live very frugally. のようにパラフレーズすることができる. (5iii) はそのような叙述対象がないため，非文法的である. しかし，同様に叙述対象のない (5i) は文法的である. 叙述対象を必要とするという条件は，動詞としての owing には当てはまるが，前置詞としての owing には適用され

---

[3] 訳者注：原著では，いわゆる現在分詞と動名詞の両方に対して gerund-participle という用語を用いており，両者を厳密に区別していない. そこで本書では，「現在分詞」と「動名詞」の概念をともに含む gerund-participle に対する訳語として「動名分詞」という呼称を用いることにする.

[4] 訳者注：ここで owe が太字になっているのは，それが屈折変化する語の基本形であることを示している. 以下，語彙素の太字は同様の意味を表す.

第 2 章 英語前置詞の弁別的特徴　　　17

ないのである．

(b)　補部

多くの前置詞は，補部として機能する句の主要部になれるが，これは副詞には
ない重要な特性である．副詞は，非常に限られた条件のもとでしか補部として
現れることができない．両者を識別する上でとりわけ便利なのが，補部が義務
的となる環境である．

　そのような環境の 1 つとして，put や place の類の他動詞や dart や slither
などの一部自動詞がとる**着点 (goal)** 補部がある．

　(6)　i.　a.　I put it <u>in the drawer</u>.
　　　　　　　　（私はそれを引き出しにしまった）
　　　　　b. *I put it.
　　　ii.　a.　He darted <u>behind the curtain</u>.
　　　　　　　　（彼はカーテンの後ろにさっと隠れた）
　　　　　b. *He darted.

(a) の例は，前置詞と名詞句補部からなる典型的な前置詞句を含んでいる．し
かし，それ以外の形をしていても，同じ位置に現れるものは前置詞句とみなす
ことができる．

　(7)　i.　a.　I put it <u>in/downstairs/away</u>.　　　　　　　［前置詞］
　　　　　　　　（私はそれを取り付けた／階下に下ろした／片付けた）
　　　　　b. *I put it <u>adjacently</u>.　　　　　　　　　　　　［副詞］
　　　ii.　a.　He darted <u>off/indoors</u>.　　　　　　　　　　　［前置詞］
　　　　　　　　（彼はすばやく走り去った／さっと屋内に入った）
　　　　　b. *He darted <u>immediately</u>.　　　　　　　　　　　［副詞］

in, downstairs, away, off, indoors のような語からなる句は，単独で in the
drawer や behind the curtain のような（疑いの余地のない）前置詞句と同様の
分布を示すので，これらもまた前置詞句であるといえる．形容詞に接尾辞 -ly
が付加した典型的な副詞は，同じ位置に現れることはない．

　補部が義務的となるもう 1 つの環境は，動詞 be を主要部とする節である．

　(8)　i.　a.　Jill is <u>in the office</u>.　　　　b. *Jill is.
　　　　　　　　（ジルは事務所にいる）

18 　　　　　　　　第 I 部　前置詞と前置詞句

ii. a.　The proposal is <u>without merit</u>.　　b. *The proposal is.
　　　（その提案に利点はない）

(b) の例は，Max isn't in the office, but Jill is ___.（事務所にマックスはいない
がジルはいる）のような，補部の内容を先行文脈から補うことのできる省略構
造としては容認されるが，それ以外の場合，be は通例補部を要求する．補部
にどのような範疇でも現れることのできる**同定用法 (specifying use)** の be を
のぞいて，副詞は一般に be の補部として機能することができない．[5] 形態的
に関連した形容詞と副詞のペアがある場合，be の補部になるのは形容詞のほ
うである．つまり，Jill is sad.（ジルは悲しい）であって *Jill is sadly. ではない．
(7ia, iia) で下線の引かれた語（in, downstairs, away, off, indoors）が be
の補部に生じることができるという事実は，これらの語を前置詞として分類す
る妥当性を示すさらなる証拠となる．すなわち，Jill is <u>in</u>/<u>downstairs</u>.（ジルが
中にいる／階下にいる）とはいえるが，*Jill is <u>locally</u>. とはいえないのである．

■ 修飾要素

right や straight など少数の副詞は，ある特定の意味で前置詞の修飾要素とし
て生じることができる．ただし，同じ副詞が（標準英語では）動詞，形容詞，
副詞を修飾することはできない．

---

[5] 訳者注：第 2 巻『補部となる節，付加部となる節』に関連する議論がある．まず同定用法
の be とは，下の (ii) のようなものである．
　　(i)　His daughter <u>is</u> very bright.　　　　　　　　　　　　　　　［叙述用法］
　　　　（彼の娘はとても賢い）
　　(ii)　The chief culprit <u>was</u> Kim.　　　　　　　　　　　　　　　［同定用法］
　　　　（主犯はキムだった）
(i) の叙述用法では his daughter の特性が very bright によって表されているのに対し，(ii)
の同定用法では，the chief culprit という特性をもつ対象が Kim によって特定されている．
また，特殊なコピュラ文である **it 分裂文 (*it-*cleft)** は同定用法にのみ適用することができ，
(ii) を (iii) のようにいい換えることができる．
　　(iii)　It was <u>Kim</u> who was the chief culprit.
　　　　（主犯はキムだった）
(ii) と (iii) はともに「主犯という特性をもっている人物 x は「キム」だった」という同定の
意味を表している．そしてこの it 分裂文において，be の補部に副詞が現れることができる．
　　(iv)　It was <u>only very reluctantly</u> that she agreed.
　　　　（彼女が賛成したのはいやいやながらであった）
この文は，「彼女が賛成を示した態度 x は「いやいやながら」であった」という同定の意味を
表している．

第 2 章　英語前置詞の弁別的特徴　　　　　　　　　　　　　　19

(9) i. They pushed it [right <u>under</u> the bed].　　　　　［前置詞］
　　　　（彼らはそれをベッドの真下に押し込んだ）
　　ii. *They were [right <u>enjoying</u> themselves].　　　　　［動詞］
　　iii. *I believe the employees to be [right <u>trustworthy</u>].　［形容詞］
　　iv. *The project was carried through [right <u>successfully</u>].　［副詞］

すべての前置詞がこれらの修飾要素を容認するわけではない．right や
straight は，主として空間や時間を示す前置詞とともに生じる．これらの副詞
が修飾する前置詞句は，名詞句補部を含んでいなくてもよい．

(10) i. They pushed it [right <u>in</u>/<u>inside</u>].
　　　　（彼らはそれを真ん中に／すぐ内側に押し込んだ）
　　ii. She ran [straight <u>upstairs</u>].
　　　　（彼女はまっすぐ二階へ走っていった）

この種のきわめて特殊な修飾要素が，典型的な前置詞句にとどまらず in, in-
side, upstairs などの語とも生じるということは，補部をともなわない前置詞
句を認めるさらなる証拠となる．

2.2　前置詞と形容詞

of, to, in のような典型的な前置詞は，good, big, new のような典型的な形
容詞とさまざまな点で統語的な相違を示す．しかし，周辺的な例に目を向ける
と，前置詞と形容詞の両方の範疇に属している語や，形容詞的な性質をもつ前
置詞，前置詞的な性質をもつ形容詞といった，例外的な事例を認めざるをえな
くなってくる．
　前置詞と形容詞を区別する重要な特性として，以下の点をあげることができ
る．

(11) i. 前置詞は，節構造において非叙述的な付加部の主要部として生じ
　　　　ることができるが，形容詞はそうではない．
　　ii. 形容詞句は，限定用法あるいは後位用法だけで許されるものをの
　　　　ぞいて，たいてい become の補部に生じることができる．前置詞
　　　　句は，通例その位置に生じない．
　　iii. 典型的な形容詞は，程度を表す very や too で修飾することがで
　　　　きる．また，-er, -est を用いた**屈折比較級・最上級**（**inflectional**

comparative/superlative）や more, most を用いた**分析的比較級・最上級（analytic comparative/superlative**）を作ることができる．前置詞は，通例そのようなことができない．

iv. 典型的な前置詞が名詞句補部を認可するのに対し，形容詞は通例，名詞句補部を認可しない．

v. 典型的な前置詞が right や straight による修飾を許すのに対し，形容詞はそれらによって修飾されない．

vi. 名詞句補部をとる前置詞は，一般に関係節や疑問節においてその補部とともに前置することができる（例：the knife [with which she cut it]（彼女がそれを切ったナイフ）；I don't know [to whom you are referring].（君が誰のことをいっているのかわからない））．しかし形容詞は，通例そのようなことができない．

特性（11i）はすでに 2.1 節で紹介したとおりであり，これが前置詞と形容詞を区別する最大の決め手となる．

　この節では，いくつかの問題となる語や，前置詞と形容詞の両方にまたがる事例を考察する．

■ worth

worth は，名詞あるいは形容詞に分類される．You should make an estimate of your net worth.（あなたは自分の純資産の見積もりを作るべきだ）のような名詞用法は，とくに問題にならないので以下では論じない．形容詞としての worth は，（ほかの形容詞にない）非常に例外的な振る舞いを示す．とくにここで重要なのは，worth が名詞句補部を認可する点である（例：The paintings are [worth thousands of dollars].（この絵画は何千ドルもの価値がある））．この点で worth は前置詞と似ているものの，全体としては worth を形容詞として分析する強い根拠がある．

機能的特性

worth が形容詞であることの証拠として，叙述機能における特徴的性質をあげることができる．worth は，become の補部として問題なく生じることができ，付加部として機能する時には叙述対象を必要とする．

(12) i. What might have been a \$200 first edition suddenly became [worth perhaps 10 times that amount].

第 2 章　英語前置詞の弁別的特徴　　21

　　（200 ドルの初版本であったかもしれないものが，突然その 10 倍くらいの
　　価値になった）

ii.　[Worth over a million dollars,] the jewels were kept under sur-
　　veillance by a veritable army of security guards.
　　（100 万ドル以上の価値があることから，その宝石は非常に大勢の警備員
　　によって監視されていた）

iii. *[Worth over a million dollars,] there'll be ample opportunity for
　　a lavish lifestyle.

（12ii）では，worth を主要部とする形容詞句が the jewels を叙述しているの
に対し，（12iii）ではそのような叙述対象がなく，容認不可能となっている.

[専門的解説]

段階性と修飾

worth は比較変化をほとんど示さないので，この点で worth が形容詞かど
かについての証拠を得ることは難しい．分析的比較級は，一応可能ではあるよ
うだ（例：It was more worth the effort than I'd expected it to be. （それ
は思っていたよりもがんばってみる価値があった））．この構文は，前置詞にも用
いられなくはないが，前置詞が（空間などの）典型的意味ではなく，慣用的・
副次的な意味をもつ場合に限られる．しかし，上の例で worth は明らかに慣
用的・副次的な意味で用いられていない．また，very は worth と共起できな
い（例：*It was very worth the effort.）．かわりに，very much が用いられ
る（例：It was very much worth the effort. （それは断然がんばってみる価値
があった））．しかし，この場合の very much の意味は「明らかに，断然（de-
cidedly）」であり，「とても（to a high degree）」ではない．そしてこの意味
であれば，very much は形容詞とともに用いることができる（例：The ship
was very much unique in its class. （その船はその等級において断然すばらし
かった））．

　enough は，worth が形容詞であるか前置詞であるかを判断する有効な材
料にならない．なぜなら，enough は文中のいかなる位置においても worth
と結びつかないからである（例：*The proposal didn't seem enough
worth the sacrifices it would require for us to accept it. ; *It didn't
seem worth the sacrifices enough for us to go through with it.）．また，
straight や right のような副詞も，形容詞分析と前置詞分析のどちらか一方を

支持する証拠にはならない．これらの副詞は worth とともに生じないものの，そもそも形容詞だけでなく多くの前置詞とも共起しないので，判断の決め手にならないのである．したがって全体としては，比較変化と修飾に関しては，worth を形容詞とみなそうとも前置詞とみなそうとも，大きな違いは生じないのである．

関係節などにおける補部をともなう前置
worth は (11vi) の点で前置詞と異なる．つぎの例を比べてみよう．

(13) i. This was far less than the amount [which she thought the land was now worth].
(これは彼女が考えていたその土地の現在の価値よりもずっと低かった)

ii. *This was far less than the amount [worth which she thought the land was now].

ここで，worth の補部は関係代名詞 which である．(13i) では which が単独で前置されているのに対し，(13ii) では worth が which とともに前置されて非文となっている．

worth は，典型的な形容詞とは明らかに異質であるが，上述の証拠からやはり形容詞であると結論づけられる．

■ like と unlike

これらの語は，形容詞と前置詞の両方に属する．形容詞としての用法は非常に限られており，その１つは，Like poles repel, unlike poles attract. (同じ極は反発し，異なる極は引きつける) のような例にみられる限定用法である．それ以外の形容詞用法と前置詞用法としては，つぎのようなものがある．

(14) i. John is [(very) like his father]. [形容詞]
(ジョンは (とても) 父親に似ている)

ii. John is becoming [more like his father] every day. [形容詞]
(ジョンは日々ますます父親に似てきている)

iii. [Like his father,] John had been called to give evidence. [前置詞]
(父親と同様，ジョンは証言をするために召喚されていた)

iv. [Just like in the summer,] there is dust all over the house. [前置詞]

（まるで夏のように，家中が埃をかぶっている）

形容詞用法の like は叙述補部として機能し，be like は「似ている」を意味する．この場合，very による修飾や more を用いた分析的比較級を許容し，John is very much like his father.（ジョンはとても父親に似ている）とすることも可能である．前置詞としての like は，付加部の主要部として生じる．形容詞 like が叙述対象と関連づけられるのに対し，前置詞 like はそうではない．このことは，叙述対象となりうるものがない（14iv）ではっきりしているが，（14iii）でも付加部は叙述的に解釈されない．この例は，「ジョンの父親がそうであったように，ジョンは証言のため召喚されていた」と解釈され，「ジョンが父親に似ていた」という意味ではない．ジョンと父親がともに証言によばれていたからといって，両者が似ていたということにはならない．したがって，（14iii）は John was like his father.（ジョンは父親に似ていた）を含意しない．また，前置詞用法の like は**段階的（gradable）**ではないので，（14iii）で very を挿入することはできない．

　したがって，形容詞 like と前置詞 like の区別には十分な根拠があるといえる．ただし，前置詞 like と同じように形容詞 like も名詞句補部をとることができる．同じことは，unlike にもいえる.[6]

■ due

due もまた，形容詞と前置詞の両方に属する．限定的に修飾要素として用いられる時は，明らかに形容詞である（例：the due sum（十分な額）；with due diligence（相当な注意をもって）；pay them due respect（彼らにしかるべき敬意を払う））．また補部をともなわずに，あるいは不定詞補部をともなって叙述的に用いられる場合も，形容詞である（例：The rent is now due.（家賃の支払い期日が来ている）；We are due to arrive in less than an hour.（私たちは 1 時間以内で到着する予定です））．このほか，形容詞 due は名詞句補部または to 句補部も認可する．他方で，前置詞 due は義務的に to 句をとる．

(15)　i.　We are [due a refund of about fifty dollars].　［形容詞＋名詞句補部］

---

[6] like は節を補部にとることもできる．形容詞 like では，比較節として現れる（例：He was like he always is—sullen and unco-operative.（彼はいつもどおり，不機嫌で非協力的だった））．また，前置詞 like では拡大不可能な内容節として現れる（例：It looks like we're going to have some rain.（雨が降ってきそうだ））．

（私たちはおよそ 50 ドルの返金を受けるべきである）

ii.　Sincere thanks are [due to all those who gave so generously].

［形容詞＋前置詞句補部］

（惜しみなく寄付をしたすべての人々に心から感謝を捧げる）

iii.　[Due to the rain,] the match was cancelled. ［前置詞＋前置詞句補部］

（雨のためその試合は中止になった）

due はいかなる要素によっても修飾されないため，上の例の品詞分類は叙述対象テストに基づいている．すなわち，due が（15i, ii）で示された意味をもつ場合は叙述対象を必要とし，（15iii）の意味では叙述対象を必要としない．（15i, ii）で due が形容詞であることは明らかであると思われるので，（15i）は形容詞が例外的に名詞句補部をとることの証拠となる．due が名詞句補部を認可するのが，（普通とは逆に）前置詞用法ではなく形容詞用法である点に注意されたい．

　（15iii）に示した構文は，規範的立場から多くの批判にさらされてきた．一般にこの用法は誤りであるとされ，この例のような due to は owing to や because of に置き換えるべきであるといわれる．しかし，due が前置詞用法として確立していることは間違いなく，記述的な立場から書かれた文法書では，この用法が認められている．（15iii）における due の意味は，下と同じである．

(16)　The delay was due to a signal failure.

（遅延は信号の故障によるものであった）

歴史的には，この due は形容詞であった．（15iii）に対する規範的立場からの批判は要するに，そこで用いられている due が形容詞であり，叙述対象を必要とするので容認されないというものである．しかし，due が前置詞として確立されているのであれば，その分析が（15iii）だけでなく，（16）などの因果関係の意味を表すすべての due に適用されておかしくない．なぜなら，前置詞句は一般的に be の補部として機能することができるからである．

■ **near, close, far**
これらの語彙素は，前置詞用法のほうが形容詞用法よりもはるかに一般的であるものの，やはり両方の範疇に属している．まず，これら 3 つはすべて限定的形容詞として生じる（例：a near relative（近親者）；close friends（親友）；the far side of the building（建物の向こう側））．また far の比較級 further は，それ

が「さらなる」の意味で用いられる時は，形容詞である（例：There are some further issues to be discussed.（議論すべきさらなる問題がある））．形容詞 close は，次のような例で叙述的に用いられる．The election result is going to be very close.（選挙結果は非常に僅差になる模様だ）（参考：a closely fought election（接戦の選挙））：Kim and Pat are getting very close.（キムとパットはとても親密になりつつある）．しかしながら，ほとんどの非限定的用法は前置詞である．
near から考えてみよう．[7]

(17) i. We should put it [near/nearer the pool].
          （それをプールの近く／もっと近くに置くべきだ）
      ii. This place is a dead end, but [near/nearer the city] there's plenty going on.
          （この場所には何もないが，都会の近く／もっと近くでは面白いことがたくさんある）

near には場所の意味があり，それが主要部となっている句は，in the pool（プールで）や beyond the city（都会の向こう）のような典型的前置詞句と同様の分布を示す．重要な点として，(17ii) のような例は，**near** が「叙述対象を必要とする」という形容詞的な特性をもたないことを示している．また，**near** はその補部をともなって前置することが可能である（例：the tree near which we had parked（私たちが近くに駐車した木））．さらに，**near** は right で修飾することができる（例：We found it right near the house.（私たちはそれを家のすぐ近くでみつけた））．一般的に，**near** は become の補部として生じることはできない（例：*The water had become near the house.）．ただし，**near** が補部をともなわないときには，容認性が向上する（例：?The storm was becoming nearer.（嵐が近づいてきた））．他方で，段階性の点では **near** は形容詞のように振る舞う．すなわち，比較変化を示し（それゆえここでは near を太字で示している），very や too によって修飾することができる（例：You have put it very/too near the pool.（あなたはそれをプールのとても近くに／プールに近すぎる場所に置いた））．つまり，**near** は統語的に非常に例外的な存在であり，形容詞的特性と前置詞的特性をあわせもっているのである．
　同じことは **close** と **far** にも当てはまるが，これらの語は名詞句補部を認可しない．**near** がその補部として (17) のように名詞句をとったり，near/

---

[7] 訳者注：語彙素の太字表記については，本章注 4 を参照のこと．

nearer to the pool（プールの（より）近く）のように to 句をとったりするのに対し，**close** は to 句のみを，**far** は from 句のみをとる.[8] つぎの例は，**close** と **far** が「叙述対象を必要とする」という形容詞的特性をもたないことを示している.

(18) i. [Closer to election day,] the audience is much larger.
（投票日が近づいて，聴衆はさらに多くなっている）

ii. [Not very far from their house] the road deteriorates into a dirt track.
（彼らの家からそれほど離れていないところで，道は未舗装の悪路になっていく）

■ 品詞の重複あるいは転換のさらなる例

(19)

absent	adjacent	consequent
（… がなくて）	（… に隣り合って）	（… の結果として）
contrary	effective	exclusive
（… に反して）	（… に効力が生じて）	（… に限って）
irrespective	opposite	preliminary
（… にかかわらず）	（… の向かい側に）	（… に先だって）
preparatory	previous	prior
（… の準備として）	（… に先だって）	（… に先だって）
pursuant	regardless	subsequent
（… にしたがって）	（… にかかわらず）	（… に続いて）

これらの語はすべて，以下の例のように叙述対象をもたない付加部の主要部として生じることができるので，前置詞としての基準を満たしている.

(20) i. [Absent such a direct threat,] Mr Carter professes to feel no pressure.
（そのような直接的な脅しがないために，カーター氏は圧力を感じていな

---

[8] from の補部は，動名分詞にすることができる（例：Far from advancing our cause, this made things much more difficult for us.（理想を推し進めるどころか，私たちは大きな苦境に立たされた））．near や close と異なり，far は程度副詞としても用いられる（例：It was far better than last year.（昨年よりずっとよかった））．

第 2 章　英語前置詞の弁別的特徴　　　　　　　　　　27

いふりをしている）

ii. [Right adjacent to the church] there is a liquor store.

（教会のちょうど隣に酒屋がある）

iii. [Consequent on this discovery,] there will doubtless be some dis-
ciplinary action.

（このことが発覚した結果として，間違いなく何らかの懲戒処分があるだ
ろう）

iv. He had not been seen in the area [prior to this].

（彼は，この件の前にはこの辺りでみかけられていなかった）

v. The plan will go ahead [regardless of any objections we might
make].

（私たちがどんなに反対してもその計画は進んでいくだろう）

irrespective と regardless は，(-ive や -less という形態的特徴からわかるよう
に）歴史的には形容詞に由来するが，現在ではほぼ前置詞としての用法に限ら
れる．(19) のそのほかの語は，前置詞に加えて限定用法の形容詞としても用
いられる（例：absent friends（不在の友人）; the adjacent building（隣接した建
物）; the consequent loss of income（結果として生じる所得損失））．absent, ef-
fective, exclusive, opposite, preliminary, preparatory については，明らか
に形容詞的な叙述用法もある（例：Five of them were absent.（彼らのうち 5 人
が欠席した）; The film was very effective.（その映画はとても印象的だった）;
This club seems very exclusive.（このクラブはとても排他的に思える））．しかし，
そのほかの語に関しては，叙述用法と明らかに前置詞的な付加詞用法が，意味
的な区別なくほぼ同じように用いられる．たとえば，This was prior to the
election.（これは選挙前のことだった：叙述用法）と This happened prior to the
election.（これは選挙の前に起こった：付加部用法）のような場合である．また，
これらの前置詞のごく少数が名詞句補部を認可する．それらは opposite（例：
opposite the church（教会の向かい側に））と，特殊な**使用域（register）**におけ
る absent と effective である．absent については「… がなくて」を意味する
(20i) のような例であり，effective については，Effective 1 July the fee will
be increased to $ 20.（7 月 1 日より料金が 20 ドルに値上がりします）のような例
である．

2.3 前置詞と動詞

ほとんどの場合，動詞は主節の主要部として生じて時制の屈折を示すことができる点で，前置詞とはっきり区別される．しかし，前置詞の中には時制をもたない動詞の形（動名分詞や過去分詞など）から品詞転換によって生じたものがある．

(21) i. [Barring accidents,] they should be back today.
   （事故さえなければ，彼らは今日戻ってくるはずだ）

   ii. There are five of them [counting/including the driver].
   （運転手を含めて彼らのうち 5 人がいる）

   iii. [Pertaining to the contract negotiations,] there is nothing to report.
   （契約交渉に関して，報告することは何もない）

   iv. [Given his age,] a shorter prison sentence is appropriate.
   （彼の年齢を考慮すると，より短い実刑判決が妥当である）

下線の引かれた語を前置詞として分析する根拠は，これらに解釈上の主語が存在しないことである．これは，前置詞を形容詞から区別するのに用いた基準と実質的に同じである．すなわち，前置詞は叙述対象（それが叙述していると理解される要素）をもたない付加部として用いることができる．たとえば，(21ii)の前置詞 counting は，つぎの動名分詞と区別される．

(22) [Counting his money before going to bed last night,] Max discovered that two $100 notes were missing.
   （昨夜寝る前にお金を数えていて，マックスは 100 ドル札が 2 枚なくなっているのに気づいた）

(21) の前置詞構文と（22）の動詞構文の線引きは，以下のような例ではいくぶんあいまいになる．

(23) i. [Turning now to sales,] there are very optimistic signs.
   （売上高に目を向けると，大変楽観的な兆候がある）

   ii. [Bearing in mind the competitive environment,] this is a creditable result.
   （競争の激しい環境を念頭におけば，これは立派な結果だ）

iii. [Having said that,] it must be admitted that the new plan also has advantages.

（そのことをいった上で，新しい計画には利点もあることを認めなければならない）

これらは，下線を引いた動詞の解釈上の主語が主節にみあたらない点で，(22) と異なる．これは，規範文法家が**懸垂分詞 (dangling participle)** 構文とよぶものに似ている．たとえば，*Walking down the street, his hat fell off. は，道を歩いていたのは彼（he）であって彼の帽子（his hat）ではない，という理由で非文法的である．その一方で，(23) の例は一般に容認可能であるとされる．これらが (21) のような前置詞構文と異なるのは，解釈上の主語が話し手，あるいは話し手と聞き手の両方であると，文脈からうっすらと理解できる点にある．また統語的には，これらの例で主要部に付随する要素は，通常の前置詞構文と異なる性質を示す．たとえば，(23i, ii) の動詞は，時制節に含まれるのと同じ要素をしたがえている．(23i) では補部 to sales に加えて付加部 now が現れており，そのほかに briefly（手短に）や if I may（もしよろしければ）といった付加部を加えることもできよう．同様に，(23ii) では前置詞句補部 in mind が bear in mind（念頭に置く）という**イディオム (idiom)** の一部をなしており，ここでも付加部を加えることができる（例：bearing in mind, as we must, the competitive environment（やむをえないこととして，競争の激しい環境を考慮すれば））．(23iii) では，having は完了の助動詞として義務的に過去分詞補部をとるが，これは前置詞にみられない特徴である．ここではほかの付加部を加えることは難しいが，これは having said that というのがある種の定型表現だからである．

　動詞の動名分詞形あるいは過去分詞形と同音異義の関係にある主な前置詞には，つぎのようなものがある．

(24)	according†[T]	allowing[F]	barring†
	（... によれば）	（... を見越して）	（... がなければ）
	concerning	counting	excepting
	（... に関して）	（... を含めて）	（... をのぞいて）
	excluding	failing†	following
	（... をのぞいて）	（... がなくて）	（... の後で）
	including	owing†[T]	pertaining[T]
	（... を含めて）	（... が原因で）	（... に関して）

regarding	respecting	saving †
(… に関して)	(… に関して)	(… をのぞいて)
touching †	wanting †	given
(… に関して)	(… がなくて)	(… を考慮すると)
gone †（英用法）	granted	
(… を過ぎて)	(… だとしても)	

記号†は，当該前置詞が補部に選択する要素やそれ自身の意味（あるいはその両方）が，動詞の用法と異なっていることを表している．たとえば，according to Kim（キムによれば）は前置詞用法であるが，動詞 accord を使って *They accorded to Kim. とすることはできない．gone は given や granted と違って，対応する動詞にそもそも受け身がない．この gone はくだけた文体において「時」や「年齢」の表現を補部にとって用いられる（例：We stayed until gone midnight.（私たちは真夜中過ぎまで起きていた）；He's gone 60.（彼は 60 歳を越えている））．前者の gone は after の意味であり，後者は over と同義である．

　（24）の語が前置詞として用いられる場合は，義務的に補部をとる．たいてい名詞句補部であるが，T または F の記号がついた語は，それぞれ to 句と for 句をとる．なお，前置詞 during（… の間じゅう），notwithstanding（… にもかかわらず），pending（… が起こるまで）は -ing 接辞を含んでいるが，これらは動詞と同音異義の関係にない．すなわち，動詞の動名分詞形に由来するのではない．

　また，動詞から派生された前置詞のいくつか，具体的には given（… ということを考慮すると），granted（… だとしても），provided（… という条件で），providing（… という条件で），seeing（… であるから）は，内容節補部をとる.[9]

2.4　前置詞と副詞

副詞は通例，動詞や形容詞，またほかの副詞を修飾する語であると定義される．動詞を修飾する要素は，本シリーズでの枠組みでは付加部ということになるが，前置詞もまた，この機能をはたす句の主要部として生じることができ

---

　[9] 訳者注：第 6 巻『節のタイプと発話力，そして発話の内容』に provided の例があげられている．

　(i)　I'll come along, [provided (that) I can leave early].
　　　（早く出発できるようなら合流するよ）

る．あらゆる意味の付加部が，副詞または前置詞を主要部とする句によって具現化されうる．たとえば，つぎの例において，下線が引かれた最初の語は副詞であり，2つ目が前置詞である．

(25)　i.　She did it carefully/with great care.　　　　　　[様態]
　　　　　（彼女は注意深く／細心の注意をはらってそれを行った）

　　　ii.　They communicate electronically/by email.　　　[手段]
　　　　　（彼らは電子的に／電子メールで通信する）

　　　iii.　They live locally/in the vicinity.　　　　　　　[空間的位置]
　　　　　（彼らはこの辺に／この近くに住んでいる）

　　　iv.　The prices went up astronomically/by a huge amount.　[範囲]
　　　　　（価格が桁外れに／大幅に上昇した）

　　　v.　I haven't seen her recently/since August.　　　　　[時]
　　　　　（私は彼女を最近／8月以来みていない）

　　　vi.　She's working with us temporarily/for a short time.　[期間]
　　　　　（彼女は一時的に／短期間私たちと一緒に働いている）

　　　vii.　They check regularly/at regular intervals.　　　　[頻度]
　　　　　（彼らは定期的に／一定の間隔で点検する）

　　　viii.　I loved her immensely/with all my heart.　　　　[程度]
　　　　　（私は彼女をすごく／心から愛していた）

　　　ix.　It failed consequently/for this reason.　　　　　　[理由]
　　　　　（その結果／その理由でそれは失敗した）

たとえば，(25i) は She did it carefully. ［carefully は副詞］とも，She did it with great care. ［with は前置詞］とも表すことができる．[10] 同じことは，ほかの例についてもいえる．それぞれの用例の右に付加部の意味タイプを示しており，これらは第2巻『補部となる節，付加部となる節』での分類に対応している．ここからわかるように，前置詞と副詞はともに付加部として機能する句の主要部になれるので，この特性によって両者を区別することはできない．

　伝統的な定義では，前置詞は（ここでの用語でいう）名詞句補部をとること

---

　[10] この類似性のために，この種の前置詞句は伝統的に**副詞要素句 (adverbial phrase)** とよばれている．しかし，本シリーズの観点からいえば，この用語法は機能と範疇を混同しているといわざるをえない．(25) に示した表現のペアは，同じ機能をはたしているが範疇は異なる．「X句」という場合の X は，主要部となる語の範疇を示す．

になっている．すでにみたとおり，この規定には十分な根拠があるわけではな
く，また実際に守られているわけでもない．とはいうものの，従来の定義から
逸脱する要素を前置詞に含めるのは，そうするだけの十分な理由がある場合に
限るのがよいだろう．典型的前置詞が名詞句補部をとるのはたしかなので，ほ
かの要素にまで前置詞の範囲を拡大する積極的な証拠がある場合にのみ，それ
らを前置詞として認めることにしよう．

■ 補部をもたない語

はじめに，補部をもたない語，すなわちそれ自身で句を構成する語を考えてみ
よう．いくつかの種類を区別することができる．

(a)　随意的に名詞句補部をとる前置詞

ある語が名詞句補部をとったりとらなかったりする場合，それは補部のない前
置詞を認める非常に有力な論拠となる（例：The owner is not in the house.
（家主は家の中にいない）〜 The owner is not in.（家主は不在である））．これら2
つの in が同じ範疇に属していると判断するのには，いくつかの理由がある．

　第一に，1章の（7）で示したように，この構文が名詞句補部をとったりと
らなかったりするのは，動詞や名詞，形容詞にもみられることである．そうす
ると，She was eating an apple.（彼女はリンゴを食べていた）の eating と，She
was eating.（彼女は食事をしていた）の eating が別の範疇ではないのと同じ理由
で，上の例における in が2つの異なる範疇に属しているわけではないことに
なる．eating an apple と eating に機能上の違いがないのと同様，in the house
と単独の in も同じ機能をはたしている．

　第二に，名詞句補部の有無にかかわらず，同じ修飾要素が生じることができ
る．つぎの例を比べてみよう．

(26)　i.　a.　He'd left [two hours before the end].
　　　　　　　　（彼は終了の2時間前に立ち去った）

　　　　b.　He'd left [two hours before].
　　　　　　　　（彼は2時間前に立ち去った）

　　ii.　a.　She went [straight inside the house].
　　　　　　　　（彼女はまっすぐ家の中に入っていった）

　　　　b.　She went [straight inside].
　　　　　　　　（彼女はまっすぐ中に入っていった）

第 2 章　英語前置詞の弁別的特徴 33

　第三に，かなりの前置詞が，上でみたような名詞句補部の有無に関する交替を示す．該当するいくつかの例を (27) にあげる．

(27)　aboard　　　　　　　about　　　　　　　　above
　　　（… に乗って）　　　（… について）　　　（… の上に）
　　　across　　　　　　　after　　　　　　　　against
　　　（… を横切って）　　（… の後に）　　　　（… に反して）
　　　along　　　　　　　alongside　　　　　　apropos
　　　（… にそって）　　　（… にそって）　　　（… といえば）
　　　around　　　　　　　before　　　　　　　　behind
　　　（… の周囲で）　　　（… の前に）　　　　（… の背後に）
　　　below　　　　　　　beneath　　　　　　　besides
　　　（… の下に）　　　　（… の下に）　　　　（… のほかに）
　　　between　　　　　　　beyond　　　　　　　by
　　　（… の間に）　　　　（… を越えて）　　　（… のそばに）
　　　down　　　　　　　for　　　　　　　　　in
　　　（… の下方に）　　　（… のために）　　　（… の中に）
　　　inside　　　　　　　**near**　　　　　　　notwithstanding
　　　（… の内部に）　　　（… の近くに）　　　（… にもかかわらず）
　　　off　　　　　　　on　　　　　　　　　opposite
　　　（… から離れて）　　（… の上に）　　　　（… に向き合って）
　　　outside　　　　　　over　　　　　　　　past
　　　（… の外部に）　　　（… を越えて）　　　（… を過ぎて）
　　　round　　　　　　　since　　　　　　　　through
　　　（… を囲んで）　　　（… 以来）　　　　　（… を通って）
　　　throughout　　　　　to　　　　　　　　　under
　　　（… のあちこちに）　（… へ）　　　　　　（… の下に）
　　　underneath　　　　　up　　　　　　　　　within
　　　（… の下側に）　　　（… の上方に）　　　（… の範囲内で）
　　　without
　　　（… なしで）

これらのほとんどは空間あるいは時間の意味領域に属し，とくに空間を表すものが多いが，そのほかの意味を表すものもある．具体的には，apropos, be-

sides, notwithstanding, without である.[11] これらの前置詞が補部なしでどの
くらい生じやすいかについては，かなりの差異がある．たとえば in, on,
over, under, up は補部なしの用法がかなり一般的であるのに対し，to は副
次的な用法に限られる（例：He pulled the door to.（彼は扉を引いた（が必ずし
も完全に閉めたわけではない））; He came to.（彼は意識が戻った））．また，against
と for の補部なし用法は，主として賛否を問う文脈に限られる（例：We had
a huge majority, with only two people voting against.（われわれは大多数の票を
獲得し，たった2人しか反対しなかった））．

　名詞句補部をともなわない用法は，一部の周辺的な前置詞に限られるわけで
はない．英語の中心的かつ典型的なほとんどの前置詞において，体系的に広く
みられる特性である．

(b) here, there, where を含む複合語

(28) i.
hereat	hereby	herefrom
（ここで）	（これによって）	（ここから）
herein	hereof	hereon
（ここに）	（これについて）	（これについて）
hereto	herewith	
（これに）	（これとともに）	

ii.
thereat	thereby	therefrom
（そこで）	（それによって）	（そこから）
therein	thereof	thereon
（そこに）	（それについて）	（それについて）
thereto	therewith	
（それに）	（それとともに）	

iii.
whereat	whereby	wherefrom
（そこで）	（それによって）	（そこから）

---

[11] 前置詞 apropos は，単独では概略「それについていえば（talking of that）」を意味する
（例：I went to a College reunion on Friday; apropos, did you ever hear what happened to
Webster?（僕は金曜日に大学の同窓会に行ったんだ．ところで，ウェブスターに何があったか
聞いたかい））．加えて，apropos は「適切な，都合のよい（appropriate, suitable）」という形容
詞的意味でも用いられる（例：His behaviour was not exactly apropos.（彼の振る舞いはまっ
たく適切というわけではなかった））．

第 2 章　英語前置詞の弁別的特徴　　　　　　　　35

wherein	whereof	whereon
（そこに）	（それについて）	（それについて）
whereto	wherewith	
（それに）	（それとともに）	

8 個ほどの前置詞語基は，here，there，where とともに複合語を形成する．これらのほとんどは古語であるが，いくつかの語（とくに -by をともなう一連の語）は，いくぶんかたい表現として現在でも用いられる．where を含む語は関係詞である．上記のほかに，abouts を含む一連の語もある．hereabouts （このあたりに）［アメリカ英語では hereabout ということもある］，thereabouts （そのあたりに）［ほとんどの場合 or thereabouts （あるいはそのくらいの）という表現で用いられる］，そして疑問詞の whereabouts （どのあたりに）である．

(c)　空間を表す語

名詞句補部を認可しない語には，空間の意味領域に属する多数の語が含まれる．それらは，come や go といった動詞の着点項として生じるとともに，多くの場合，be の**所格** (**locative**) 補部としても生じる．

(29)　i.　a.　They went <u>ashore</u>.　　　　b.　They are <u>ashore</u>.
　　　　　　（彼らは浜に行った）　　　　　　　（彼らは浜にいる）

　　　ii.　a.　I'll take him <u>downstairs</u>.　b.　They are <u>downstairs</u>.
　　　　　　（私が彼を階下に連れて行こう）　　（彼らは階下にいる）

　　　iii.　a.　Kim is coming <u>home</u>.　　b.　Kim is <u>home</u>.
　　　　　　（キムは帰宅中だ）　　　　　　　（キムは家にいる）

　　　iv.　a.　Let's put everything <u>indoors</u>.　b.　Everything is <u>indoors</u>.
　　　　　　（全部屋内に入れよう）　　　　　　（全部屋内にある）

これらの語を前置詞に含める十分な根拠がある．

　　節中で，典型的な副詞は一般に補部ではなく付加部として生じる．They treat us <u>appallingly</u>.（彼らは私たちの扱いがひどい）にみられるように，副詞が補部として生じることがまったくないわけではない．しかし，この用法はかなり例外的である．[12]　(29) の各 (a) の例で，下線を引かれた語のかわりに -ly 副

---

[12]　訳者注：第 2 巻『補部となる節，付加部となる節』には，補部として生じる様態副詞として，さらにつぎの例があげられている．

　　(i)　She behaved <u>outrageously</u>.

詞を着点項として用いることはできない．また，同定用法の be をのぞいて
be は -ly 副詞を補部として認可しないので，-ly 副詞によって（b）の下線語
を置きかえることもできない．さらに注意したいのは，各（b）の例における
ashore, downstairs などが動詞を「修飾」しているとは考えられないというこ
とである．それは，They are young.（彼らは若い）において young が動詞を修
飾していないのと同じことである．したがって，上の語は伝統的には副詞とし
て分析されるものの，実は副詞としての定義を満たしていないともいえるので
ある．

　これらの語は，名詞句補部をとらないという点をのぞけば，(27) の前置詞
と統語的にとてもよく似ている．たとえば，They went/are aboard.（彼らは乗
車した／している）と They went/are ashore.（彼らは岸に行った／行っている）を
比べると，そのことがよくわかる．また，これらの語の中には，right や
straight によって修飾できるものもある（例：They are right downstairs.（彼ら
は真下の階にいる）；We went straight indoors.（私たちはまっすぐ屋内に入った））．
そこで，これらの語も前置詞に含めることにする．対照的に，locally のよう
な副詞は，空間の意味領域に属しつつも，上の前置詞とは統語的に大きく異
なっている．

　この種の前置詞には，つぎのようなものがある．

(30)　i.　abroad　　　　abreast　　　　adrift
　　　　　（外国に）　　　（横に並んで）　（さまよって）
　　　　　aground　　　　ahead　　　　aloft
　　　　　（座礁して）　　（前方に）　　　（上に）
　　　　　apart　　　　　ashore　　　　aside
　　　　　（離れて）　　　（岸に）　　　　（脇に）
　　　　　away
　　　　　（離れて）
　　ii.　here　　　　　　there　　　　　where
　　　　　（ここに）　　　（そこに）　　　（どこに）

　　　　　（彼女はとんでもない振る舞いをした）
　(ii)　We worded the motion carefully.
　　　　　（私たちはその申し立てを慎重に言葉にした）
本文の appallingly も含め，いずれも下線の引かれた副詞が動詞の要求する必須要素であるこ
とから，これらは補部であるといえる．

第 2 章　英語前置詞の弁別的特徴

	hence	thence	whence
	（ここから）	（そこから）	（どこから）
iii.	east	north	south
	（東に）	（北に）	（南に）
	west		
	（西に）		
iv.	aft	back	forth
	（船尾へ）	（後方へ）	（前方へ）
	home	together	
	（自宅へ）	（一緒に）	
v.	downhill	downstage	downstairs
	（山の下方へ）	（舞台前方へ）	（階下へ）
	downstream	downwind	uphill
	（下流へ）	（風下へ）	（山の上方へ）
	upstage	upstairs	upstream
	（舞台後方へ）	（階上へ）	（上流へ）
	upwind		
	（風上へ）		
vi.	indoors	outdoors	overboard
	（屋内で）	（屋外で）	（船外に）
	overhead	overland	overseas
	（頭上で）	（陸路で）	（海外へ）
	underfoot	underground	
	（足下に）	（地下に）	
vii.	backward(s)	downward(s)	eastward(s)
	（後方へ）	（下方へ）	（東方へ）
	forward(s)	heavenward(s)	homeward(s)
	（前方へ）	（天に向かって）	（家に向かって）
	inward(s)	leftward(s)	northward(s)
	（内側に）	（左方向に）	（北方へ）
	onward(s)	outward(s)	rightward(s)
	（さらに先へ）	（外側に）	（右方向に）
	seaward(s)	skyward(s)	southward(s)
	（海のほうへ）	（空のほうへ）	（南方へ）

upward(s)　　　　westward(s)

（上方へ）　　　　（西方へ）

　(30i) の語は接頭辞 a- を含んでいるが，これは歴史的には前置詞 on に由来する．これらの語は，前置詞とその補部が融合して生じたものである．同じ接頭辞は，aboard など，随意的に名詞句補部をとるいくつかの前置詞にもみられる．aside をのぞいて，(30i) の語は着点項としても be の補部としても生じる（着点項の例：They went abroad. （彼らは海外に行った）；be 補部の例：They are abroad. （彼らは海外にいる））．aside が空間的な意味で用いられる場合，He pushed them aside. （彼は彼らを脇にどけた）のようにもっぱら動作的な文脈で用いられ，*They are aside. とはいわない．また，apart と aside は「…を含まずに（not including）」「…を考慮せずに（not considering）」という副次的意味を表す（例：Apart/Aside from this, I have no complaints. （このことをのぞけば，私に文句はない））．これらの意味で用いられるとき，apart と aside は名詞句補部をとれるが，その場合，名詞句補部は主要部に先行し，後続しない（4.2 節参照）．

　(30ii) の here と there は**直示的 (deictic)** 表現であり，where は対応する疑問詞または関係詞である．[13] これらの 3 語は，動作用法と状態用法をともにもつ（例：Where did she go? （彼女はどこに行きましたか）；Where is she? （彼女はどこにいますか））．hence, thence, whence は**起点 (source)** をその意味に組み込んでいる．これらは，空間を表す語としては動作用法に限られ，やや古風である（例：They travelled to Calais and thence to Paris. （彼らはカレーに旅行し，そこからパリに向かった））．さらに，これらの語は「理由」に関連した副次的意味ももつ（例：Hence it follows that … （ここから…ということになる））．また，「着点」の意味を組み込んだ古風な語として，hither （ここへ），thither

---

[13] 訳者注：第 9 巻『情報構造と照応表現』でも述べられているとおり，there には外界の場所を直接指示する直示的用法に加えて，(i) のように文脈内の場所表現に言及する**照応的 (anaphoric)** 用法もある．

　(i)　I put the keys in the top drawer; they should still be there.

　　　（私は鍵を一番上の引き出しにしまった．まだそこにあるはずだ）

here は直示的用法が一般的であるが，(ii) のように照応的に用いられる場合もある．

　(ii)　The main stadium was almost finished. Here, on the opening day of the games, participants from every country would parade.

　　　（メインスタジアムはほぼ完成した．大会の初日には各国の参加者たちがここで行進するだろう）

第 2 章　英語前置詞の弁別的特徴　　39

（そちらへ），whither（どこへ）の 3 語がある．加えて，古風な表現，あるいは
方言でみられる yonder という語がある．これはおよそ「そこで（there）」を意
味するが，典型的には話者からいくぶん距離のある場所を示す．例外として，
yonder hills（向こうの丘）のような**限定詞（determinative）**としての用法もあ
るが，通例は前置詞として用いられる（例：He was headed over yonder.（彼
は向こうのほうに向かって進んだ））．

　（30iii）の方位を表す語は，主として名詞として用いられ，しばしば語頭を
大文字で表記する（例：She comes from the North of England.（彼女はイング
ランド北部の出身だ））．これらの語が前置詞として用いられる場合，We were
travelling east.（私たちは東に進んだ）のように動作的に用いられ，状態用法で
は of 句を必要とする（例：It is 50 miles north of Paris.（それはパリの北 50 マ
イルのところにある））．前置詞として用いられる場合，「正確に（exactly）」を意
味する副詞 due によって修飾されることがある．この用法の due は，方位を
表す語とのみ共起し，もっぱら前置詞を修飾する straight や right と同類であ
る．また，方位を表す語は（30）にあげた単純形のほか，north-east（北東）や
south-west（南西）のような複合語としても用いられる．

　（30iv）にあげた語は，（30i）から（30iii）に含まれないない雑多な前置詞で
あり，together 以外はすべて単一の形態素からなっている．これらの語は，
We'll be home soon.（私たちは間もなく家に着く）のように be の補部として生
じるが，方向の意味をもつ forth だけは，例外的に移動を表す動詞と共起する
（例：go forth（進む）；venture forth（（危険を冒して）進む）；sally forth（（勇ん
で）出かける））．また，オーストラリア英語の bush は「森や田園に向かって
（off into the forest or countryside）」という意味を表すが，これを方向の意味
をもつ前置詞に加えてよいかもしれない（例：Once hatched, the chicks im-
mediately head bush on their own.（卵からかえると，ヒヨコはただちに自力で森
へと向かう））．

　（30）の残りの語は複合語である．overland と underfoot は形態的にほかの
語と似ているものの，統語的性質として着点項や be の補部として生じないの
で，典型的な前置詞とはいえない．overland は「経路（path）」の意味を表す
（例：They travelled overland from Paris to Athens.（彼らはパリからアテネまで
陸路で旅行した））．（30vii）の語は，homeward と homewards のように，-s を
ともなう形とともなわない形がある．このうち，-s のない形のみが限定的に
用いられる（例：the homeward journey（帰路）；a backward move（後方への
動作））．それ以外の用法では，アメリカ英語では -s のつかない形が一般的で

ある．イギリス英語では両方の形が容認されるが，-s をともなう形式が好まれる（ただし，forwards は forward よりも用法が制限される）．

(d)　空間以外の意味を表す語

空間以外の意味領域では，補部をともなわずに生じる前置詞は，(27) であげたものをのぞくと少数しかない．そのほとんどが時間の意味領域に属する．[14]

(31)　i.　now　　　　　　　then　　　　　　when
　　　　　（今）　　　　　　（その時）　　　　（いつ）

　　ii.　afterward(s)　　beforehand　　henceforth　　thenceforth
　　　　　（後で）　　　　（前もって）　　（これから）　　（それから）

now, then, when は，空間の意味を表す here, there, where を時間の意味に置き換えたものである．afterwards（アメリカ英語では afterward）は単純形の after とほぼ同じ意味を表し，同じように beforehand は before とほぼ同義である．また henceforth と thenceforth は，hence/thence と forth からなる複合語である．このように補部なしで時間を表す語は，主として補部ではなく付加部として生じるので，これらを前置詞として分析する根拠は空間を表す語の場合よりも弱い．しかし，(31) にあげた語の中には，after や before のような典型的な前置詞と密接に関連しているものがあり，さらに now, then, afterward(s) は，right と straight のいずれかまたは両方によって修飾することができる．ただ，そうはいっても「時」「期間」「頻度」の意味を表して補部

---

[14] why も前置詞にいくぶん類似している．というのも，why は be の補部として生じることができるからでる．たとえば，I won't be seeing them again.（私は彼らに二度と会わないつもりだ）という発言に対して，Why is that?（いったいどうしたのですか）とたずねることができる．しかしこの構文は特殊であり，その意味は Where is Kim?（キムはどこにいますか）や Kim is out.（キムは外出している）とはかなり異なる．当該の why は叙述的に解釈されず，Why is that so?（どうしてそうなるのですか）とほぼ同じ意味を表す．そこで，ここではこの用法の why を副詞の一種として分析したい．また，副詞と前置詞の境界線上にある事例の1つが else である．この語は，or に後続する場合は副詞である（例：Hurry up or else you'll miss the bus.（急ぎなさい．さもないとバスに乗り遅れますよ））．しかし，who else（ほかの誰が [を]），why else（ほかのどんな理由で），something else than this（これ以外の何かほかのもの）のように，疑問詞や複合限定詞を後置修飾する場合は，前置詞といってよいだろう．このように名詞句構造の内部で後置修飾する機能は，副詞句ではなく前置詞句の特徴である．また，主要部が why のような副詞でありうることから，else を形容詞とは考えられないことにも注意されたい．

第 2 章　英語前置詞の弁別的特徴　　　41

をとらない語は，ほとんどの場合副詞である（例：previously（以前に）；sub-sequently（後で）；immediately（ただちに）；shortly（まもなく）；soon（すぐに）；long（長い間）；always（いつも）；often（しばしば）；frequently（頻繁に））．

■ 前置詞句補部をもつ語

つぎに，前置詞句補部をとる語を考えてみよう．

(32)　i.　Everything has been badly delayed [owing to a computer failure].
　　　　　（コンピュータの故障によりすべてがひどく遅れた）

　　　ii.　[According to Kim,] most of the signatures were forged.
　　　　　（キムによれば，署名のほとんどは偽造されたものだった）

　　　iii.　We had to cancel the match [because of the weather].
　　　　　（天候のためその試合を中止しなければならなかった）

　　　iv.　She suddenly jumped [out of the window].
　　　　　（彼女は突然窓から飛び降りた）

　　　v.　They gave me a knife [instead of a fork].
　　　　　（彼らは私にフォークのかわりにナイフを与えた）

名詞句補部に後続されないというまさにその理由によって，これらの語は伝統的な定義では前置詞から除外される．したがって伝統文法では，一般にこの種の語は副詞として分析される．[15] しかしときとして，角括弧で囲まれた表現全体と前置詞句の類似性に着目することで，最初の2語（owing to, according to など）を前置詞的な1つの単位として分析することもある．この単位が名詞句補部をとると考えれば，伝統的な意味での前置詞として分析することができる．これが，しばしば**複合前置詞**（**complex preposition**）と称されるものである．この種の表現については3節で詳しく論じるが，まずここでは，とくに上の例にみられるような「複合前置詞」について3点述べておきたい．

　第一に，どのような語の組み合わせを「複合前置詞」とみなし，どれを「副詞＋前置詞」として扱うのか，伝統文法の説明は必ずしも首尾一貫していない．

---

[15] ここでの議論は，主に角括弧で囲まれた句の内部構造に関するものであるが，統語機能について一点確認しておく必要がある．この種の句の中には，be の補部として生じうるものがある（例：This voucher is [instead of the watch I intended to get for you].（この商品券は，あなたに差し上げようと思っていた時計のかわりです））．上でみたように，instead を副詞として分析すると，伝統的定義と矛盾してしまう．なぜなら，instead 句は動詞を修飾しておらず，主語と叙述関係にあるからである．

42　　　　　　　　第 I 部　前置詞と前置詞句

これは辞書の記述にも反映されており，たとえば owing to と out of が（複合）前置詞として立項されているのに対し，according to, because of, instead of が副詞＋前置詞として扱われていたりする．現代の記述文法は複合前置詞の範囲を拡大させてきた傾向があり，その研究にどれほど影響されているかによって，辞書の記述にも多少のばらつきがある．

　第二に，複合前置詞分析は，(32iv, v) のような例において補部が随意的であることを十分に説明できない．つぎの対比からわかるように，名詞句が省略されると of もまた脱落する．

(33)　i.　a.　I ran [through the tunnel].　　　b.　I ran [out of the house].
　　　　　　　（私はトンネルを走り抜けた）　　　　　（私は家から走り出た）

　　　ii.　a.　I ran [through].　　　　　　　　b.　I ran [out].
　　　　　　　（私は走り抜けた）　　　　　　　　　（私は走り出た）

複合前置詞分析では，out of は through と同類の単位ということになるが，(33) の例は，そのような考えが明らかに誤りであることを示している．もし out of が through のようなものであれば，(iib) は *I ran out of. となるはずである．統語的に through と同類なのは，out of ではなく out である．たとえば through と out は，ともに run のような移動動詞の補部として機能する句の主要部になることができる．out と through の違いは，どのような要素が補部にくるかの問題である．すなわち，through が名詞句を補部にとるのに対し，out は of を含む前置詞句を補部にとる．[16]

　三点目は，複合前置詞分析の動機に関するものである．out of のような単位が複合前置詞であるという認識の背景には，明らかに，前置詞は名詞句補部をとるべきだという厳格な前置詞の定義がある．out of the house において out は名詞句補部をとっていないが，もし of を out と一緒にすれば，補部は名詞句であるということができ，この表現全体を through the window と同じように扱うことができるわけである．しかしすでにみたとおり，前置詞が必ず名詞句補部をとるとすることに妥当性はなく，実際のところ，伝統文法も前置詞がほかのタイプの補部と生じることを排除しているわけではない．The magician emerged [from behind the curtain]. （マジシャンはカーテンの後ろから現れた）(1 章 (3i) 参照) のような例は，前置詞が前置詞句補部をとれることを示している．

---

[16] 英語のいくつかの変種では，out は名詞句補部を許容する．5.1 節参照．

第 2 章　英語前置詞の弁別的特徴　　43

　本シリーズの提示する文法的枠組みでは，前置詞は多様な補部を許容する句の主要部としてはたらくと考えられる．前置詞句と副詞句の間には機能的な違いがあることをみてきたが，決してすべての事例に当てはまるわけではない．前置詞と副詞のもっとも一般的な相違点は，その補部に現れる要素に関するものである．

　ほとんどの前置詞は，義務的あるいは随意的補部を認可する．上でみたように，補部をとらない前置詞は少数の例外をのぞいて空間の意味を表すものであり，これらについては副詞との間にはっきりとした機能的違いがみとめられる．

　これに対し，副詞は通例補部をともなわずに生じる．義務的に補部をとる副詞は皆無であり，ほとんどの副詞は随意的に補部を認可することすらしない．補部を認可する副詞は，すべて -ly 接尾辞を含む（例：The lawsuit was filed [simultaneously with the consent decree].（その訴訟は同意判決と同時に起こされた））．この種の語は，独立した根拠によって容易に副詞として分類することができる．

　ここから，前置詞と副詞を区別するかなり明確な基準が得られる．もし -ly 接尾辞で終わらない語が補部を認可したら，その語は副詞ではない．また，(30)，(31) で扱った種類以外の語が補部を認可しない場合は，その語は前置詞ではない．

第3章 前置詞を主要部とする慣用表現と化石表現

英語の特徴の1つとして，前置詞がかかわる数多くのイディオム，あるいは半イディオム表現をあげることができる．これらのおかげで英語の表現は非常に豊かになっており，その効果は数百の新語を辞書に加えるのに等しいといえるだろう．この章では，句の最初の語が典型的な前置詞であるイディオムについて解説する．

　多くの場合，この種の表現は前置詞＋名詞，あるいは前置詞＋限定詞＋名詞という構成になっている．

(1) i. for example　　　　in abeyance　　　　in person
　　　　（たとえば）　　　　（中断して）　　　　（自分で）

　　　　in sum　　　　　　on purpose　　　　 under protest
　　　　（ようするに）　　　（わざと）　　　　 （いやいやながら）

　　ii. after a fashion　　　in a word　　　　 on the spot
　　　　（どうにかこうにか）　（一言でいえば）　 （即座に）

　　　　under the weather　 with one voice
　　　　（元気がない）　　　 （異口同音に）

これらは，前置詞が主要部で名詞句が補部である単純な前置詞句であり，統語的にはそれ以上とくに付け加えることはない．難しいのは，in accordance with＋名詞句のように，名詞の後ろに第二の前置詞が現れる場合である．まず3.1節でこの種の表現について考察し，それ以外の構造型については3.2節で軽く触れたい．

第3章　前置詞を主要部とする慣用表現と化石表現　　45

3.1　for the sake of X, at odds with X 型の表現

この節で取り上げるのは，前置詞に（ときとして the または a をともなう）名詞が後続し，さらに第二の前置詞と名詞（または動名分詞）が続く，(2) のような表現である．

(2)　i.　He did it [for the sake of his son].
　　　　　　（彼は息子のためにそれをした）
　　ii.　I'm [at odds with my boss].
　　　　　　（私は上司と仲が悪い）

　このような表現は，図式的につぎのように表される．

(3)　前置詞₁（冠詞）名詞₁ 前置詞₂ X

冠詞（article）が含まれる場合は通例 the であるが，with a view to finishing the report（レポートを終えるつもりで）のように，a が現れることもある．またときとして，X に相当する要素も慣用句の一部として指定されることがある（例：in point of fact（実際）；in the nick of time（間一髪で）；in the twinkling of an eye（とてもすばやく））．しかし，通例 X の部分はさまざまに形を変えることが可能であり，(2) の his son や my boss は，多様な名詞句によって置き換えることができる．X の部分を省略し，名詞₁ のアルファベット順で並べた例を (4) にあげる．

(4)　in accordance with　　　on account of　　　　in addition to
　　　（… にしたがって）　　　（… が理由で）　　　　（… に加えて）
　　　under the aegis of　　　in aid of　　　　　　under the auspices of
　　　（… の保護の下に）　　　（… の援助のため）　　（… の援助をえて）
　　　in back of　　　　　　　in/on behalf of　　　at the behest of
　　　（… の後ろに）　　　　　（… の代理で）　　　　（… の命により）
　　　in case of　　　　　　　in charge of　　　　　in comparison with
　　　（… の場合には）　　　　（… を管理して）　　　（… と比べると）
　　　in compliance with　　　in conformity with　　in consequence of
　　　（… にしたがって）　　　（… にしたがって）　　（… の結果として）
　　　in contact with　　　　　by dint of　　　　　　with effect from
　　　（… と交際して）　　　　（… の力で）　　　　　（… から発効して）

第Ⅰ部　前置詞と前置詞句

with the exception of	in exchange for	at the expense of
(… をのぞいては)	(… と引き換えに)	(… を犠牲にして)
in (the) face of	in favour of	by (the) force of
(… に直面して)	(… に賛成で)	(… の力によって)
in front of	on (the) ground(s) of	at the hands of
(… のすぐ前で)	(… の理由で)	(… の手によって)
in league with	in lieu of	in (the) light of
(… と結託して)	(… のかわりに)	(… を考慮して)
in line with	at loggerheads with	by means of
(… と一致して)	(… と対立して)	(… を用いて)
in the name of	at odds with	on pain of
(… の名義で)	(… と不仲で)	(… を覚悟で)
on the part of	in place of	in (the) process of
(… の側で)	(… のかわりに)	(… の最中で)
in quest of	in/with reference to	in/with regard to
(… を求めて)	(… に関して)	(… に関して)
in relation to	in/with respect to	in return for
(… に対して)	(… に関しては)	(… のお返しに)
at (the) risk of	for (the) sake of	in search of
(… を覚悟して)	(… のために)	(… を捜して)
in spite of	in step with	on the strength of
(… にもかかわらず)	(… と一致して)	(… の勧めにより)
in terms of	on top of	in touch with
(… の観点から)	(… の上に)	(… に通じて)
at variance with	in view of	with a view to
(… と不和で)	(… から判断して)	(… するつもりで)
by virtue of	for/from want of	by way of
(… の理由で)	(… がなくて)	(… を通って)

これらの表現は，(5)の**自由表現 (free expression)** と2つの点で異なる.

(5)　She put it [on the photo of her son].　　　　　　　　［**自由表現**］
　　（彼女はそれを息子の写真の上に置いた）

第一に，(4)にあげた表現は程度の差はあれ慣用的であり，その構成要素の意

第 3 章　前置詞を主要部とする慣用表現と化石表現　　47

味を機械的に足し合わせても全体の意味とはならない．第二に，要素の付加や削除，またほかの要素への置換など，自由表現に対して適用される統語操作のすべてが慣用表現に対して適用できるわけではない．X 以外の要素に統語操作がまったく適用できない場合，当該のイディオムは**完全に化石化している**(**fully fossilised**) といわれる．

　自由表現に対する操作のいくつかを (6) に示す．なお，比較のため不適格な例を最後に含めている．

(6)　i.　She has lost [the photo of her son].　　　　［前置詞₁ なしでの生起］
　　　　　（彼女は息子の写真を失くした）

　　ii.　She put it [on the photo].　　　　　　　　　［前置詞₂＋X の省略］
　　　　　（彼女はそれを写真の上に置いた）

　　iii.　She put it [on the crumpled photo of her son].　　［名詞₁ への修飾］
　　　　　（彼女はそれを息子のくしゃくしゃの写真の上に置いた）

　　iv.　She put them [on the photos of her son].　　　　［名詞₁ の数の変化］
　　　　　（彼女はそれらを息子の（複数の）写真の上に置いた）

　　v.　She put it [on this photo of her son].　　　　　　［限定要素の変化］
　　　　　（彼女はそれを息子のこの写真の上に置いた）

　　vi.　She put it [on her son's photo].　　　　　　　　　　［属格交替］
　　　　　（彼女はそれを息子の写真の上に置いた）

　　vii.　She put it [on the photos and drawings of her son].
　　　　　　　　　　　　　　　　　　　　　　　　　［名詞₁ の等位接続］
　　　　　（彼女はそれを息子の写真と絵の上に置いた）

　　viii.　She put it [on the photos of her son and of Kim].
　　　　　　　　　　　　　　　　　　　　　　［前置詞₂＋X の等位接続］
　　　　　（彼女はそれを息子とキムの写真の上に置いた）

　　ix.　*the son of whom she put it [on the photo]　　［前置詞₂＋X の前置］

(6i) では，前置詞₁ に後続する部分が，目的語名詞句として独立して生じている．(6ii) では，名詞₁ に後続する部分（すなわち of X）が脱落している．(6iii) では，限定用法の形容詞が加えられ，名詞₁ を修飾している．(6iv) では名詞₁ が複数形となっており，名詞₁ が単数形である元の文と対比をなす．(6v) では，限定要素が the から this へと変更されている．(6vi) では，元の文における限定要素 the と補部 of her son のかわりに，属格限定要素 her son's が用いられている．次の 2 つの例は，等位接続を含むものである．(6vii) では名

詞₁ が，(6viii) では前置詞₂＋X が，その対象となっている．最後に，(6ix) では X が関係詞となって前置詞₂ とともに関係節の先頭に置かれているが，これは非文法的である．

　(4) のイディオムのうち，in case of, by dint of, in lieu of, by means of, on pain of, in quest of, in search of, in spite of, in view of, by virtue of, by way of などもっとも化石化したものは，これらの操作を1つも許さない．例として，She achieved this [by dint of hard work]．(彼女は懸命な勉学によってこのことを達成した) を以下の例と比べてみよう．

(7)　i.　*[Dint of hard work] achieves wonders.　　　［前置詞₁ なしでの生起］
　　　ii.　*She achieved this [by dint].　　　　　　　　［前置詞₂＋X の省略］
　　　iii.　*She achieved this [by pure dint of hard work].　　［名詞₁ への修飾］
　　　iv.　*She achieved this [by dints of hard work].　　　［名詞₁ の数の変化］
　　　v.　*She achieved this [by the dint of hard work].　　　［限定要素の変化］
　　　vi.　*She achieved this [by hard work's dint].　　　　　　［属格交替］
　　　vii.　*She achieved this [by dint and way of hard work].

　　　　　　　　　　　　　　　　　　　　　　　　　　　　　［名詞₁ の等位接続］

　　viii.　*She achieved this [by dint of hard work and of sheer persis-
　　　　　tence].　　　　　　　　　　　　　　　　　［前置詞₂＋X の等位接続］

　　　ix.　*the hard work of which she achieved this [by dint]

　　　　　　　　　　　　　　　　　　　　　　　　　　　［前置詞₂＋X の前置］

この中で，唯一疑義が生じるかもしれないのは (7viii) である．この例をかろうじて容認可能と判断する話者もいるかもしれない．しかし，少なくとも of が1つだけ生じている例のほうが強く好まれるはずである (その場合，X だけを等位接続して，by dint of hard work and sheer persistence (懸命な勉学と一途な粘り強さによって) となる).

　(4) にあげた表現のうち，そこまで化石化していないものは多少の変更の余地があるが，すべてを許すわけではない．しかも，複数の統語操作間に厳密な順位付けがあって，ある操作が許されればそれより順位の低い操作がすべて許される，というわけでもない．たとえば，in/on behalf of は属格交替を許して前置詞₂＋X の省略を許さないが，in front of はこれとは逆の振る舞いをする．

(8)　i.　a.　I'm writing [in/on behalf of my son].
　　　　　　(私は息子の代理で書いています)

第3章　前置詞を主要部とする慣用表現と化石表現　　49

  b. I'm writing [in/on my son's behalf].　　　　　　［属格交替］
   （同上）
  c. *I'm writing [in/on behalf].　　　　　　　　［前置詞$_2$＋X の省略］
 ii. a. She was sitting [in front of the car].
   （彼女は車の前に座っていた）
  b. *She was sitting [in the car's front].　　　　　　［属格交替］
  c. She was sitting [in front].　　　　　　　　　［前置詞$_2$＋X の省略］
   （彼女は前方に座っていた）

このようなテストをする際には，例文間で意味が一定であることを確認しなければならない．たとえば，(8iia) を She was sitting [in the front of the car]. と比較してみよう．この文は適格であるが，front の意味が (8iia) とはかなり異なる．この文が，「彼女は車の前方，すなわち運転席かその隣の席に座っていた」ことを意味するのに対し，(8iia) で彼女が座っていたのは車の外であり，車のフロント部近くか，車と観察者の間にいたことを意味する．

■ 統語構造

(4) にあげた表現に対して，少なくとも3つの異なる統語構造を想定することができるだろう．in front of the car という例を用いて，これら3つのパターンを (X 補部を簡略化した形で) 示す．

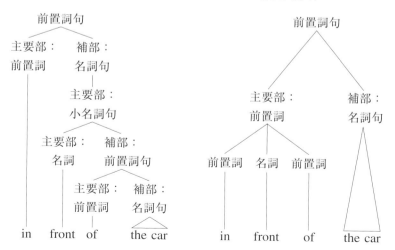

c. 多層主要部分析

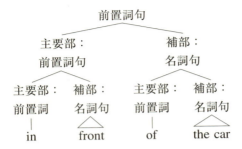

[専門的解説]
複合前置詞分析に対する反論
(9a) の構造は，自由表現 on the photo of her son に対して与えられるのと基本的に同じものであり，名詞₁ 前置詞₂ X の部分が in の名詞句補部として機能している．この構造は，枝が次々と右に分かれていく樹形図の端に X 要素が位置していることから，「右枝分かれ分析」とよばれる．(9b) の構造では，in front of 全体が複合前置詞として扱われており，そこに含まれる個々の構成要素には独自の機能が与えられていない．(9c) の構造では，句全体がまず主要部としての in front と補部としての of the car に分割されている．つまり，of 句は in front というかたまりによって認可されている．より大きな前置詞句の内部で別の前置詞句が主要部としてはたらいていることから，この構造を「多層主要部分析」とよぼう．

現代の記述文法の多くは複合前置詞分析を採用しており，in front of を単純な前置詞 behind と同じようなものとして扱っている．in front of (... の前に) と behind (... のうしろに) (あるいは on top of (... の上に) と underneath (... の下に)，in spite of (... にもかかわらず) と despite (... にもかかわらず)) の密接な意味的関係を考えれば，複合前置詞分析は一見したところ正しいように思われる．しかし，この種の意味関係は，統語分析の信頼にたる指針とはならない．なぜなら，複合的な統語単位として分析できないイディオムは枚挙にいとまがないからである．たとえば，イディオム的解釈を与えられる要素が隣接していない (10) のような例がある．

(10) i. That salesman really took us both for a ride.
　　　　[take X for a ride ＝「X をだます」]

第3章　前置詞を主要部とする慣用表現と化石表現　　51

　　　（あの営業マンは，まんまと私たち両方をだました）
　　ii.　I've kept these problematic data on the back burner for a
　　　while now. [keep X on the back burner＝「X を後回しにする」]
　　　（私は，これら問題のあるデータを当面の間は後回しにした）
　　iii.　She took the students to task for their tardiness.
　　　[take X to task＝「X を叱る」]
　　　（彼女は，生徒がぐずぐずしていたので叱った）

　下線を引かれた部分がイディオムをなすが，これらに複合的な統語単位を想定することはできない．なぜなら，イディオム的意味が隣接した語の連続と結びついていないからである．

　また，（4）にあげた表現が（6）の統語操作を受けにくいという事実も，複合前置詞分析を支持する説得力のある証拠とはならない．これらの表現のほとんどは，この分析と相容れない操作を少なくとも１つは許す．たとえば，上の（8i）で in/on behalf of X が in/on X's behalf と交替することを観察した．このことは，behalf of X が名詞句でなければならないことを示している．なぜなら，この交替はイディオムでない名詞句で生じている交替と基本的に同じだからである（例：the behaviour of the president～the president's behaviour（社長の振る舞い））．したがって，in/on behalf of がほかの操作を許さないのは，（統語構造そのものではなく）イディオムにおいて生じている化石化のためであると考えられる．つまりイディオムとは，それを構成する統語要素に個別の変更を加えることが難しい語のかたまりなのである．また，in front of を例としてとりあげると，これに対して out of と同じ議論を当てはめることができる（2章（33）を参照）．もし in front of が統語的に behind と同じようなものであるなら，X補部のみを省略することが可能なはずである．しかし，実際にはそうではない．

（11）i. a.　It is behind the car.　　　　b.　It is behind.
　　　　　（それは車の後ろにある）　　　　　　（それは後ろにある）
　　　ii. a.　It is in front of the car.　　b. *It is in front of.
　　　　　（それは車の前にある）

（11iib）のかわりに，It is in front.（それは前にある）とすれば正しくなる．統語的には，of は X とともに構成素（**constituent**）をなしており，X ではなく of X 構成素（すなわち前置詞句）が随意的である．したがって，in front of は複合前置詞ではない．前置詞₂＋X の省略以外の操作を受けないのは，in front of がかなりの程度化石化しているからである.

by dint of のような表現はいかなる統語操作も許さないが, これは, in/on behalf of や in front of とは化石化の進行の度合いが異なっているのにすぎない. 両者が異質であり, by dint of のグループでだけ複合前置詞への**再分析 (reanalysis)** が生じていると考える理由はない.

ここで用いた議論は, refer to を複合動詞とする分析や, a number of を複合限定詞とする分析を却下した際のものと同じである.[1] そこでの議論とここの議論の間には, 明らかな類似性がみられる. すべての事例において, 2つないしそれ以上の語を複合的な単位にまとめようとする動機となっているのは意味的な要因であるが, そのような分析は統語的データに対して満足のいく説明を与えることができない.

ただ念のために触れておくと, 再分析の結果, of が先行する名詞に編入 **(incorporate)** して1つの単位をなしていると思われる例が1つだけある. それは, He kind of lost control. (彼は少し落ち着きを失った) のような例における kind や sort である. ここで, kind of は動詞句構造の修飾要素であり,

---

[1] 訳者注:refer to は第2巻『補部となる節, 付加部となる節』で, a number of は第3巻『名詞と名詞句』で, それぞれ扱われている. ここで簡単に紹介すると, refer to を複合動詞とする分析に対しては, 以下の例に基づいて反論がなされている.

 (i) a. the book to which I referred
　　　（私が参照した本）
　 b. I referred to her book and to several others.
　　　（私は彼女の本とそのほかいくつかを参照した）
　 c. I referred repeatedly to her book.
　　　（私は繰り返し彼女の本を参照した）

前置詞 to と目的語が (ia) では関係詞化され, (ib) では等位接続の対象となっているが, ここから to が動詞 refer ではなく, 後続する名詞句と構成素をなしていることがわかる. また, (ic) では referred と to の間に副詞が介在しており, 両者の間に句の切れ目があることを示している.

a number of に関しても, 次のような例によって複合限定詞分析がしりぞけられている.

 (ii) a. We found [huge numbers of ants] swarming all over the place.
　　　（大量のアリがあたり一面に群がっているのをみつけた）
　 b. Most students like continuous assessment but [a number prefer the old examination system].
　　　（ほとんどの生徒は継続評価が好きだが, 何人かは昔ながらの試験制度を好む）

(iia) が示すように, a number of は数の変化など, 自由表現と同じ統語操作を受ける. また, (iib) では of とそれに後続する名詞 students が省略されていることから, of が number ではなく後続する名詞句と構成素をなしていることがわかる.

省略することができる（例：He lost control.（彼は落ち着きを失った））．この構造の主要部は動詞 lose であり，kind が動詞的特性をもっていないことは，動詞の屈折を示さないことからも明らかである．しかし，refer to, a number of, in front of のような例では，これに相当する再分析を支持する証拠はみあたらない．

右枝分かれ分析

上で，in/on behalf of のように属格構文との交替がある事例については，(9a) の分析が必要であることをみた．(4) の表現でほかに属格交替を許すのは，under the aegis of, under the auspices of, at the behest of, at the expense of, in favour of, at the hands of, in the name of, on the part of, in place of, for (the) sake of である．

　右枝分かれ分析を支持する間接的証拠は，つぎのような例にみられる．

(12)　A:　The murder charge was dropped on the grounds of diminished responsibility.

　　　　（その殺人告訴は，責任能力不十分のため取り下げられた）

　　　B:　I don't think it should have been dropped on those grounds.

　　　　（そのような理由で取り下げるべきではなかったと思う）

照応的指示詞 those が使われていることから，the grounds of diminished responsibility が名詞句として解釈されていることがわかる．

多層主要部分析

(9c) の分析に対する強い証拠として，前置詞₂ と関係詞化された X の前置をあげることができる．

(13)　i.　He was [in league with the guys from down the road].

　　　　（彼は道の向こうからやって来た連中と結託していた）

　　　ii.　the guys from down the road, with whom he was [in league]

　　　　（彼が結託していた，道の向こうからやって来た連中）

もし with 句が league を主要部とする名詞句の補部であるとすると，普通このような振る舞いはしないはずである．(6ix)（*the son of whom she put it on the photo）の逸脱性と比較されたい．多層主要部分析は，with 句を名詞 league ではなく前置詞句 in league の補部として扱う．(4) の表現でこの種の前置を許すのは，前置詞₂ として with を含むものの一部，すなわち in compliance with, in conformity with, in contact with, in line with, at loggerheads with, at odds with, in touch with, at variance with である.

右枝分かれ分析，または多層主要部分析を支持する上記のような肯定的証拠がない場合には，両者のいずれかを選ぶのは困難である．しかし，名詞₁が前置₂＋X とともに（同じ意味で）ほかの環境に現れることができない場合には，多層主要部分析が妥当であろう．たとえば，つぎの例を考えてみよう．

(14) i. a. [Comparison with earlier results] supports such a hypothesis.
        （以前の結果との比較は，そのような仮説を支持する）
     b. You could have predicted the [consequence of your action].
        （あなたは，自分の行為の帰結を予測できたはずだ）
   ii. a. *The [front of the car] was strewn with daffodils.
     b. *The [view of his remorse] led them to be lenient.

comparison と consequence は，それぞれ with と of を含む前置詞句を補部としてとることができるので，in comparison with と in consequence of に対しては，右枝分かれ分析が妥当であるということになろう．逆に，イディオム的意味の front と view がそのような補部をとれないことから，in front of と in view of に対しては多層主要部分析が支持されるように思われる.[2] しかし，化石化の効果によって判断材料となる肯定的証拠に乏しいため，正しい統語分析を最終的に決定できない事例も存在する．

複合前置詞
少数であるが，前置詞₁＋N が単一の複合前置詞へと結合している事例がある．明らかな例の１つは because of the weather（天候のために）における because である．歴史的には，because は by cause から派生されているが，もはや by との結びつきをみてとることはできない．もう１つの複合語は instead である（例：He gave me a knife [instead of a fork].（彼は私にフォークのかわりにナイフを与えた））．今でも stead という名詞は残っているが，その分布は非常に限られており，次のような例でのみ生じる．This will stand

---

[2] (14iia) は，スイセンが車内の前部に散りばめられていた情景を描写したものとしては適格である．しかし (8ii) に関連して述べたように，それは in front of で front が表している意味ではない．

第3章　前置詞を主要部とする慣用表現と化石表現　　55

you in good stead for future dealings with him. (このことは，あなたが今
後彼と取引をする上で大いに役立つだろう)；I attended the meeting in her
stead. (私は彼女のかわりに会議に出席した). 後者の構文から，stead が属格
交替を許すと思われるかもしれないが，実際には instead of X と X's stead
が体系的に交替することはない (例：They gave it to me instead of her.
(彼らは彼女のかわりに私にそれをくれた) ~*They gave it to me in her
stead.).

　多層主要部分析は，明らかにこの種の複合前置詞と親和性が高い. (9c) は
in front が構成素であると考えるが，これはちょうど，instead of a fork で
instead が構成素をなしているのと同じである. 両者の違いは，前者が統語的
な複合であるのに対して，後者がそうでない点にあるが，この2つの間に明
確な違いはない.

3.2　そのほかの表現：on the grounds that ...,　up against,　in brief

そのほかに考察すべき表現として，つぎの3つのタイプがある.

(a)　内容節または不定詞を認可する表現

(15)　i.　a.

in the event	on the basis	on the grounds
(… の場合には)	(… に基づいて)	(… を理由に)
to the effect		
(… のような意味で)		

　　　b.

for all	for fear	on condition
(…だとしても)	(… をおそれて)	(… を条件に)

　　ii.

in case	in order	in two minds
(… にそなえて)	(… する目的で)	(… を決めかねて)

(15ia) の表現には陳述内容節が後続するが，そこに含まれる名詞 basis,
event, grounds は通例その種の補部をとらない. つぎの (a) と (b) の例を比
較されたい.

(16)　i.　a.　[In the event that something happens to me] give them this
letter.
(私に何かあった場合には，この手紙を彼らに渡すように)

b. *[The event that something happens to me] would shock my family.

ii. a. She declined, [on the basis that she was too tired].

（彼女は，過労であるということで辞退した）

b. *[The basis that she was too tired] was unsatisfactory.

iii. a. He defends guns [on the grounds that they enhance public safety].

（彼は，公共の安全を高めるという理由で銃を擁護している）

b. *[The grounds that handguns enhance public safety] are im-plausible.

それでも，内容節が統語的にはそれに先行する名詞の補部であることを示す証拠がある．

(17) i. Something may happen to me, and [in that event] please give them this letter.

（私に何か起こるかもしれないが，その時にはこの手紙を彼らに渡してほしい）

ii. I can't believe she declined [on that basis].

（彼女がそのことを根拠に辞退したのは信じられない）

iii. His wife doesn't think they can be defended [on such grounds].

（彼の妻は，それらがそのような理由で擁護できるとは考えていない）

(17i) の文脈における in that event は，in the event that something happens to me と等しく，後者の内容節は前者の指示詞 that と同様に，出来事を具体化するはたらきをしているといえるだろう．また，(17ii, iii) はそれぞれ (16iia, iiia) に後続させて用いることができる．その場合，that basis と such grounds は，the basis that she was too tired と the grounds that they en-hance public safety を前方照応的に指していると解釈され，このことは（内容節を含む）the basis that ... と the grounds that ... が名詞句であることを示唆している．

したがって，in the event that something happens to me は，前置詞 in と内容節補部を含む名詞句からなる前置詞句であると分析できる．その構成素構造は，This follows [from the fact that they contested the will]. （このことは，彼らが遺言に異議を申請した事実から生じる）において角括弧で囲まれた前置詞句

第3章　前置詞を主要部とする慣用表現と化石表現　　57

と同じである．両者の違いは，the fact that … では内容節補部を認可してい
るのが主要部名詞 fact であるのに対し，(16i) で示されているように，in the
event that … では in the event という語の連続が全体として内容節補部を認
可している点にある．この意味で，in the event はイディオムである．同じこ
とは，on the basis, on the grounds, そして to the effect についても当ては
まる．

[専門的解説]

in the event that something happens to me が if anything happens to
me（もし私に何か起こったら）と基本的に同じ意味を表すことから，in the
event that を複合接続詞 (**complex conjunction**) として分析する研究もあ
る．ここでの枠組みでは，ほとんどの従属接続詞が前置詞に含まれるので，複
合接続詞は (9b) に非常に類似した分析を与えられることになろう（ただし，
that は前置詞ではなく従属接続詞であり，something happens to me は名
詞句ではなく節である）．ただ繰り返しになるが，最初の切れ目を in the
event that と節の間に設ける統語的な根拠はない．in front of the car にお
いて of が the car と構成素をなしているのと同様に，that は something
happens to me と結びついている（第6巻『節のタイプと発話力，そして発話
の内容』参照）．

(15ib) の表現も内容節をとる．

(18)　i.　[For all that I'm not guilty,] I'll still be a suspect in the eyes of
history.
（私が無罪だとしても，歴史の判断では依然として容疑者ということにな
るのだろう）

　　ii.　She didn't reply, [for fear she might offend him].
（彼女は，彼を怒らせないように黙っていた）

　　iii.　They donated a print of the film [on condition it was not shown
commercially].
（彼らは，商業目的では上映しないという条件でその映画の複製を寄贈した）

(18i) において，内容節は明らかに all 単独ではなく（although と同じく譲歩
を表す）for all によって認可されている．また，fear と condition はそれ自体

でも内容節補部を認可するが，（18ii, iii）に示された構文では，（18i）の for all と同様，for fear と on condition を主要部として分析するのが適切であろう．for fear は（15ia）の表現とは異なり，内容節のかわりに指示詞を用いることができない．つまり，*I didn't reply for that fear either. とはいえない．さらに，（18iii）で限定要素がないことも，on condition を主要部とする分析の根拠となる．したがって，角括弧で囲まれた前置詞句は，（9c）の構造をもつか，あるいは複合前置詞が主要部になっていると考えられる．

　最後に，（15ii）の表現を考えてみよう．具体例をつぎに示す．

(19)　i.　You'd better take an umbrella [in case it rains].
　　　　　（雨が降るといけないので，傘をもっていった方がよいですよ）

　　　ii.　We set out early [in order to avoid the rush-hour traffic].
　　　　　（私たちは，ラッシュアワーの混雑を避けるために早めに出発した）

　　　iii.　I'm [in two minds whether to accept their offer].
　　　　　（私は，彼らの申し出を受けるかどうか決めかねている）

名詞 case, order, minds が単独で生じると，in をともなう場合とは異なる意味を表し，しかも節補部を容認しない．たとえば，*Consider the case it rains. とはいえない．したがって，構成素の最初の切れ目は，下線を引かれた表現と後続する節の間にあると考えられる．このことから，in case, in order, in two minds が前置詞句となって節補部をとる（9c）のような多層主要部分析が与えられる．ただし，ここでも in case と in order については，それらを複合前置詞とみなす代案も考えられるだろう．

　in case は拡大不可能な陳述節をとり（すなわち *in case that it rains のように that が容認されず），前置詞句補部を許す（例：in case of rain（雨になるといけないので））．in order は to 不定詞または陳述節をとり，後者の場合 that はほぼ義務的である（例：in order that we might get some peace and quiet（私たちがいくらかの静けさを得られるように））．「未決である」を意味する in two minds はイディオムであることがより明らかな例であり，不定詞または定形の疑問節を認可する（例：I was in two minds whether I should accept their offer.（私は彼らの申し出を受けるべきかどうか迷っていた））．また，in two minds は about＋名詞句の前置詞句補部や（例：about their offer（彼らの申し出について）），as to＋疑問節もとる（例：as to whether to accept their offer（彼らの申し出を受けるかどうかに関して））．

第3章　前置詞を主要部とする慣用表現と化石表現　　59

（b）　前置詞＋前置詞の連続

He emerged [from behind the curtain]. （彼はカーテンの後ろから現れた）や，
She went [down to the post office]. （彼女は郵便局に行った）のような例では，
前置詞の「自由な」連続がみられる．このような事例では，イディオム化ない
し化石化は生じていない．ここで注目したいのはこういった表現ではなく，つ
ぎのような組み合わせである．

(20)　i.　out of　　　　　　　　because of
　　　　　　（… の外へ）　　　　　　（… が原因で）

　　　ii.　up to　　　　　　　　up against　　　　　　upon
　　　　　　（… まで）　　　　　　（… に直面して）　　　　（… の上に）

　　　iii.　in between　　　　　　into　　　　　　　　onto/on to
　　　　　　（… の間に）　　　　　　（… の中へ）　　　　　（… の上へ）

　　　iv.　as to　　　　　　　　as for　　　　　　　as from
　　　　　　（… について）　　　　（… については）　　　（… 以降に）

　　　　　as per
　　　　　　（… にしたがって）

　(20i) の out of はかなり化石化しており，out と of を切り離したり，等位
接続において of を繰り返したりすることは，ほぼ不可能である（例：*the
door of which she had come out；*All the furniture will have to be taken
out of the dining-room and of the lounge.）．しかしすでにみたとおり，out
of の複合前置詞分析に対しては，十分な統語的反例がある．すなわち，もし
名詞句が省略されれば，of も一緒に脱落しなければならないのである（例：
They came out of the building. （彼らはその建物の外に出た）対 They came out.
（彼らは外に出た））．because of もこれと似ているが，of＋名詞句を省略できな
いかわりに，内容節による置換が生じる（例：because of the rain （雨のために）
対 because it was raining （雨が降っていたので））．

　up to の**隠喩（metaphor）**的ないし慣用的用法を以下に例示する．

(21)　i.　Up to page 400, the book does not mention transformations.

　　　　　　　　　　　　　　　　　　　　　　　　　［「… よりも前に」］

　　　　　（400 ページまで，その本は変形に言及していない）

　　　ii.　I've asked Jake to help, but I'm not sure he's up to it.

　　　　　　　　　　　　　　　　　　　　　［「… に適任の，… する能力のある」］

（私はジェイクに助けを求めたが，彼にできるかわからない）

iii. It's up to you to set the guidelines. ［「... に責任のある」］
（指針の作成はあなた次第だ）

iv. That child is up to something. ［「**非合法に [こそこそと] ... する**」］
（あの子供は何かをたくらんでいる）

(21i) では，They had climbed up to the summit by lunchtime.（彼らは昼食時までには山頂に登っていた）にみられる（空間を表す）前置詞の自由結合の意味が，隠喩的に拡張されている．(21i) で示されている方向は，空間的により高い点を目指すものではなく，ある尺度の上でより高い数値へと向かっていく方向である．この尺度は，読書をあたかも登山のように，最も低い地点から出発して最も高い地点で終わる行為とみなす．up to page 400 は，その尺度の最低地点から出発して，400 ページの「高さ」まで達した本の部分を指している．(21ii–iv) の意味は明らかに慣用的である．ある人物が何らかの活動に適任であったり，十分な能力があったりする場合，その人はその活動に「達している (up to)」といわれる（(21ii) の意味）．また，ある仕事は，それに対して責任や裁量権をもっている人に対して「十分 (up to)」であり（(21iii) の意味），ある人物が非道かつ不埒な活動に関わっていると，(21ii) とは違う意味でその活動に「達している (up to)」といわれる（(21iv) の意味）．

しかし，ここで生じているイディオム化が統語的再分析をともなっているかというと，そう考えるだけの十分な理由はない．(21iii)，そしておそらく (21ii) でも，等位接続で to を繰り返すことは可能である（例：It's up to you, or to your staff, to set the guidelines.（指針の作成は，あなたやあなたの職員次第だ）；I'm not sure that Jake is up to this, or to anything else that needs stamina.（私はジェイクがこのこと，あるいは体力を必要とするあらゆることに向いているかわからない））．したがって，up to you は up＋to you と分析され，ほかの例も同様である．このような扱いは，おそらく up against に対しても適切であろう．up against は，The balloon is up against the ceiling.（風船は上のほうで天井に接している）のような自由結合用法とともに，We're up against a criminal mastermind.（私たちは犯罪の首謀者と対峙している）のようなイディオムにもみられる．また，We're up against it.（私たちは窮地に陥っている）では，代名詞 it がイディオムに含まれている．

ただし，upon はほかとは異なる．正書法に反映されているように，upon は複合前置詞であり，on の（すべてではないが）いくつかの用法におけるや

やかたい交替形として用いられる（例：We placed it on/upon the roof. （私たちはそれを屋根の上に置いた）；On/Upon hearing the news, she phoned her sister. （彼女はその知らせを聞くとすぐに妹に電話した）；She's writing a thesis on/*upon the poetry of Judith Wright. （彼女はジュディス・ライトの詩について論文を書いている））．

in と between の自由結合は，He placed his fingers in between his toes. （彼は手の指を足の指の間に置いた）のような例にみられる．I managed to mow the lawn in between the showers. （私はにわか雨の間になんとか芝を刈った）は「にわか雨の休止期間において（in the intervals between the showers）」と解釈できる．辞書ではこの意味をほかと区別して立項することが多いが，in＋between the showers の自由結合としても，何ら問題ないだろう．他方で into は，その正書法に反映されているように複合語である．onto も同様に複合語であるが，on to は自由結合の場合と，複合語の綴りの異形である場合の両方がある．自由結合は，We travelled on to Manchester. （私たちはさらにマンチェスターまで旅行した）のような例にみられ，on to Manchester は onward as far as Manchester とパラフレーズできる．また，複合語は [%]The ball dropped on to the carpet. （ボールはカーペットに落ちた）のような例にみられ，on to the carpet は「カーペットの上の位置に（to a position on the carpet）」の意味である．この複合語は，アメリカ英語では onto と綴られるが，イギリス英語では onto と on to がともにみられる．[3]

（20iv）の as ではじまる表現の例としては，つぎのようなものがある．

(22) i. There's no doubt [as to her suitability]/[as to whether she's suitable].
（彼女の適性／彼女が適任かどうかについては，疑いの余地はない）

ii. [As for your other objections,] I'll return to them next week.
（あなたのそのほかの異議については，来週再度お答えします）

iii. [As from tomorrow] the library will close at 9 p.m.
（明日より図書館は午後 9 時に閉館します）

iv. We'll be meeting at six, [as per usual].
（通常どおり，私たちは明日 6 時に集まります）

---

[3] 複合語用法と非複合語用法の区別がいくぶんあいまいになる環境として，動詞 hold の補部がある（例：Hold on to/onto the railing. （手すりにつかまっていなさい））．ここでは onto の綴りがみられるが，その意味は複合語 onto の通例の用法とは異なるものである．

下線を引かれた表現が自由結合でないことは明らかで，おそらく複合前置詞と分析するのが最適であろう．as to は名詞句または疑問節を補部として認可し，as for は名詞句または動名分詞を，また as from は名詞句を，それぞれ補部にとる．(22iv) において，as per はつぎにみるようなイディオムとして形容詞補部をとっている．

(c) 前置詞＋形容詞の組み合わせ：in brief

(23)
at first	at last	for certain	for free
（最初は）	（ついに）	（たしかに）	（ただで）
for sure	in brief	in full	in private
（たしかに）	（要するに）	（完全に）	（内々に）
in short	in vain	of late	of old
（要約すると）	（むだに）	（最近は）	（昔からの）

この種の前置詞句は，前置詞主要部と補部形容詞から構成される．くだけた表現である for free では，形容詞は叙述対象と関連づけられており，たとえばYou can have the other book for free. （もう 1 冊の本もただでもっていっていいですよ）では，もう 1 冊の本がただであると解釈される．そのほかの形容詞は叙述対象とそのような関係にはない．I tried in vain to persuade her. （彼女を説得しようとしたがむだだった）では，in vain は単に「むだに (vainly)」を意味している．このような形容詞の用法は，ordinary や impossible が名詞句構造で修飾要素と主要部の融合体として機能している out of the ordinary （並外れた）やverging [on the impossible]（不可能も同然である）と類似している．しかし (23)の表現では the が現れていないので，融合主要部分析をこれらの表現に拡大する統語的な根拠は見当たらない．したがって，これらは単に「前置詞＋形容詞」のイディオムとして扱うことにする．

　同様な表現として in common があり，これは with 句補部を認可する（例：Jill has a lot in common with her brothers. （ジルはお兄さんたちと多くの共通点がある））.[4]

---

[4] ここまで考察してきたどの構造型にも当てはまらないイディオムとして，what with （…のために）がある．この表現は，理由を表す付加部を導入するのに用いられる（例：[What with all the overtime at the office and having to look after his mother at home,] he'd had no time to himself for weeks. （職場で残業したり家で母親の面倒をみたりしないといけないため

第 3 章　前置詞を主要部とする慣用表現と化石表現　　　　　　　63

に，彼は何週間も自分の時間をもてないでいた))．このイディオムは，今ではほとんど使われ
なくなった，等位項—とりわけ前置詞句—を列挙する what の用法から発達したものであり，
実際 what with は上の例で示したように，その後ろに等位項が続くのが特徴である．この用
法の what が with 以外の前置詞とともに用いられる珍しい例としては，つぎのようなものが
ある．What between the duties expected of one during one's lifetime, and the duties exacted
from one after one's death, land has ceased to be either a profit or pleasure. (生前にしなけ
ればならない義務やら，死後にはたさなければならない義務やらで，土地は利益でも楽しみで
もなくなってしまった).

第4章 前置詞と補部の相対語順

前置詞は，通例 with pride（誇りをもって）や to the car（車へ）などのようにその補部の前に置かれるが，この章ではこの基本語順とは異なる3つの構文を紹介する．

4.1 前置詞残置：What was she referring to?

次の（1）では，前置詞が残置されている．

(1) a. What was she referring to?
   （彼女は何に言及していたのか）
   b. This is the book she was referring to.
   （これは彼女が言及していた本だ）

ここでは，to の補部はその後ろに置かれていないが，存在していないわけではない．（1a）では，文頭の疑問詞 what が to の補部である．（1b）では，she was referring to は関係節であるので，to の補部は関係節が修飾する book である．したがって，彼女が何らかの本に言及していると解釈される．

（2）のように，残置は空所記号を用いて表記されることがある．空所記号にはその解釈を与える先行詞と同じ指標（ここでは i）が付される．[1]

(2) a. What$_i$ was she referring to ___$_i$?

---

[1] 訳者注：(2)では，to の後ろに置かれる補部を空所記号で表記し，その空所記号にそれが指す先行詞（(2a) では what，(2b) では book）と同じ指標を付すことで，それらが to の意味上の目的語であることを示している．

64

第 4 章　前置詞と補部の相対語順　　　　　　　　　　65

（彼女は何に言及していたのか）

b. This is the book$_i$ she was referring to ___$_i$.
（これは彼女が言及していた本だ）

■前置詞残置を禁止する伝統的な規範的規則

規範的規則では，前置詞残置は文法的に正しくないと長く考えられてきた．残置された前置詞は文末に置かれることが多いが，規範的規則によれば，前置詞で文を終えることは正しくないとされる．ジョークのネタにされるほど有名で，実際の言語使用と大きな隔たりがある現象として，広く知られている．[2] 前置詞残置の構文は何世紀にもわたって著名な作家が用いており，この構文を使用しない作家をみつけるのはほぼ不可能である．したがって，これは標準英語では常に用いられている構文であるとえいえよう．

　前置詞残置に対する誤解に基づいた規則は，実際の使用とは異なっているにもかかわらず，18 世紀の終わりから由緒正しい文法として広がっていき，19世紀からは学校で広く教えられていった．その結果，伝統的な教育を受けた年配者は，依然として前置詞残置が間違いであると考える傾向にある．しかし，実際にはそうではない．現在のあらゆる文法書は，もっとも厳格で伝統のあるものも含め，記述的・理論的な言語学研究に基づき，前置詞残置が正しく標準的な言語使用であると述べている．What are you looking at?（何をみているの），What are you talking about?（何を話しているの），Put this back where you got it from.（これを元あった場所に戻しなさい）といった表現が正しい英語でないと主張するのは，ばかげている．

■前置詞残置が生じる構文

残置された前置詞は，次の (3) に示す構文に生じる．

(3) i. Your father$_i$ I'm even more deeply indebted to ___$_i$.　　　［前置］
（あなたの父に私は心から恩義を感じている）

ii. Who$_i$ are they doing it for ___$_i$?　　　　　　　　　　　　［wh 疑問文］
（彼らは誰のためにそれをしているのか）

---

[2] この「規則」は 1672 年に随筆家の John Dryden によってねつ造されたようである．彼は Ben Jonson の the bodies that those souls were frighted from (1611)（あの魂が怯えた体）という一節に異議を唱え，本来は the bodies from which those souls were frighted（同）とするべきだったと述べている．しかし，なぜ後者のほうが望ましいのかについては述べていない．

iii. What a magnificent table$_i$ the vase was standing on ___$_i$! [感嘆文]
　　　（その花瓶はなんて立派なテーブルに置かれていたの）

iv. He's the one [who$_i$ I bought it from ___$_i$].　　[wh 関係節]
　　　（彼は私がそれを買った人だ）

v. He's the one$_i$ [(that) I bought it from ___$_i$].　　[非 wh 関係節]
　　　（彼は私がそれを買った人だ）

vi. Kim went to the same school$_i$ as [I went to ___$_i$].　[比較節]
　　　（キムは私と同じ学校に通っていた）

vii. His performance$_i$ was easy [to find fault with ___$_i$].　[空所節]
　　　（彼の行動は欠点をみつけやすかった）

viii. The bed looks as if [it$_i$ has been slept in ___$_i$].　[受動節]
　　　（そのベッドはまるで誰かが寝ていたかのようだ）

(3i–iv) については，(4) のように前置詞をその補部の前に置くことによっ
て残置を避け，いわゆる**前置詞句前置 (PP fronting)** 構文とすることも可能
である．

(4) i. To your father I'm even more deeply indebted.　　　[前置]
　　　（あなたの父に私は心から恩義を感じている）

ii. For whom are they doing it?　　[wh 疑問文]
　　　（彼らは誰のためにそれをしているのか）

iii. On what a magnificent table the vase was standing!　[感嘆文]
　　　（その花瓶はなんて立派なテーブルに置かれていたの）

iv. He's the one [from whom I bought it].　　[wh 関係節]
　　　（彼は私がそれを買った人だ）

(3v–viii) では，前置詞をその補部の前に置いて残置を避けることはできな
い．しかし，非 wh 関係節では，wh 関係詞を用いて前置詞句全体を前置する
と，(4iv) のように残置を避けることができる．比較節内での残置は，縮約形
を用いることで避けられる（例：Kim went to the same school as I did. (キム
は私と同じ学校に通っていた)）．空所文は，異なる構文に書き換えることで残置
を避けることができる．(3vii) は，形式主語構文 It was easy to find fault
with his performance. (彼の行動に欠点をみつけることはたやすかった) とパラフ
レーズすることで残置を避けることができるが，異なるタイプの空所文で残置
を避けるためには，別の方法が必要となる．最後に，(3viii) の受動節での前

第4章　前置詞と補部の相対語順　　67

置詞残置は，能動節 The bed looks as if [someone has slept in it].（そのベッドは誰かがそこで寝ていたかのようだ）へパラフレーズすることで避けられる.

[専門的解説]
We played squash together last Tuesday, but I haven't seen her since.（私たちは先週の火曜日にいっしょにスカッシュをしたが，それ以来彼女に会っていない）のような例は残置ではない. since は since last Tuesday と解釈されるが，このような補部の省略は since のような前置詞に限られる. たとえば，unitl の補部の省略は許されない（例：*She's coming back next Tuesday and I intend to stay here until.）. したがって，since は残置されているのではなく，（until と異なり）補部をともなわない用法が許されているにすぎない.

■ 文体的要因
前置詞残置は，かたい文体では避けられる傾向にある. したがって，高尚で厳粛な演説などでは，To whom may we appeal?（私たちは誰に訴えることができるのか）のほうが，Who can we appeal to?（同）よりも好まれる. そして葬儀での式辞などでは，a colleague to whom we are so much indebted（私たちが大変恩義のある同僚）のほうが a colleague we're so indebted to（同）よりも好まれる. しかし，ほとんどの文脈では，残置が前置よりも適切だと考えられることが多いだろう. 残置された前置詞は決してくだけた文体だけでなく，あらゆる文体においてみられる. 以下では，前置詞残置が前置詞句前置よりも好まれる事例を紹介し，前置詞句前置が堅苦しく古くさい印象を与えかねないことを指摘したい.

　以下では，前置詞残置と前置詞句前置のどちらが選択されるのかを考えるため，前置詞句前置が原理的に可能な構文，すなわち前置・wh 疑問文・感嘆文・関係節にしぼって議論を進める. これらの構文に関して，（3i-v）では残置が可能であることを，そして（4i-iv）では前置詞句前置が可能であることをみた. しかしながら，ほとんどの場合では，どちらか一方が適切であるか，他方よりも強く好まれる. そこで，前置詞句前置が不適切あるいは好ましくない場合と，残置が不適切あるいは好ましくない場合の2つに分けてみていこう.

第 I 部　前置詞と前置詞句

■ 前置詞句前置が容認されない・好まれない構文
(a)　先行詞を含む関係詞構文

(5)　i.　Somebody has to clean [what$_i$ graffiti artists write on ___$_i$]. [**残置**]
　　　　（グラフィティアーティストが描いたものを誰かが消さなければならない）

　　ii. *Somebody has to clean [on what graffiti artists write].
　　　　　　　　　　　　　　　　　　　　　　　　　　　　　　　　[**前置詞句前置**]

先行詞を含む関係詞構文は名詞句として機能する場合があり，このことが前置詞句前置ができないことと関係している（第7巻『関係詞と比較構文』参照）．簡単にいうと，(5i) の what graffiti artists write on では，what は that＋which であり，主要部の that が従属節の関係詞句 which と融合している．that on which graffiti artists write とすれば文法的であるが，(5ii) の on は，名詞句の主要部の前に置かれている．これが非文法的であるのは *Somebody has to clean [on that which graffiti artists write]. がだめなのと同じことである．

(b)　前置詞の補部になる間接疑問文

(6)　i.　We can't agree on [which grant$_i$ we should apply for ___$_i$]. [**残置**]
　　　　（どの補助金に応募するべきか合意できない）

　　ii. *We can't agree on [for which grant we should apply].
　　　　　　　　　　　　　　　　　　　　　　　　　　　　　　　　[**前置詞句前置**]

(6i) では，角括弧の疑問節は on の補部であるので，for を前置すると2つの前置詞が連続してしまう．前置詞の連続がすべて禁止されるわけではないが，2つ目の前置詞が前置によるものである場合には許されない．

(c)　句動詞の補部

前置詞が動詞に指定された**句動詞（verbal idiom）**では，残置構文しか許されなかったり，残置構文が好まれたりすることが多くある．そのような句動詞として，account for（説明する），ask for（要求する），come across（偶然出くわす），consist of（なる），face up to（立ち向かう），look out for（警戒する），tie in with（合致する）などをあげることができる．(7) の例をみてみよう．

(7)　i. a.　What$_i$ are you asking for ___$_i$?
　　　　　（あなたは何を求めているの）

第 4 章　前置詞と補部の相対語順　　　　　　　　　　69

  b. ?<u>For what</u> are you asking?
   （同上）

 ii. a. <u>My brother</u>ᵢ you can certainly rely on ＿＿ᵢ.
   （私の兄にあなたはきっと頼ることができる）

  b. ?<u>On my brother</u> you can certainly rely.
   （同上）

 iii. a. That wasn't the one [<u>which</u>ᵢ we were looking out for ＿＿ᵢ].
   （それは私たちが探していたものではなかった）

  b. ?That wasn't the one [<u>for which</u> we were looking out].
   （同上）

 iv. a. This is the sort of English [<u>which</u>ᵢ I will not put up with ＿＿ᵢ].
   （これは私には耐えられない類の英語だ）

  b. ?This is the sort of English [<u>with which</u> I will not put up].³
   （同上）

　しかし，単純な一般的規則を立てることはできず，容認性は個別の動詞と前置詞の組み合わせで大きく変わってくる．固定化されている句動詞では，the documents which he had come across（彼が偶然みつけた書類）のように前置詞は動詞に隣接していなければならず，*the documents across which he had come は非文法的である．また，come across のように動詞と前置詞を組み合わせた表現は，多くの場合くだけた文体で用いられるため，きわめてかたい文体である前置詞句前置構文で用いると，強い違和感が生じる．たとえば，pick on（目をつける）はくだけた表現であるため，?the people on whom he was always picking（彼がいつも目をつけていた人々）のように前置詞句前置構文では文法性が低下するが，dispose of（処分する）は中立的表現であるため，the goods of which he had disposed（彼が処分した品）のように，前置詞句前置構文でも

---

 ³ この例は，ウィンストン・チャーチルのよく引用されるジョークを基にしている．彼はある文章で用いた前置詞残置を批判された際，This is the sort of English up with which I will not put.（これは私には耐えられない類の英語だ）といい返したといわれている．残念ながら，このジョークは成立していない．というのも，このジョークは誤った文法分析によるものだからである．I will not put up with this sort of English.（私はこの類の英語に我慢できないだろう）では，up は動詞の独立した補部（伝統文法では副詞）であるため，up with this sort of English は構成素をなしていない．したがって，チャーチルの例は残置の代わりに前置詞句前置を用いることのばかばかしさを表しているのではなく，単に構成素をなしていないものを前置することで生じる非文法性を表しているにすぎない．

文法的となる.

　前置詞句前置の容認性は，ほかの要因にも影響を受けることがある．たとえば，(7iib) は文法性が低いが，同じ rely on でも He's certainly someone on whom you can rely.（彼はたしかにあなたが頼ることのできる人だ）のように，wh 関係節の場合は完全に容認される．また，(8) の文法性の対比をみてみよう.

(8)　i.　*I wonder for what he was hoping.

　　　ii.　I am not able to say for what kind of outcome he was hoping.
　　　　　（どのような結果を彼が期待していたのかはいえない）

間接疑問文では前置詞句前置が好まれない傾向があり，(8i) は明らかに容認されない．他方 (8ii) では，I am not able to say と what kind of outcome が比較的かたい表現であるため，同じく形式ばった前置詞句前置と相性がよく，きわめてかたい文となるが，容認可能である.

■ 残置が容認されない・好まれない構文
(a)　空所が内容節に先行する場合

(9)　i.　*Who_i did she declare to ____i that she was not going to take any more abuse?

　　　ii.　To whom did she declare that she was not going to take any more abuse?
　　　　　（彼女はこれ以上不当な扱いを甘受しないと誰に宣言したのですか）

(9i) が非文法的なのは，to に後続する空所が（declare の第二補部になる）内容節の前に置かれているためである.

(b)　前置詞句がより大きな前置詞句の補部になる場合

(10)　i.　*Which couch_i did you rescue the pen from under ____i?

　　　ii.　From under which couch did you rescue the pen?
　　　　　（あなたはどの長椅子の下でペンを拾ったのですか）

I rescued this pen from under your couch.（私はあなたの長椅子の下でこのペンを拾った）では，前置詞句 under your couch は from の補部であり，この場合 under を残置することはできない．文法的にするためには，(10ii) のようにより大きな前置詞句を前置しなければならない．また，*Under which couch_i

did you rescue the pen from ___$_i$? のように，小さい前置詞句を前置して from を残置しても非文法的となる．

この例は，残置が許される（実際，好まれる）次の例と区別しなくてはならない．

(11) i. <u>Which account</u>$_i$ did you take the money out of ___$_i$?
（あなたはどの口座からお金をおろしたのですか）

ii. <u>Out of which account</u> did you take the money?
（同上）

両者の違いは，(11) の of が主要部 out に指定されているのに対して，(10) の under は主要部 from に指定されていない点にある．後者は（behind のような）ほかの前置詞に選択されることもある．

(c) 2 語以上の名詞句が省略疑問文で用いられる場合

(12) i. a. A: I've got an interview at 2.　　　　B: <u>Who</u>$_i$ with ___$_i$?
（2 時に面接を受けることになった）　　　　（誰とですか）

b. A: I've got an interview at 2.　　　　B: <u>With whom</u>?
（同上）　　　　　　　　　　　　　　　（同上）

ii. a. A: I've got an interview at 2.　　　　B:*<u>Which tutor</u>$_i$ with ___$_i$?
（同上）

b. A: I've got an interview at 2.　　　　B: <u>With which tutor</u>?
（同上）　　　　　　　　　　　　　　　（どの教官とですか）

ここでの B の応答は，前置詞とその名詞句補部のみからなる**省略疑問文 (elliptical interrogative)** である．(12i) では，名詞句補部は who(m) 1 語のみであり，残置と前置詞句前置のどちらの構文も許される．しかし (12ii) では，名詞句補部は疑問詞だけでなく tutor という名詞を含んでいるおり，この場合残置は許されない．

(d) 主語名詞句の末尾に空所が生じる場合

(13) i. *To the left is a door [<u>which</u>$_i$ the key to ___$_i$ has been lost].

ii. To the left is a door [<u>to which</u> the key has been lost].
（鍵がなくなってしまったドアが左側にある）

The key to this door has been lost.（このドアの鍵がなくなった）では，前置詞句 to this door は主語名詞句の末尾の要素である．そして（13i）のように，主要部の前置詞を主語名詞句の末尾に残置することはできない．しかし（13ii）のように，前置詞句全体を前置することはできる．[4]

(e)　前置詞句が付加部となる場合

残置は，前置詞句が補部であるときにもっとも生じやすい．付加部の前置詞句では，例外はあるものの，残置は許されないか，容認度がかなり下がる．

(14)　i.　a.　*What circumstances$_i$ would you do a thing like that under ___$_i$?

　　　　b.　Under what circumstances would you do a thing like that?
　　　　　　（どのような状況であのようなことをするのでしょう）

　　ii.　a.　?That was the party [which$_i$ we met Angela at ___$_i$].
　　　　　　（それは私たちがアンジェラに会ったパーティーだった）

　　　　b.　That was the party [at which we met Angela].
　　　　　　（同上）

　　iii.　a.　What year$_i$ were you born in ___$_i$?
　　　　　　（あなたは何年生まれですか）

　　　　b.　In what year were you born?
　　　　　　（同上）

（14iiia）のように完全に容認可能な例，あるいは（14iia）のように容認性が落ちるものの可能である付加部の残置の例では，当該の付加部が動詞の補部のように振る舞い，かつ前置詞が短く頻度の高いものであることが多い．

(f)　前置詞 than の場合

(15)　i.　*They appointed Jones, [who$_i$ no one could have been less suit-

---

[4] 訳者注：空所が現れる場所には一定の条件が課せられる．たとえば，主語からの wh 句の抜き出しも（13i）と同様に許されない．第 7 巻『関係詞と比較構文』に以下の例があげられている．

(i)　a.　I told her [what$_i$ [you insisted that we need ___$_i$]].
　　　　（あなたが私たちには何が必要であると主張したのかを私は彼女に伝えた）
　　b.　*I told her [what$_i$ [that we need ___$_i$ is agreed]].
(ia) では，what は insisted の補文から抜き出されており文法的であるが，(ib) では is agreed の主語となっている節から what が抜き出されており，非文法的になっている．

第 4 章　前置詞と補部の相対語順　　　73

　　　able than ____i].

　　ii.　They appointed Jones, [than whom no one could have been less
　　　　suitable].

　　　（彼らはジョーンズを任命したが，彼ほど相応しくないものはいないだろう）

than と名詞句の前置はまれで，非常にかたい文体に限られる．残置は (15i)
の非制限関係節のような，いくぶんかたい文体では許されない．制限関係節で
は容認性が高まるものの，完全に文法的ではない（例：?He's the only one_i I
was taller than ____i.（彼は私よりも背の低い唯一の人だ））．ほとんどの場合，残
置も前置詞句前置も避けられ，He's the only one who is shorter than me.（彼
は私よりも背が低い唯一の人だ）のようにする．than の代わりに as が用いられる
同級比較の場合，残置も前置詞句前置も容認されない（例：*They appointed
Jones, who_i no one was as suitable as ____i.：*They appointed Jones, as
whom no one was as suitable.）．

4.2　前置詞句構造において補部に後続する前置詞

■ notwithstanding, apart, aside

これらの前置詞は，その補部に先行する場合と，まれにではあるが後続する場
合がある．apart と aside は補部に先行するときは from をともなった補部を
とるが，後続する場合は from が現れない．

　(16)　i.　a.　[Notwithstanding these objections,] they pressed ahead with
　　　　　　their proposal.

　　　　　　（反対があったのにもかかわらず，彼らは計画を押し進めた）

　　　　b.　[These objections notwithstanding,] they pressed ahead with
　　　　　　their proposal.

　　　　　　（同上）

　　ii.　a.　[Apart/Aside from this,] he performed very creditably.

　　　　　　（このこと以外は，彼は大変見事に成し遂げた）

　　　　b.　[This apart/aside,] he performed very creditably.

　　　　　　（同上）

　前置詞の前に補部が現れる構文は，主語・述語関係を表す**独立分詞構文**
(absolute construction) に似ている．

74 　第 I 部　前置詞と前置詞句

(17)　i.　No one—[including missionaries]—had any right to intrude on
　　　　　 their territory.
　　　　　 （宣教師を含め，誰にも彼らの領土に侵入する権利はなかった）

　　　ii.　No one—[missionaries included]—had any right to intrude on
　　　　　 their territory.
　　　　　 （同上）

(17i) では，including は動詞の動名分詞形からの品詞転換によって派生した
前置詞であり，後ろに補部をとる．(17ii) の included は動詞の過去分詞形で
あるが，前置詞に変化したとはいえない．この場合，missionaries は受動態独
立分詞構文の主語である．しかし，notwithstanding, apart, aside は叙述的に
用いられることはない（例：*These objections are notwithstanding.：*This
is apart/aside.）．したがって，(16ib) と (16iib) に主語・述語関係が含まれ
ているという分析は妥当ではなく，これらは補部が主要部に先行する例外的な
前置詞句構文である．

■ 期間の表現に後続する ago と on

次の (18) の角括弧内の句をどのように分析するかは，とても難しい問題である．

(18)　a.　She died [ten years ago].
　　　　　 （彼女は 10 年前に死んだ）

　　　b.　[Ten years on] nothing had changed.
　　　　　 （10 年たっても何も変わっていなかった）

語源としては，ago は agone という過去分詞形（接頭辞 a + go の過去分詞形）
から派生しており，ten years ago は，過去分詞が受動的ではなく能動的であ
るという点を除いて，(17ii) の主語・述語構文によく似ている．今では ago
が過去分詞として解釈されることはないが，この構文の分析はいまだにはっき
りしておらず，統語的には例外であるといわざるをえない．ten years のよう
な表現は，ten years before her death（彼女の死の 10 年前）のように前置詞を修
飾したり，ten years earlier（10 年前）のように副詞を修飾したりする随意的な
修飾要素である．しかし，ago の場合には，ten years のような表現は義務的
であるため，ago の補部ということになる．伝統文法では ago は副詞に分類
されるが，ago が補部をとることから，2.4 節での基準にしたがってここでは
ago を前置詞として分析する．そして，ago は常に補部に後続するため，not-

withstanding などよりもさらに例外的である．

on が (18b) のように「後で (later)」の意味で用いられる場合，その前に何らかの句を置かなければ非文となる（例：*On, nothing had changed.）．ago と同様，先行する句を補部とみなして，「後で」の意味をもつ on を補部に後続する前置詞として分析する．[5]

4.3　spoonful by spoonful 型の前置詞句

spoonful by spoonful（スプーン1杯ずつ），step by step（一歩ずつ），day by day（日ごとに），one by one（1つずつ）のような表現は，名詞か one のような数詞から始まるが，名詞句としての分布を示さず，通常は付加部として用いられる．

(19)　i.　a.　*I used spoonful by spoonful.
　　　　　b.　*One by one exited.
　　　ii.　a.　I drank my milk spoonful by spoonful.
　　　　　　　（ミルクをスプーンで一口ずつ飲んだ）
　　　　　b.　They exited one by one.
　　　　　　　（彼らは1人ずつ出て行った）

このことから，この種の表現の主要部は前置詞 by であり，句全体として例外的な前置詞句構文をなしているとみなすことができる．この構成素構造は次のようになる（名詞句の内部構造は省略）．

(20)
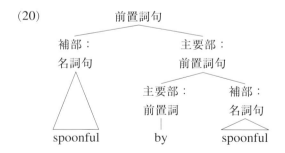

---

[5] 前置詞が補部に後続するさらなる事例として，(all) the world over（世界中）というイディオムがある．このイディオムは，all over the world（同）という通常の統語構造をもつ構文と本質的に同じである．

内的補部と外的補部の区別は節と名詞句だけでなく，このようなタイプの前置詞句にも当てはまる．2つ目の名詞句は主要部 by と前置詞句をなしている点で内的補部である．そして，1つ目の名詞句はその前置詞句の外側にあるため外的補部である.[6]

（19）の例では，外的補部も内的補部も同一の1語の名詞である．それほど用例は多くないが，(dogged) step by dogged step（根気強く一歩ずつ）のように，どちらか，あるいは両方の名詞に修飾要素がつく場合がある．このような構造は，She marked them one at a time.（彼女は1つずつそれらに印をつけた）における one at a time のような付加表現にも当てはまると考えられる.[7]

このような前置詞句分析は，ほかの語彙化された表現にも当てはまるかもしれない（例：arm in arm（腕を組み合って）；face down（表を下にして）；side by side（並んで）；back to back（背中合わせに）；inside out（裏返しに））．これらの表現は，They were walking arm in arm.（彼らは腕を組んで歩いていた）やThey were arm in arm.（彼らは腕を組んでいる）のように，付加部または述部として機能する．しかし，face down や inside out などでは，その中の前置詞句は自動詞的であり，主要部の前置詞のみからなる．これらの表現は，動詞を含まない節を起源としている.[8]

---

[6] 前置詞句と前置詞の間に，（節と動詞の中間にある）動詞句や（名詞句と名詞の中間にある）小名詞句に相当する中間的な範疇を設けるは必要ないと考える．動詞句と節，小名詞句と名詞句の間には大きな分布の違いがあるが，前置詞句の構造に同様の中間的範疇を設けねばならない理由はない（訳者注：中間的な範疇である動詞句と小名詞句については，本シリーズ第0巻『英文法と統語論の概観』を参照のこと）．

[7] しかし，同じことは She marked one at a time.（彼女は1回で1つの印をつけた）には当てはまらないだろう．この文では one は目的語，at a time は通常の前置詞句付加部であるため，one at a time は構成素をなしていない．また，day after day（毎日）や quarrel after quarrel（口論に次ぐ口論）のような表現は，ここで扱う前置詞句には含まれない．これらの表現は名詞句であり，1つ目の名詞が主要部で，それに後続する前置詞句が補部である．このことは，この種の表現の分布が1つ目の名詞によって決まることから明らかである．たとえば，day after day は主語，目的語，あるいは付加部として機能する（例：Day after day was wasted.（毎日が無駄であった）；They wasted day after day.（彼らは毎日を無駄にした）；She worked on it day after day.（彼女は毎日それに取り組んだ））．ただし，quarrel after quarrel は付加部として機能することはできない．さらに，このような前置詞句は，They climbed [flight after flight of stairs].（彼らは階段を1段ずつ登った）のように，同一の名詞句の中で，別の前置詞句に後続されることがある．

[8] 訳者注：動詞を含まない節とは，たとえば They were standing against the wall with their hands above their heads.（彼らは手を頭の上にして壁にもたれて立っていた）における with their hands above their heads などの主語・述語構造を含む構文を指す．詳細について

4.4 前置詞句構造における前置

前置が生じる領域はふつう節であるが，前置詞句内でも生じることがある．(21) の例を比較してみよう．また，(21iib) の構造を (22) に示している．

(21) i. a. I gave some of them to Angela. ［基本］
    （私はそのうちのいくらかをアンジェラに与えた）
  b. Some of them_i I gave ____i to Angela. ［前置］
    （同上）
 ii. a. [Though it seems incredible,] sales of these cars are falling. ［基本］
    （信じがたいかもしれないが，これらの車の売上は落ちている）
  b. [Incredible_i though it seems ____i,] sales of these cars are falling. ［前置］
    （同上）

(22)

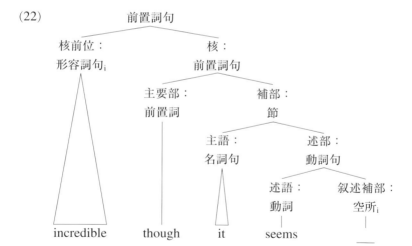

(21ib) では，前置された some of them は節の先頭を占めている．[9] ___ とい

は，第 1 巻『動詞と非定形節，そして動詞を欠いた節』を参照のこと．

[9] 訳者注：原著では，主語・述部構造をもった**核** (**nucleus**) となる節の前の位置という意味で**核前位位置** (**prenuclear position, prenucleus position**) という用語が使われている．ただし，本書ではわかりやすさを優先して，適宜「節の先頭」と訳すことにする．

う記号は，節内の移動元の空所を表している．他方（21iib）では，前置された incredible が前置詞句内の先頭位置に現れ，その空所は，前置詞の補部としてはたらく節内に置かれている．[10] したがってこのような構文では，前置詞はその補部の一部にだけ後続していることになる．

■though と as にかかる制限

前置詞句内での前置は，though や as がその主要部である場合にのみ生じる．though は基本的に although と交換可能であるが，（21iib）のような場合では，though は although に置き換えることができない．though が常に譲歩の意味を表すのに対して，as は譲歩の意味で用いられるだけでなく，理由の意味でも用いられる．

(23)　i.　This brouhaha, [colourful$_i$ as it is ___$_i$] would have little signifi-
　　　　　cance outside of Idaho if it did not reflect some of the larger
　　　　　problems facing the NRA.[11]
　　　　　（この喧騒は，活気はあるものの，NRA が直面しているいくつかの大きな
　　　　　問題を反映していなければ，アイダホ以外にはほとんど意味をもたないだ
　　　　　ろう）

　　　ii.　This exhibition, [composed$_i$ as it is ___$_i$ of a large number of
　　　　　small works,] cannot have been an easy one to select.
　　　　　（この展示品は，多くの小さな作品で構成されているので，選出するのが
　　　　　容易でなかったに違いない）

(23i) は，「喧騒は活気的であったにもかかわらずほとんど意味がなかっただろう」と（譲歩の意味で）理解される．他方 (23ii) は，「展示品が多くの小さな作品で構成されていたため，選出が困難であった」と（理由の意味で）読める．したがって，(23i) では as を though に置き換えることができるが，

---

　[10] 前置詞句内の前置は，通常の前置と同様に，**非有界依存関係構文（unbounded dependency construction）** であり，前置された要素が，複数の境界を越えてその移動元と結びつけられる構文である（訳者注：このような構文には，Who$_i$ do you think [(that) John said [(that) Mary believes [(that) Susan is living with ___$_i$]]]? あなたはスーザンが誰と住んでいるとメアリーが信じているとジョンがいったと思いますか）などがある．第 7 巻『関係詞と比較構文』参照）．

　[11] 訳者注：この例文だけでは NRA が何の略称であるかは判然としないが，全米ライフル協会（National Rifle Association）を指していると思われる．

(23ii) では置き換えることができない．また，as は譲歩の意味では前置構文でのみ現れる．譲歩の意味を理由の意味に変えることなく，(23i) の colourful as it is を as it is colourful とすることはできない．

■ 前置された要素の形式と機能

上の例では，空所は叙述的補部の機能を担っている．さらなる例を (24) に示す．

(24) i. The house, [close to the highway$_i$ though it is ___$_i$,] seems quiet and secluded.
   （その家は，高速道路に近いけれど，静かでひっそりとしているようだ）

 ii. The house, [close$_i$ though it is ___$_i$ to the highway,] seems quiet and secluded.
   （同上）

 iii. $^{\%}$[As bad$_i$ as last week was ___$_i$,] this week promises little respite for the premier.
   （先週は忙しかったが，今週は首相に少しの休息が予定されている）

 iv. [Gifted exponent of the classical guitar$_i$ though he is ___$_i$,] his excursions into jazz have on the whole been considerably less convincing.
   （彼は才能あるクラシックギターの演奏者であるが，彼のジャズへの挑戦は全体的には納得のいくものではなかった）

 v. $^{\%}$[As big a hit$_i$ as it is ___$_i$ in Europe,] Timotei never made it out of the test market in the US.
   （ヨーロッパでは大ヒットだったが，ティモテはアメリカでは試験市場以外では成功しなかった）

(24i, ii) に示すように，叙述要素全体が前置される場合と，最初の部分だけが前置される場合がある．(24ii) では，close の補部は元位置に留まっている．譲歩の as の場合，(24iii) のように前置された叙述形容詞を副詞の as で修飾する話者もいる．ここでの as bad as は，It was as bad as expected.（それは思ったとおり悪かった）のような同等比較のようにみえるが，この前置詞句は比較の意味をもたず，単に though last week was bad（先週は悪かったにもかかわらず）と解釈される．

　前置された叙述補部が名詞句である場合，(24iv) のように単数の可算名詞

であっても，ふつう限定要素をともなわない．前置のない基本語順では，
though he is a gifted exponent of the classical guitar（彼は才能あるクラシック
ギターの演奏者であるが）のように，不定冠詞が必要となる．副詞 as が修飾要
素になると，前置された名詞句に冠詞が現れることがあるが，文頭には現れな
い．(24v) では，不定冠詞 a が形容詞に後続している．[12] 副詞 as がない場合，
big hit$_i$ as it is ___$_i$ in Europe（ヨーロッパでは大ヒットだったが）のように裸の
名詞句となり，基本語順では though it is a big hit in Europe のように不定冠
詞が現れる．また名詞句を前置する場合でも，gifted exponent$_i$ though he is
___$_i$ of the classical guitar のように，前置された名詞を修飾する要素を元位
置に残しておくこともできる．

　さらに，程度を表す修飾要素や，助動詞の補部といった要素を前置すること
も可能である．

(25)　i.　I can't come, I'm afraid, [much$_i$ as I would like ___$_i$ to].
　　　　　（残念だが行くことができない，行きたいとは思うが）

　　　ii.　[Try$_i$ as I might ___$_i$,] I couldn't improve my time.
　　　　　（躍起になるほどに，タイムは向上しなかった）

　　　iii.　[Apologise$_i$ though he did ___$_i$,] Jill declared she would never
　　　　　forgive him.
　　　　　（彼は謝罪したけれど，ジルは決して彼を許さないと断言した）

---

[12] 前置された名詞句には限定要素がともなわないという規則の例外は，次のような報道記
事にみられる．No intellectual though he is on many issues, Mr Bush can out-wonk most
people when it comes to public education.（ブッシュ氏は多くの問題について博識でないが，
公教育のこととなると誰よりも知識がある）．ただし，このような構文が文法的であるとみな
されるほど十分に確立したものかは疑問である．

第5章　前置詞句の構造と機能

5.1　補部構造

この節では，前置詞句の補部の種類を概観する．

(a)　目的語名詞句

典型的な前置詞は，in the garden（庭に），to Paris（パリへ）などのように補部に名詞句をとる．下の（b）でみるように，目的語と叙述補部の節構造上の違いは，前置詞句の構造にも当てはまる．上の例における名詞句 the garden と Paris は目的語である．また，自他の対立は動詞だけでなく前置詞にも当てはまる．たとえば，She stayed in the house.（彼女は家にいた）における in は（目的語をとる点で）他動詞に似ており，She stayed in.（彼女は中にいた）の in は自動詞的である．

2章では，目的語をとる前置詞を紹介した．2章（24）のリストに示したように，目的語をとる前置詞には動詞からの転換によって派生したものが多くある．他方で，2章（27）のリストに示した前置詞は，目的語をとる場合と補部を一切とらない場合がある．次の（1）に示す前置詞は，義務的に補部をとる（ただし，目的語名詞句以外の補部を許すものも含まれている）．

(1) i.　amid(st)　　　　　among(st)　　　　　as
　　　　　（…のまん中に）　（…の間に）　　　　（…と同じくらい）
　　　　at　　　　　　　　bar　　　　　　　　beside
　　　　　（…において）　　（…を除いては）　　（…のそばに）
　　　　come　　　　　　　despite　　　　　　during
　　　　　（…が来ると）　　（…にかかわらず）　（…の間じゅう）

81

ere	from	into
(…する前に)	(…から)	(…の中へ)
less	like	minus
(…を減じた)	(…のような)	(…を引いた)
of	onto	per
(…の)	(…の上へ)	(…につき)
plus	save	than
(…を加えた)	(…を除いては)	(…よりも)
till	times	unlike
(…まで)	(…倍)	(…と違って)
until	upon	versus
(…まで)	(…の上に)	(…に対して)
via	with	
(…経由で)	(…と一緒に)	

ii.

à la	chez	circa
(…をまねて)	(…の家で)	(およそ…頃)
contra	modulo	pace
(…に反して)	(…を法として)	(…に失礼ながら)
re	sans	vis-à-vis
(…について)	(…なしに)	(…に相対して)

(1ii) の語は，フランス語またはラテン語からの借用である．この中で sans は古めかしいか，おどけた表現である（例：sans teeth（歯がなくて））．(1i) の as は，She had saved as much [as twenty dollars]. (彼女は 20 ドルも貯めた) における比較の as である．He struck me [as an impostor]. (彼は私には詐欺師に思えた) の as については，下の (b) をみられたい．beside は通例，Come and sit beside me. (私のそばに座りなさい) のように，「…の近く (close to)」を意味するか，「…からはずれて (wide of)」を意味する．しかしまた，beside は「…に加えて (besides, in addition to)」の意味でも用いられる．いずれの場合も目的語は義務的であるが，besides の場合には随意的となる．come は補部に未来の表現をとる（例：Come the end of the year, we should be free of all these debts. (年末が来れば，私たちはこれらすべての負債から自由になるはずだ))．歴史的には，これは仮定法の構文であり，come が動詞で the end of the year がその主語である．しかし共時的には，by the end of the year (年末

第5章　前置詞句の構造と機能　　83

には）のような前置詞句と同じ機能と構造をもっている．したがって，come
は前置詞として再分析されたと考えられる．

[専門的解説]
between と among

between と among の補部は意味的に複数でなければならない．統語的には，
その補部は通例複数形名詞句（例：between/among the trees（木の間に））
か，and によって等位接続された名詞句（例：I found it hard to choose
between/among cornflakes, bran flakes, oat flakes, and muesli.（私は
コーンフレーク，ブランフレーク，オートフレーク，ミューズリの中から一つ選ぶ
のは難しいと思った））である．さらに，among は集合名詞の単数形（例：
among the crowd（群衆の間））もとり，between は配分複数の each や
every をともなう単数形名詞句（例：There will be a five-minute interval
between each lecture.（講義の間に5分の休憩があるだろう））をとることが
できる．[1]

　between は補部に集合が2つあると解釈されるときに用いられ，among
は補部が3つ以上であるときに用いられるという，よく知られた規範的規則
がある．現在のほとんどの語法書で認識されているように，この規則は be-
tween の語源に基づいたもので，経験的にはまったく支持されない．be-
tween は集合が2つあるときに限られるという制約は，すぐ上の段落であげ
た例でも当てはまらない．また，次の例では among は用いられない．

(2)　i.　I have sand between/#among my toes.
　　　　（足の指の間に砂が入った）
　　ii.　I never eat between/#among meals.
　　　　（私は間食しない）
　　iii.　He hid it somewhere between/#among the back door, the
　　　　shed, and the oaktree.

---

[1] between は and の代わりに or や to をとることがある．（例：This forces many to
choose between work or having a family.（これは多くの人に仕事をとるか家庭をもつかの選
択を強いている）：Lambs are usually marked at between 1 to 6 weeks.（ラム肉はふつう1
から6週と表示されている））．これらはそれぞれ，choose between X and Y と choose X or
Y，そして between 1 and 6 weeks と from 1 to 6 weeks の混合である．これらの構文が文
法的であるとみなされるほど確立しているかどうかは疑わしい．

（彼はそれを裏口，納屋，オークの木の間のどこかに隠した）

したがって，between と among の違いは，補部が示す集合の大きさの問題ではないということになる．むしろその違いは，between の場合は集合の要素が個別に把握されるのに対し，among の場合は全体が１つの集合であるとみなされるところにある．たとえば，(2i) では砂がある足の指と隣の足の指の間にあることが示され，同様に，(2ii) ではある食事と次の食事の間の時間を示している．(2iii) は，裏口と納屋とオークの木が三角形の境界点をなすことを表している．

このような例は，among だけが容認される次の例と対比をなす．

(3)　i.　Among/#Between the meals that we had, several stand out as exceptional.
（我々がとった食事の中で，いくつか飛び抜けたものがある）

　　ii.　Police paced among/#between the crowd.
（警官は群衆の中をゆっくり歩いた）

ここでは，集合のメンバーは１つのまとまりとみなされている．choose（選ぶ），divide（分ける），share（共有する）のような動詞は，among と between のどちらの前置詞もとるが，among の集合的な解釈では通常，補部が３つ以上の集合をなさなければならない（例：I can't choose between/#among the two of them.（それら２つのうちのどちらかを選ぶことはできない））．

(b)　叙述補部

叙述補部をとる主な前置詞は as であり，be 動詞とよく似たはたらきをする．as 句自体は，文中で補部や付加部として機能する．

(4)　i.　I regard their behaviour [as outrageous].　　　　　　［補部］
（私は彼らの行為は非常識だと思う）

　　ii.　[As treasurer] I recommend we increase the fees by 10%.　［付加部］
（会計係として，私は料金を 10% 値上げすることを勧める）

as の補部は，(4i) では目的語の their behaviour と，(4ii) では主語の I と叙述関係にある．叙述補部用法では，as は動詞によって選択される．この例においては，**前置詞付動詞（prepositional verb）** である regard によって選択さ

第 5 章　前置詞句の構造と機能　　　　　　　85

れている.[2]

叙述補部と目的語の統語的相違

叙述補部と目的語には，3 つの統語的違いがある．まず，叙述補部には形容詞句や無冠詞の役職を表す名詞句が現れることができる．次に，叙述補部は受動文の主語にはならない．そして，主格代名詞として現れることがある.[3]

(5)　i.　a.　Kim was ill/treasurer.
　　　　　　　（キムは病気／会計係だった）
　　　　b.　*Kim attacked ill/treasurer.
　　ii.　a.　*The treasurer was been by Kim.
　　　　b.　The treasurer was attacked by Kim.
　　　　　　　（その会計係はキムに襲われた）
　iii.　a.　It was I who told them.
　　　　　　　（彼らに話したのは私だった）
　　　　b.　*Kim attacked I.

(5i, iii) では，下線の引かれた補部は (a) では叙述補部で，(b) では目的語である．また (5ii) で下線の引かれた要素は，(a) では能動文 Kim was the treasurer.（キムは会計係だった）の叙述補部が主語になったものであり，(b) では能動文 Kim attacked the treasurer.（キムはその会計係を襲った）の目的語が主語になったものである．これらの特徴のうち，主格代名詞は as とは直接関係しない．なぜなら，そもそも（少なくともここで関連する意味において）as は人称代名詞を補部として認可しないからである．これ以外の 2 つの違いは，(6) に示すように as と into の対比によって示される．

(6)　i.　a.　He regards your answer as correct.
　　　　　　　（彼はあなたの答えが正しいとみなしている）

---

[2] 訳者注：前置詞付動詞とは，ある特定の前置詞句を選択する動詞を指す．第 2 巻『補部となる節，付加部となる節』に以下の例があげられている.
　(i)　a.　I referred to her book.
　　　　　　（私は彼女の本を引用した）
　　　b.　I came across some old letters.
　　　　　　（私は何通かの古い手紙を偶然みつけた）
[3] 訳者注：第 2 巻『補部となる節，付加部となる節』には，it 分裂文といくぶん固定された表現（例：Those are they.（それは彼らだ））があげられている.

b. *This turned you answer into correct.

ii. a. *My guide was acted as by Kim.

 b. The matter will be looked into by Kim.
  （その問題はキムに検証されるだろう）

形容詞句 correct は，as では文法的であるが，目的語をとる into では非文法的である．また (6iia) の非文法性は，対応する能動文 Kim acted as my guide.（キムは私のガイドとして行動した）で as の補部が叙述的であることに起因する．しかし，前置詞の補部の場合，受動文にできるかどうかは動詞の補部の場合ほど重要ではない．なぜなら，そもそも受動文で残置できない多くの他動詞的前置詞があるからである（例：Kim contined despite this setback.（キムはこの失敗にもかかわらず続けた）に対する *This setback was continued despite by Kim.）．

したがって，重要なのは補部の形である．be 動詞と同様，as は形容詞句や無冠詞の役職を表す名詞句を補部にとる．もちろん，目的語名詞と大きく異なるのは形容詞句のほうであるが，すべての事例において許されるわけではない．たとえば，付加部の as 句は (4ii) のように無冠詞の名詞句をとるが，(7) のように形容詞句をとることはない．

(7) i. *As ill, Kim withdrew from the competition.   ［前置詞の補部］

  ii. Being ill, Kim withdrew from the competition.   ［動詞の補部］
    （病気のため，キムはそのコンペを辞退した）

叙述名詞句の数

as の叙述補部が名詞句である場合，動詞の補部と同様，叙述される対象と数において一致する．from の例と比較してみよう．

(8) i. a. I regard her as a friend/#friends.
    （私は彼女を友人だと思っている）

   b. I bought it from a friend/friends.
    （私はそれを友人から買った）

  ii. a. I regard them as friends/#a friend.
    （私は彼らを友人だと思っている）

   b. I bought them from friends/a friend.
    （私はそれらを友人から買った）

しかし，I regard them as a nuisance. （私は彼らを厄介者と思っている）で複数と単数の組み合わせが可能なことからわかるように，これは文法的な一致ではなく，意味的な問題である。[4]

as 以外の前置詞の叙述補部

(9) i. I took him for harmless.
   （私は彼には悪意がないと思った）

ii. The situation went from bad to worse.
   （状況はさらに悪化した）

iii. I don't want to make an announcement qua head of department.
   （私は部長として発表したくない）

for は，take と pass の後ろで叙述補部をとる（pass の例：He passed for dead. （彼は死んでいると思われた））．from と to は，状態変化を表す節の中で叙述要素をとる．qua はラテン語から借用された前置詞で，（9iii）で as と置き換えられることからわかるように，as に非常によく似た意味を表す．qua はかたい文体の表現で，典型的には同類の名詞句を繰り返す場合に用いられる（例：It wasn't a very good novel qua novel. （それは小説として考えれば，あまりよい小説ではなかった））．as とは異なり，qua の補部は，それが役職を表しているかどうかにかかわらず裸の名詞句でなければならない。[5]

　形容詞は，in brief （手短に）や of old （昔から）のようないくつかの表現で前置詞の補部として生じることがあるが，これらはイディオムであり，叙述される対象が存在しないため，この補部を叙述要素と分析する理由はない．

---

　[4] 訳者注：第3巻『名詞と名詞句』を参照のこと．たとえば，Our neighbour is a nuisance. （私たちの隣人は厄介者である）では，neighbour も nuisance も単数であり，nuisance は neighbour の個別の特徴を叙述している．これに対して，Our neighbours are a nuisance. （同）では，neighbours は複数であるが nuisance は単数であり，nuisance は集団としての neighbours の特徴を叙述している．さらに，Our neighbours are nuisances. （同）では neighbours も nuisances も複数であり，nuisances は集団のメンバーである neighbours のそれぞれの特徴を叙述している．

　[5] qua は who に相当する関係代名詞の奪格形から派生したものであるが，辞書によってその文法的分類が異なる．qua を前置詞として扱う辞書もあれば，接続詞や副詞として扱う辞書もある．qua が等位接続詞でないことは明らかだが，従属節を導かないことから，従属接続詞の一般的定義にも合致しない．名詞句を義務的にとるという点では，副詞よりも前置詞に近い．

補部に縮約節をとる前置詞

(10) i. [Although she was moderately rich,] she lived very frugally.
(彼女はそこそこ裕福だったが，とても倹約して生活していた)

ii. [Although moderately rich,] she lived very frugally.
(同上)

(10i) で although は補部に内容節をとっているが，(10ii) のように主語と述語動詞を省略し，叙述補部のみを残すことができる．後者の構文は，完全な内容節との関係が as 節とは異なる．(4) の as 句は，*I regard their behaviour as it is outrageous. が非文法的であることからわかるように，主語と述語動詞を省略してできたものではない．また，As I am treasurer, I recommend we increase the fees by 10%. (私は会計係であるので，10%料金を値上げすることを勧める) では，as は原因を表しており，(4ii) とは異なる意味をもつ．ここから，(10ii) の moderately rich は**縮約節 (reduced clause)** であり，although は補部に縮約可能な節をとっていると考えられる．

(c) 前置詞句の形式をもつ補部

前置詞は別の前置詞句を補部にとる場合がある．その場合は2つに分けられる．

(11) i. We didn't see anyone [apart from Jill].　　　[上位前置詞が指定]
(私たちはジル以外誰もみなかった)

ii. They have lived here [since before the war].　　　[指定なし]
(彼らは戦争以前からここに住んでいる)

(11i) では，より大きな前置詞句の主要部 apart が from を主要部とする前置詞句を補部にとっている．ここでは，apart が from を指定している．これに対して (11ii) では，since は before を指定しているのではなく，before は独立して意味をなしている．つまり，before は同じ位置に生じうる数ある前置詞の1つである．このことは，ほかの前置詞を用いて They have lived here [since just after the war]. (彼らは戦争の直後からここに住んでいる) ともいえることからわかる．この違いは，They referred to her article. (彼らは彼女の記事を引用した) と They went to Paris. (彼らはパリへ行った) の間にみられる構造的違いと同じである．前者では to が refer によって指定されているが，後者では to が go から指定されておらず，towards や over のようなほかの前置詞も用

第5章　前置詞句の構造と機能　　89

いられる．

指定された前置詞を主要部とする補部
先行する主要部によって指定される前置詞は of, to, from, for, on, with である．

(12) i. She took it [out of the box].
　　　　　（彼女はそれを箱から出した）

　　ii. She was sitting [next to her sister].
　　　　　（彼女は姉の隣に座っていた）

　　iii. They were running [away from us].
　　　　　（彼らは私たちから走って遠ざかって行った）

　　iv. She would have broken the record [but for the appalling weather conditions].
　　　　　（悪天候でなかったならば，彼女は記録を破ったかもしれない）

　　v. [Consequent on the fire,] the shop closed.
　　　　　（火事のせいで，その店はつぶれた）

　　vi [Together with Jim,] I moved the piano.
　　　　　（ジムと一緒に，私はピアノを運んだ）

of を補部前置詞句の主要部に指定する前置詞には，以下のようなものがある．

(13) i.
because	exclusive	irrespective
（… のために）	（… を除いて）	（… にかかわらず）

　　ii.
abreast	ahead	instead
（… と並行して）	（… の前に）	（… の代わりに）
regardless	upward(s)	east
（… に関係なく）	（… 以上）	（… の東に）
north	south	west
（… の北に）	（… の南に）	（… の西に）

　　iii.
alongside	inside	%off
（… のそばに）	（… 以内）	（… から離れて）
out	outside	
（… から外へ）	（… 以外）	

(13i) の前置詞は，補部なしで現れることはできない（ただし，形容詞として

の exclusive は補部なしで生じうる）．また，because は節補部もとる．（13ii,
iii）の前置詞では補部は随意的であり，（13iii）の前置詞は名詞句補部もとる．

off は，アメリカ英語でのみ of 句をとることがある（例：[%]He fell off of
the wall. （彼は壁から落ちた））．一方，out は通常 of 前置詞句をとる．名詞句補
部は主にアメリカ英語の用法（あるいはくだけた用法）であり，look, jump,
go などの動詞とともに用いられ，名詞句は必ず the をともなう（例：[%]He
jumped/looked out the window. （彼は窓から跳んだ／顔を出した）；*He jumped
out bed. ; *I took it out my pocket.）．

inside of （… 以内）は，She'd finished inside of a week. （彼女は1週間以内に
終えた）のように，通例期間の表現とともに現れるが，アメリカ英語ではその
限りではない．outside は「… 以外（except）」の意味を表すとき，名詞句では
なく of をとる（例：Outside of us two, no one knew what was going on. （私
たち2人以外，何が起きていたか知らなかった））．しかし，場所の意味で of をと
るのは，アメリカ英語に限られる（例：[%]outside of Boston （ボストンの外で））．

to 前置詞句を補部にとる前置詞には，（14）のようなものがある（太字に
なっているのは，前置詞としては例外的に屈折による比較級と最上級をもつ2
つの語彙素である）．

(14) according	**close**	contrary
（… によれば）	（… に近い）	（… とは違って）
counter	due	further
（… と逆の）	（… が原因で）	（… に付言して）
near	next	owing
（… の近くに）	（… の隣に）	（… のために）
pertaining	preliminary	preparatory
（… に関連して）	（… に先立つ）	（… の準備として）
previous	prior	pursuant
（… の前に）	（…に先立って）	（… に応じて）
subsequent	thanks	unbeknown (st)
（… に続いて）	（… のおかげで）	（… に知られずに）

これらの項目が前置詞である場合，ほとんどの事例で to 句が補部として必要
である．ただし例外は，Bring it a little closer/nearer. （それを少し近くにもって
きなさい）のような close と near である．また，near は目的語をとることも
ある．further to はイディオムである（例：Further to our correspondence, I

am happy to enclose details of the property.（通信文に加えて，不動産の詳細を同封します））．ただし，（far の比較級として）別の意味をもつ further は，補部なしで現れることもある．2.2 節でみたように，(14) の多くの項目は形容詞から転換したものであるが，thanks は名詞から転換した前置詞の唯一の例である．thanks to X（X のおかげで）は，because of X（X のために）とほぼ同義であるが，X が人間（あるいは有生）である場合，X に対する評価が加わる．それは，Thanks to Jim, we're safe and well.（ジムのおかげで，私たちは無事で元気です）のような心からの感謝であったり，Thanks to you, all my clothes are soaking wet.（あなたのおかげで，私の服は全部ずぶ濡れだ）のような皮肉であったりする．

そのほかの前置詞を選択する項目はそれほど多くはない．on は consequent のみに選択され，with は together のみに選択される（(12v, vi) 参照）．for と from を選択する項目を (15) に示す．

(15) i. [**for を選択**]

allowing	but	except
(… を考慮して)	(… がなければ)	(… を除けば)

ii. [**from を選択**]

apart	aside	away
(… を除けば)	(… を除けば)	(… から離れて)
far	downstage	upstage
(… どころか)	(舞台前方へ)	(舞台後方へ)
downstream	upstream	
(… の下流に)	(…の上流に)	

but は，(12iv) のように条件の意味においてのみ for を選択する．(12iv) は if it hadn't been for the appalling weather conditions（悪天候でなかったならば）とパラフレーズできる．それ以外では，but は目的語をとる（例：Anyone but you would have jumped at the opportunity.（あなた以外のだれもがその機会に飛びついただろう））．except は，条件の解釈において for を必要とする．(12iv) では but を except と交換することができる．それ以外では，except は for 補部か目的語かのどちらかをとる（例：Everyone liked it except Kim/except for Kim.（キム以外みんながそれを気に入った））．away と **far** に関しては，補部は随意的である．apart と aside は「… を除けば (except)」の意味で用いられる場合，補部に先行する語順では from 句を，後続する語順では名詞句をとる

92 　　　　　　　　　第 I 部　前置詞と前置詞句

必要がある（4.2 節参照）.

指定のない前置詞を主要部とする補部
前置詞には，ほかの前置詞句を補部にとって対比的な意味を表すことができる
ものがある．典型的には，from，since，till/until である．from は空間的，
時間的な領域で用いられ，since，till/until は時間的な領域でのみ用いられる．
since の例は上の（11ii）にあるので，その以外の前置詞の例を（16）に示す.

(16) i.　He emerged [from under the bed].
　　　　　（彼はベッドの下から現れた）

　　　 ii.　The meeting lasted [from just before twelve] [until/till after six].
　　　　　（その会議はちょうど 12 時前から 6 時過ぎまで続いた）

通例，to はこの用法では用いられない．すなわち，?He crawled to under the
bed.（彼はベッドの下へと這っていった）ではなく，He crawled under the bed.
（同）という.[6] しかし，このような to の用法は，まったく不可能というわけで
はない（例：They have moved to across the river.（彼らは川を渡った場所に移動
した））.

　　前置詞句 here（ここ），there（そこ），now（今），then（その時）は，under the
bed（ベッドの下）や after six（6 時以降）のような前置詞句よりも幅広い前置詞
の補部として現れる（例：They live near here.（彼らはこの近くに住んでいる）;
Put it on there.（それをそこに置きなさい）; I found it behind here.（私はそれを
この後ろでみつけた）; You should have told me before now.（あなたは私に事前に
話しておくべきだった）; He certainly stayed past then.（彼はたしかにその時を過
ぎても滞在した））.

(d)　副詞句の形式をもつ補部
この構文は非常に限られている．（17）では，もっとも文法性の高くなる組み
合わせに＋の記号が付されており，一番上の行は主要部を，左端の列は補部を
示している.

---

　　[6] 訳者注：第 2 巻『補部となる節，付加部となる節』によれば，着点を表す to 前置詞句で
は，通例その補部のみを省略することはできない．Kim went to the meeting, and Pat went
as well.（キムは会議に行った，そしてパットも行った）のように，着点が省略される場合は
補部だけでなく to も省略される.

第5章　前置詞句の構造と機能　　　93

(17)		before/ere	for	till/until
i.	later		+	+
ii.	lately, recently			+
iii.	ever, once		+	
iv.	long	+	+	

(18) に，それぞれの組み合わせの用例を示す．前置詞句には角括弧がつけられ，その補部には下線が引いてある．

(18)　i.　Why don't you save it [for later]?
　　　　　（後にそれをとっておいたら）

　　　ii.　I didn't hear about it [until later].
　　　　　（私は後になるまでそれについて聞かなかった）

　　　iii.　[Until recently] there wasn't even a road.
　　　　　（最近まで道路さえなかった）

　　　iv.　Why don't you listen [for once]?
　　　　　（一度くらいは聴いてみたら）

　　　v.　You'll be feeling better [before long].
　　　　　（あなたはすぐに気分がよくなるでしょう）

　　　vi.　He won't have that car [for long].
　　　　　（彼は長くはあの車をもたないだろう）

(e)　節の形式をもつ補部

(19)　i.　This happened [after Stacy left].　　　　　　　［拡大不可能平叙節］
　　　　　（これはステイシーが去ったあとに起こった）

　　　ii.　I'll do it [provided that you help me].　　　　　［拡大可能平叙節］
　　　　　（あなたが手伝ってくれれば，できるでしょう）

　　　iii.　[Although (we were) nearly exhausted,] we pressed on.
　　　　　　　　　　　　　　　　　　　　　　　　　　　　　　　　　［縮約可能平叙節］
　　　　　（ほとんどくたくたであったが，私たちは進んだ）

　　　iv.　Let me repeat, [lest there be any doubt about the terms].　［仮定法節］
　　　　　（その条項に疑問があるといけないので，繰り返させてください）

　　　v.　They ignored the question [of whether it was ethical].　　　［疑問節］
　　　　　（彼らはそれが倫理的であるかという疑問を無視した）

94 　　　第 I 部　前置詞と前置詞句

 vi. We can't agree [on how much to charge]. ［不定詞疑問節］
  （私たちはいくら請求するべきか同意に至っていない）

 vii. They're talking [about moving to New York]. ［動名分詞節］
  （彼らはニューヨークに引っ越すことについて話している）

 viii. He's not as enthusiastic [as he used to be]. ［比較節］
  （彼はかつてほど情熱的ではない）

上記のほか，非疑問不定詞が in order や so as とともに生じる（例：He only mentioned it [in order to embarrass his wife]. （彼は妻を困らせるためにそういっただけだ）；We left at dawn [so as to miss the rush-hour traffic]. （私たちはラッシュアワーの混雑を避けるために夜明けに出た））．補文をともなう構文については，従属節を論じた第 1 巻『動詞と非定形節，そして動詞を欠いた節』，第 6 巻『節のタイプと発話力，そして発話の内容』および第 7 巻『関係詞と比較構文』を参照されたい．なお，They kept blaming him [for what he had done]. （彼らは彼がしたことで彼を責め続けた）で下線が引かれた部分は，節ではなく名詞句（**融合関係節 (fused relative)**）である．したがって，ここでの議論とは無関係である．

(f)　二重補部構造

3.1 節で述べたように，in league with the guys from down the road（道の向こうから来た連中と結託して）のような例の with 句は in league の補部であり，また league は in の補部である．これは，3 章 (9c) の樹形図に示したような階層構造をもっている．また，同様の階層構造をもつ非イディオム表現としてつぎのような例がある．

 (20) i. [From Boston to Providence] is not far.
   （ボストンからプロビデンスは遠くない）

  ii. [To Los Angeles from Chicago] is the path of the fabled Route 66.
   （シカゴからロサンゼルスは有名なルート 66 の経路だ）

  iii. [Across the road from the post office] there is a children's playground.
   （郵便局と道を隔てて，子供の遊び場がある）

(20i) では，Boston は from の補部であり to Providence は from Boston の

補部である．すなわち，最上位の階層ではより小さな前置詞句 from Boston
が前置詞句全体の主要部である．そして次の階層では，from が from Boston
の主要部である．to Providence が補部であることは，これを省略できないこ
とからわかる．そして，to Providence は明らかに Boston ではなく from に
依存している．(20ii) の角括弧内の前置詞句もこれによく似ているが，from
ではなく to が最終的な主要部である．(20iii) は，from the post office が省
略可能であるので微妙な例ではあるが，from the post office が across the
road に認可されることから，これも補部と考えることができる．on the road
from the post office（郵便局からの道で）と比較してみよう．この表現では，
from the post office が road を修飾しており，on が前置詞句の主要部，the
road from the post office が補部という単純な構造をしている．（よく似た例
として，downstream from where we were camped（私たちが野営したところか
ら下流に）があるが，ここでは down と stream が複合語になっているため，統
語的には補部の階層は 1 つだけである．この構文は (15ii) に分類される．）

(g) 主節認可の補部

ある前置詞句において，補部が前置詞そのものによってではなく，前置詞句全
体が修飾関係をもつ主節の要素によって認可されている場合がある．この種の
前置詞の典型例として，つぎに示す except がある．

(21) i.   There's nobody here [except the cleaners].   ［名詞句］
          （ここには清掃員以外だれもいない）

    ii. I've been everything [except president].   ［無冠詞役割名詞句］
          （私は社長以外のすべての経験がある）

    iii. I don't know where to look [except in the garden].   ［前置詞句］
          （私は庭以外どこを探すべきかわからない）

    iv. I have felt every imaginable way [except proud of myself].
                                                        ［形容詞句］
          （私は考えうるあらゆる感情を覚えたが，自分を誇ることだけはできなかった）

    v.   This thesis treats the topic in every way [except competently].
                                                        ［副詞句］
          （この論文はあらゆる点でその話題を論じているが，満足のいくものではない）

    vi. There is nothing any of us can do [except be cautious].［裸不定詞］
          （用心する以外に私たちができることはない）

96 第Ⅰ部　前置詞と前置詞句

- vii. I don't intend to do anything [except <u>to wait for news</u>]. [**to 不定詞**]
  （私は知らせを待つ以外何もするつもりはない）

- viii. I can't think what to advise [except <u>staying home</u>].　　[**動名分詞**]
  （私は家に留まること以外，何を助言したらよいか思いつかない）

- ix. He said not a thing [except <u>that he was sorry</u>].　　　　[**平叙内容節**]
  （彼は申し訳ない以外何もいわなかった）

- x. They told me everything [except <u>whether I'd passed</u>]. [**閉鎖疑問節**]
  （彼らは私が合格したかどうか以外はすべて教えてくれた）

- xi. I asked little [except <u>what they had been doing</u>].　　[**開放疑問節**]
  （私は彼らが何をしていたか以外ほとんどたずねなかった）

- xii. She asked nothing [except <u>that they be reprimanded</u>].　[**仮定法節**]
  （彼女は彼らが懲戒されること以外何も望まなかった）

これらの例は，except が文法的にあらゆる句の範疇を認可するということではなく，except がその上位節によって認可される要素を補部にとるということを示している．すなわち，except を主要部としてもつ前置詞句の統語構造は，例外的に except 句が現れる主節の統語構造に依存している．したがって，ここでは下線の引かれた表現を except の**主節認可補部** (**matrix-licensed complement**) とよぶ．

　(21) において，補部を認可しているのが except ではなく主節であるということは，無作為に except 前置詞句を入れ替えると非文法的になるということから裏づけられる（例：*There's nobody left here except <u>be cautious</u>.；*I've been everything except <u>that they be reprimanded</u>.；*I can't think what to advise except <u>proud of myself</u>.）．

　(21) の例が文法的となるのは，それぞれの例が（22i-xii）を含意するからである．

- (22) i. The cleaners are here.
  （ここには清掃員がいる）

- ii. I have not been <u>president</u>.
  （私は社長の経験がない）

- iii. I know to look <u>in the garden</u>.
  （私は庭を探すべきだとわかっている）

- iv. I have not felt <u>proud of myself</u>.
  （私は自分を誇らしく思ったことはない）

第 5 章　前置詞句の構造と機能　　97

- v. This thesis does not treat the topic competently.
（この論文は十分その話題を論じていない）
- vi. We can be cautious.
（私たちは用心することはできる）
- vii. I intend to wait for news.
（私は知らせを待つつもりだ）
- viii. I advise staying home.
（私は家に留まるべきだと助言する）
- ix. He said (that) he was sorry.
（彼は申し訳ないといった）
- x. They didn't tell me whether I'd passed.
（彼らは私が合格したかどうか教えなかった）
- xi. I asked what they had been doing.
（私は彼らが何をしていたか尋ねた）
- xii. She asked that they be reprimanded.
（彼女は彼らが懲戒されることを望んだ）

下線の引かれた表現は，このような文脈で適切に解釈されることによって，対応する (21) で except の補部として認可される．

[専門的解説]
しかし，(21) と (22) で対応している節の文法的な関係は，いくつかの例ではいくぶんあいまいである．たしかに両者で極性 (**polarity**) が（肯定から否定に，否定から肯定に）変化する一方，時制，相，法は変わっていないが，(21) の節から体系的に (22) の節を生み出す単純な統語操作はない．たとえば，(21viii) に (21iii) と同じ操作を適用すると，かなり容認度の低い #I can think to advise staying home. となってしまう．

except は主節認可の補部をとる前置詞の典型であるが，このほかに bar（… を除いて），but（… 以外に），excepting（… を除いて），excluding（… を除いて），save（… 以外は），including（… を含めて）などがある．[7] はじめの5つは ex-

---

[7] オーストラリア英語では，以下の例のように beyond も同じような振る舞いを示す．He

cept と似た意味であるが，including はこれらと反対の意味をもつ．後者では，補部を認可する主節と，補部によって含意される節の極性は変わらない．

(23) i. a.　I have felt every imaginable way [including proud of myself].
　　　　　　（私は自分を誇りに思うことを含め，すべての考え得る感情を覚えた）

　　　b.　I have felt proud of myself.
　　　　　　（私は自分を誇りに感じた）

　　ii. a.　I have looked everywhere, [including in the garden].
　　　　　　（私は庭を含めすべての場所を探した）

　　　b.　I have looked in the garden.
　　　　　　（私は庭を探した）

　　iii. a.　He said quite a lot, [including that he was sorry].
　　　　　　（彼は申し訳ないということを含めて，非常に多くのことをいった）

　　　b.　He said that he was sorry.
　　　　　　（彼は申し訳ないといった）

比較の as と than も，主節に認可されるさまざまな要素をとる．

(24) i. a.　He should have said more [than that he was sorry].
　　　　　　（彼は申し訳ない以外に何かいうべきだった）

　　　b.　He said that he was sorry.
　　　　　　（彼は申し訳ないといった）

　　ii. a.　She asked nothing more [than that they be reprimanded].
　　　　　　（彼女は彼らが懲戒されること以外に何も望まなかった）

　　　b.　She asked that they be reprimanded.
　　　　　　（彼女は彼らが懲戒されることを望んだ）

ただし as と than は，それら自身が比較節を補部にとることもある．He has more enemies [than friends].（彼には友人以上に敵がいる）では，friends を he

---

is understood to have been given no assurances [beyond that the Coalition did not believe Labor's cross-media regulations were effective].（彼は，連合が労働党のクロスメディア規制が効果的だったと思わなかった，ということ以上の確証を得られなかったと思われている）．この文は，He was given the assurance that the Coalition did not believe Labor's cross-media regulations were effective.（彼は，連合が労働党のクロスメディア規制が効果的だったとは思わなかったという確証を得た）を含意する．

第 5 章　前置詞句の構造と機能　　　　99

has が省略された縮約節として分析できる.[8]

5.2　修飾

この節では，前置詞句構造にみられる修飾要素の種類を概観する.

（a）　段階的な意味をもつイディオム的前置詞句

ここまでのところで，段階性をもつイディオム的前置詞句がたくさん出てきた. in a bad temper（不機嫌だ），in control（掌握している），out of sorts（機嫌が悪い），out of order（調子が悪い），on top of the world（有頂天になっている）に代表されるこの種の前置詞句は，修飾要素に程度表現をとるため，全体として形容詞とよく似た振る舞いを示す.

(25)　i.　She seemed [completely in control of the situation].

　　　　　（彼女は完全に状況を掌握しているようだった）

　　ii.　That remark was [wholly out of order].

　　　　　（その発言はまったく不適切だった）

　　iii.　I was feeling [very much out of sorts].[9]

　　　　　（私はとても気分が悪かった）

---

[8] 訳者注：第 7 巻『関係詞と比較構文』の議論を参照のこと. as に関しては，Bob is as generous as Liz.（ボブはリズと同じくらい寛大だ）のような例が挙げられている. ここでは Liz は主語として解釈され，Bob is as generous as Liz is.（同）が縮約されたものだと考えることができる.

[9] 訳者注：本シリーズ第 4 巻『形容詞と副詞』によれば，程度を表す副詞 very と too は形容詞と副詞を修飾するが，名詞や動詞を修飾することはない. 名詞や動詞を修飾する場合，(very) much や too much が用いられる. また，much は極性（肯定か否定か）に影響を受ける項目であるので，very よりも限られた分布を示す. 動詞を修飾する場合，You haven't [helped us (very) much].（あなたはそれほど私たちの役に立っていない）のように，much は動詞句内で程度を表す修飾句となる. 名詞を修飾するには，2 つの構文がある. It wasn't [(very) much help].（それは（大して）役に立たなかった）では，much は名詞句の主要部名詞の限定要素として機能している. この用法では，much は不加算名詞とのみ共起する. It wasn't [(very) much of a success].（それはたいした成功ではなかった）では，much は of 句を補部にとる**融合限定要素（fused determiner）**である. この場合，前置詞句内の名詞は不定冠詞をともなう可算名詞単数形に限られる.

（b） 空間や時間の範囲を表す名詞句

(26) i. We live [two miles/a few minutes' walk beyond the post office].
（私たちは郵便局から2マイル／徒歩数分のところに住んでいる）

ii. It happened [ten minutes/a long time after the accident].
（それはその事故の10分後／かなり後に起こった）

この種の修飾は，空間や時間の前置詞を主要部とする前置詞句で一般的である．

（c） もっぱら前置詞句を前置修飾する語（**right**, **straight** など）

2.1 節で述べたように，前置詞句内で修飾要素として現れるが，ほかの範疇の句には現れない副詞がいくつかある．このような前置詞句専用の修飾語として，clear（すっかり），right（まさに），smack（ちょうど），straight（すぐに）などがある．[10]

(27) i. The bank robber was [clear across the state] before the police were alerted.
（その銀行強盗は，警察に通報される前にすっかり州境を越えていた）

ii. The ball went [right out of the park].
（ボールは公園からはるかに出て行った）

iii. Torbin drove his car [smack into the rear end of a truck] this morning.
（トービンは今朝トラックの後ろに車をまともにぶつけた）

iv. When he saw me, he walked [straight into the other room].
（私をみると，彼はまっすぐほかの部屋へ入っていった）

clear は，自由になったり障害を越えたりして，遠くに移動することを表している（例：flew clear out of sight（すっかり視界から消えた）；went clear over the house（家を完全に飛び越えた）；drove clear across town（町を端から端まで車で横断した））．

right は，文字どおりあるいは比喩的な意味で，場所や方向の正確さや直接性を表している．前置詞の表す意味が完全に満たされるという点で，形容詞

---

[10] spot もかなり限定的ではあるが，この用法で用いられる．具体的には，イディオム表現 spot on は，We were spot on with our estimate of the cost.（私たちの費用の見積もりは正確だった）のように，ある事柄に関する判断や位置の正確さを表す．

第 5 章　前置詞句の構造と機能　　　　101

right の「正しい」という意味を反映している（例：ran right up a tree（木にかけ上った）；collapsed right in front of me（私のまん前で崩れた）；went right back to her mother（彼女の母のもとへ戻った）；fell right into my hand（私の手の中に落ちた）；heading right for the shore（岸へまっすぐ向かっている））．また，right は完結性を強調することがある（例：ate it right up（それを食べつくした）；came right up to me（私のところまでやってきた）；fell right over on its side（そのほうに倒れた））．

　くだけた表現の smack は場所の正確さを表し，しばしば（比喩的な意味で）何かがぶつかり合うというニュアンスを含んでいる（例：dropped smack on top of the other one（もう一方の真上に落ちた）；walked smack into the door（歩いて扉にぶつかった）；lay smack in the centre（ちょうど真ん中に横たわった）．

　straight は，空間的経路または時間的経路，あるいはその両方の意味での正確さや直接性を表す（空間的経路の例：climbed straight up the tree（木をまっすぐ登った）；sailed straight between the goalposts（ゴールポストのちょうど間を通った）．時間的経路の例：met straight after lunch（ちょうど昼食後に会った）．空間・時間的経路の例：went straight to the police（警察へ直行した））．これらは，「まっすぐな，曲がっていない」という形容詞 straight の意味と結びついている．

(d)　そのほかの副詞的修飾要素

(28)　i.　The ball had landed [very clearly beyond the base-line].
　　　　　（そのボールはベースラインを明らかに超えたところに着地した）

　　　ii.　You will find it [immediately on the left of the post office].
　　　　　（それは郵便局のすぐ左側にみえるでしょう）

　　　iii.　They had arrived [shortly after midnight].
　　　　　（彼らは真夜中を少し過ぎて到着した）

　　　iv.　That all happened [way before Kim's appointment].
　　　　　（それはすべてキムの就任のずっと前に起きていた）

　　　v.　I regard it as [quite obviously and uncontroversially within the dean's powers].
　　　　　（それは明らかに，そして議論の余地なく学部長権限の範囲内であると思う）

動詞句，形容詞句，副詞句と同様に，前置詞句は範囲，正確さ，話者の認識などを表すさまざまな副詞句によって，主要部前置詞の前の位置から修飾を受け

102　　　　　　　　　　第Ⅰ部　前置詞と前置詞句

る．現れる副詞句の種類は，文法規則ではなく当該の句の意味に合致する修飾要素であるかどうかによって決まる．したがって，たとえば shortly（すぐに）は，before や after などの時間的な前置詞を修飾するが，from や to のような空間的な前置詞を修飾することはない．

(e)　all

(29)　i.　There were troops [all round the building].
　　　　　（その建物を兵士が取り囲んでいた）
　　　ii.　He had blood [all over his shirt].
　　　　　（彼のシャツは血まみれだった）

all は完全性を表す．(29i) では，建物が完全に取り囲まれていたことが表されている．また，all over はイディオム的性質をもつ．このことは，all を省略すると over よりも on のほうがふさわしくなることや，*He had blood all on his shirt. のように，on が all を修飾要素としてとらないことからわかる．このほかに，all は叙述的に用いられるいくつかのイディオム的前置詞句とともに現れる（例：I was all of a dither.（私はすっかりうろたえた）; It's all up in the air now.（それは現在未決定である））．

(f)　方向を表す前置詞修飾要素（over in the corner）
方向を表す前置詞には，典型的には down, out, over, round, up などのように，前置詞句内で主要部を前から修飾するものがある．

(30)　i.　[Down under the house] it was cool.
　　　　　（その家の下は涼しかった）
　　　ii.　I saw you last night [out on the edge of town].
　　　　　（私はあなたを昨夜町のはずれでみた）
　　　iii.　My ball went right [over into the neighbours' garden].
　　　　　（私のボールは隣の家の庭まで飛んで行った）
　　　iv.　I think dad may be [round at the pub].
　　　　　（父は酒場のあたりにいると思う）
　　　v.　You'll find it [up on top of the filing cabinet].
　　　　　（それは書類棚の上にみつかるでしょう）

これらの修飾要素は，いくつか重ねることが可能である（例：right up over

第 5 章　前置詞句の構造と機能　　103

the house（家の上を越えて）；up round the corner（角を回って））．これらは，予想される経路を示して主要部前置詞の意味を修飾する．隣の家の庭に行くにはいくつかの方法があるが，over into the neighbours' garden はフェンスを越えて行く経路を示している．このような修飾要素は，とくに here や there とともに用いられることがよくある（例：over here（こちらに）；out there（あちらに）；up in here（こちらに）；down over there（あちらに））．

　このような前置詞句では，最後に来る前置詞が主要部になっている．前置詞句全体が文脈に適合しているかどうかは，最後の前置詞によって決まるからである．

(31)　i.　a.　I placed it [up on the shelf].
　　　　　　　　（私はそれを棚の上に置いた）
　　　　　b.　I placed it [on the shelf].
　　　　　　　　（同上）
　　　ii.　a.　*I placed it [up to the attic].
　　　　　b.　*I placed it [to the attic].
　　　iii.　a.　He headed [over into the next valley].
　　　　　　　　（彼は隣の谷に入っていった）
　　　　　b.　He headed [into the next valley].
　　　　　　　　（同上）
　　　iv.　a.　*He headed [over on that hill].
　　　　　b.　*He headed [on that hill].

修飾要素をともなう (31) の (a) の例は，修飾要素を伴わない (b) が容認可能である場合にのみ容認される．たとえば，動詞 place は主要部 on を含む前置詞句を認可するが，to を主要部とする前置詞句は認可しない．したがって，(31i) はどちらも容認されるが，(31ii) ではどちらも容認されない．(31iii, iv) の動詞 head でも同様である．

(g)　後置修飾

(32)　i.　[Downstairs in the kitchen] were several other guests.
　　　　　（階下の台所に何人かほかの客がいた）
　　　ii.　[Underneath on a low shelf] stood the dishwasher detergent.
　　　　　（食器用洗剤は下の低いほうの棚にあった）

iii. You'll find it [outside the back door by the garbage bin].
（それは，裏口を出たところのゴミ箱のそばにあるでしょう）

iv. We're having a great time [over here in Guernsey].
（私たちはここガーンジーで素晴らしい時間を過ごしている）

v. [Astern of us on the horizon] we saw the sails of a galleon.
（水平線上にいた私たちの後方に，ガレオン船の帆がみえた）

これらの例では，下線部の前置詞句が角括弧で囲まれた前置詞句内で後置修飾要素として機能している．意味的には，(32i) の in the kitchen は，sat in the kitchen（台所に座った）で in the kitchen が sat を修飾するのと同じように downstairs を修飾している．統語的には，下線部の前置詞句は角括弧内の前置詞句の中に含まれている．このことは，構成素テストによってたしかめることができる．たとえば (32ii) と (32v) において，角括弧内の前置詞句は，ひとかたまりの単位として文頭に前置されている．

5.3　前置詞句の機能

ここまで前置詞句の内部構造に注目し，ある前置詞句が別のより大きな前置詞句の中で主要部，補部，あるいは修飾要素として機能することをみてきた．

(33) i. Sue was still [at odds with her parents] on this issue.
［前置詞句の主要部］
（スーはこの問題について両親とまだ和解していなかった）

ii. She lives [just down the street from Kim's].　［前置詞句の補部］
（彼女はキムの家から少し通りを進んだところに住んでいる）

iii. I'm [down here by the back door].　　　　　［前置詞句の修飾要素］
（私はここ裏口のそばにいる）

しかしほとんどの場合，前置詞句はこれ以外の構文で用いられる．

(34) i. I gave the key to Sue.　　　　　　　　　　　　　　［節の補部］
（私は鍵をスーに渡した）

ii. She put the key in her bag.　　　　　　　　　　　　［節の補部］
（彼女は鍵を鞄に入れた）

iii. They are under the table.　　　　　　　　　　　　　［節の補部］
（それらはテーブルの下にある）

第 5 章　前置詞句の構造と機能　　　105

iv.　She had slept in the attic.　　　　　　　　　　［節の付加部］
　　（彼女は屋根裏で眠った）

v.　Where's [the key to the safe]?　　　　　　　［名詞句の補部］
　　（金庫の鍵はどこですか）

vi.　They bought [a house with a flat roof].　　［名詞句の修飾要素］
　　（彼らは平屋根の家を買った）

vii.　There are now [fewer than a hundred] seats left.　［限定詞句の補部］
　　（現在 100 足らずの席しか残っていない）

viii.　[Only one in twenty] candidates were shortlisted.

　　　　　　　　　　　　　　　　　　　　　　　　　［限定詞句の修飾要素］
　　（20 名の候補のうち 1 人だけが最終候補者名簿に載った）

ix.　They are still [very keen on surfing].　　　［形容詞句の補部］
　　（彼らはまだサーフィンに大変熱中している）

x.　He was [tired to the point of exhaustion].　［形容詞句の修飾要素］
　　（彼は心身がくたくたに疲れていた）

xi.　He likes to do things [differently from everyone else].［副詞句の補部］
　　（彼はほかの誰とも違うことをするのが好きだ）

xii.　I'll be seeing her [later in the week].　　　［副詞句の修飾要素］
　　（私は週の後半には彼女に会いに行く）

（34i）では，to Sue は動詞によって主要部前置詞が指定されている前置詞句補部である．（34ii）の in her bag は着点を表す補部であり，（34iii）の under the table は場所を表す補部である．それに対し，（34iv）の in the attic は節の付加部である．そのほかの例は，前置詞句が名詞句，限定詞句，形容詞句，副詞句構造の中で補部や修飾要素として機能することを示している．

■ 量化補部をもつ前置詞句

数量表現を含む前置詞句は，通常の前置詞句よりは限定詞句や名詞句に近い分布を示す．

（35）　i.　a.　She wrote [over fifty novels].
　　　　　　　　（彼女は 50 以上の小説を書いた）
　　　　　b.　She wrote [between forty and fifty novels].
　　　　　　　　（彼女は 40 から 50 の小説を書いた）
　　　ii.　a.　I spent over a year here.

106 第 I 部 前置詞と前置詞句

（私はここで 1 年あまり過ごした）

    b. I spent <u>between ten months and a year</u> here.

    （私は 10 か月から 1 年ここで過ごした）

(35i) では，下線部の前置詞句は角括弧内の名詞句の中で限定要素のはたらきをしている．over fifty は 50 よりも多い数を意味し，まさに限定要素の機能をはたしている．同様に，between forty and fifty は特定の範囲内の数を示している．(35ii) では，補部は名詞句または名詞句の等位接続であり，前置詞句は spend の目的語として機能している．

このように用いられる前置詞や前置詞イディオムには次のようなものがある．

(36) i.   around   over   under

              （およそ...）   （...を上回る）   （...を下回る）

    ii. close to   up to   in excess of

              （およそ...）   （...まで）   （...を超過して）

    iii. from ... to   between （+and 等位接続）

             （...から...まで） （...の間）

■節構造における主語や目的語としての前置詞句

(35ii) に示されたタイプの前置詞句は名詞句と同様の分布を示す．これらは上の例のように目的語として，あるいは <u>Over a year</u> was spent on this problem.（1 年以上がこの問題について費やされた）のように主語として機能する．まれにではあるが，場所や時間を表す前置詞句が主語や目的語の機能をはたすこともある．

(37) i. a. <u>Under the mat</u> is the place where we used to leave the key for the boys.

          （敷物の下は，私たちが男の子たちのために鍵を置いておいた場所だ）

      b. <u>Under the mat</u> isn't a very sensible place to leave the key.

          （敷物の下は，鍵を置くための場所としてあまりよくない）

      c. <u>Before the end of the week</u> would suit me better.

          （今週末より前が，私には都合がよい）

      d. Will <u>at the week-end</u> suffice, or do you need it sooner than that?

第 5 章　前置詞句の構造と機能　　　　　107

（週末で十分ですか，あるいはもっと早くそれが必要ですか）

ii. a.　We must prevent <u>under the desk</u> from getting too untidy.
（私たちは机の下が散らかりすぎないようにしなければならない）

b.　We asked where to put it, and the man recommended <u>just above the front door</u>.
（私たちがそれをどこに置くべきかたずねたら，その男は玄関ドアの真上をすすめた）

c.　They won't consider <u>after Christmas</u>, of course, to be soon enough.
（彼らはもちろん，クリスマス後がすぐだとは考えないだろう）

主語の場合，動詞はたいてい be である．（37ia）は be の同定用法であり，（37ib）は be の叙述用法である．ただし（37ic, d）に示すように，数は少ないがそれ以外の動詞も可能である．（37ii）の下線の引かれた句は，the area under the desk（机の下の領域），the area just above the front door（玄関のドアの真上の領域），some time after Christmas（クリスマス後のいつか）と同じように解釈され，統語的にもこれらの名詞句と同様に振る舞う．これらの句は，対応する受動文の主語にもなる（例：Under the desk must be prevented from getting too untidy.（机の下は散らかしすぎてはいけない）；After Christmas won't of course be considered to be soon enough.（クリスマスの後はもちろんすぐだとは考えられないだろう））．

第6章　文法化した前置詞

前置詞の中には，その意味と統語的役割が直接結びつかず，文法化しているものもある．たとえば，under は明らかに文法化していない前置詞である．under は一定の意味をもつ普通の語彙項目であり，ほかの前置詞が現れる統語的位置でその意味が文脈上適切であれば用いることができる．under という前置詞を使用するためには，特別な構文規則や補部認可の条件も必要ない．英語の統語規則が under について個別に言及してしまうと，本来許されるはずの表現を作れなくなってしまう．Put it under the table. （それをテーブルの下に置きなさい）だけでなく，Put it above the table. （それをテーブルの上に置きなさい）や Put it near the table. （それをテーブルの近くに置きなさい）などともいえることからわかるように，under が現れうるすべての文脈に，ほかの前置詞も現れることができるのである．

　文法化した前置詞は，上記の under の場合とは異なる．文法化した前置詞は，特定の構文に現れたり，ある語彙項目に指定されたりする．たとえば，動詞 dispose （処理する）は，補部に前置詞 of がなければ正しい用法とはならない．すなわち They disposed of the box. （彼らはその箱を処分した）は文法的であるが，*They disposed the box. は非文法的である．そして，ほかの前置詞が of の代わりに現れることもできない．*They disposed at/below/on/through/under the box. はいずれも適格ではない．

　この節では，上記の意味における文法化した前置詞の意味的・統語的特性について論じる．ただしその前に，英語のもっとも基本的な前置詞の意味について概観しよう．

第 6 章　文法化した前置詞　　109

6.1　典型的な前置詞の意味

■ 意味的基盤としての場所

英語（あるいはあらゆる言語）において，ほとんどの典型的な前置詞はもともと場所の意味を表す．具体的にいうと，典型的な前置詞は空間的場所や場所の変化，場所の意味から拡張された時間，そして隠喩によって場所から派生した意味などをもつ．

■ ランドマークとトラジェクター

空間上の 2 つの物体の関係を言語的に表す際の典型的な方法は，一方を他方が置かれる基準点（または領域）として定めることである．ここでは，この基準点あるいは基準領域を**ランドマーク (landmark)** とよび，場所や移動が指定される項目を**トラジェクター (trajector)** とよぶ．たとえば，The pen is on the table.（ペンがテーブルの上にある）では，ペンがトラジェクターであり，テーブルがランドマークとなる．He collapsed in the bedroom.（彼は寝室で倒れこんだ）では，トラジェクターは彼が倒れこんだという出来事であり，ランドマークはベッドとなる．トラジェクターには，具体物，抽象物，あるいは出来事や状態がなりうる．ランドマークは，典型的には具体物や空間における場所（点や範囲），あるいはこれらが隠喩的に表すものである．

■ 場所と場所の変化

Kim is at the supermarket.（キムはスーパーにいる）が Kim の居場所を表しているのに対して，Kim walked from the post-office to the supermarket.（キムは郵便局からスーパーまで歩いた）は場所の変化を表している．場所の変化は，（明示的あるいは暗示的に）最初の場所と最後の場所を含み，前者を起点，後者を着点とよぶ．この例において，from は起点を表示し，to は着点を表示している．場所の at に起点の from と着点の to が対応するように，場所の on と in にも，対応する起点と着点を表す前置詞がそれぞれある．

(1)　　　　場所　　　　着点　　　　起点
　　i.　　at　　　　to　　　　from
　　ii.　　on　　　　on/onto　　　off
　　iii.　　in　　　　in/into　　　out

二重下線は補部がなくても用いられる前置詞を表している．それぞれの前置詞

110　　　　　　　　　　第 I 部　前置詞と前置詞句

の具体例を (2) に示す.[1]

(2)　i.　I'm at Heathrow.　　　　　　　　　　　　　　　　　　　　［場所］
　　　　　（私はヒースローにいる）
　　　　I went to Heathrow.　　　　　　　　　　　　　　　　　　　［着点］
　　　　（私はヒースローに行った）
　　　　I departed from Heathrow.　　　　　　　　　　　　　　　　［起点］
　　　　（私はヒースローから出発した）

　　ii.　a.　It is on the floor.　　　　　　　　　　　　　　　　　　　［場所］
　　　　　　（それは床の上にある）
　　　　　It fell on/onto the floor.　　　　　　　　　　　　　　　［着点］
　　　　　（それは床に落ちた）
　　　　　I lifted it off the floor.　　　　　　　　　　　　　　　［起点］
　　　　　（私はそれを床から持ち上げた）

　　　　b.　The roof is still on.　　　　　　　　　　　　　　　　　　［場所］
　　　　　　（屋根はまだある）
　　　　　She jumped on.　　　　　　　　　　　　　　　　　　　［着点］
　　　　　（彼女は飛び乗った）
　　　　　I fell off.　　　　　　　　　　　　　　　　　　　　　［起点］
　　　　　（私は落ちた）

　　iii.　a.　It is in the box.　　　　　　　　　　　　　　　　　　　［場所］
　　　　　　（それは箱の中にある）
　　　　　It fell in/into the box.　　　　　　　　　　　　　　　［着点］
　　　　　（それは箱の中に落ちた）
　　　　　I took it out of the box.　　　　　　　　　　　　　　　［起点］
　　　　　（私はそれを箱から出した）

　　　　b.　The doctor is in.　　　　　　　　　　　　　　　　　　　［場所］
　　　　　　（その医者は出勤している）
　　　　　She jumped in.　　　　　　　　　　　　　　　　　　　［着点］
　　　　　（彼女は飛び込んだ）
　　　　　They won't come out.　　　　　　　　　　　　　　　　［起点］

---

[1] 2.4 節で to は補部がなくても現れると述べたが，それは二次的な意味に限られ，ここでの議論とは無関係である.

（彼らは出てこないだろう）

　起点の前置詞 off と out は，それぞれ on や in と対比して静的な場所にも用いられる（例：The car is on/off the road.（その車は道路の上だ／道路から外れている）；The boss is in her office/out of her office.（上司は彼女のオフィスにいる／オフィスにいない））．起点用法の off を含む He fell off the ledge.（彼は岩棚から落ちた）が「彼ははじめ岩棚にいた（on the ledge）が，最後にはそこにいなかった」と解釈されることからもわかるように，静的な off と out は，それぞれ on と in の否定とみなすことができる．

　もうひとつの起点を表す前置詞として，away がある．away は from 補部とともに現れたり，単独で現れたりする（例：I walked away (from them).（私は（彼らのところから）歩き去った））．また off や out と同様に，away にも静的な場所の用法があり，その場合は at と対比をなす（例：She is at home/away from home.（彼女は家にいる／家にいない））．away は起点用法において，しばしば from と交換可能である（例：He moved away from the window/from the window.（彼は窓のところから移動した））．しかし，away は（2i）の departed と用いることはできない．また，起点が着点と対をなすときは通例 from が用いられる（例：She flew from London to Glasgow.（彼女はロンドンからグラスゴーに飛んだ））．

　away および静的用法の off と on を（1）に加えると，つぎのようになる．[2]

(3)

	場所		場所の変化	
	肯定	否定	着点	起点
i.	at	away	to	away/from
ii.	on	off	on/onto	off
iii.	in	out	in/into	out

ここで挙げられた4つ以外に起点を表す前置詞はない．しかし，ここで挙げ

---

　[2] into には，They camped five miles into the forest.（彼らは森に5マイル入ったところでキャンプをした）のように，非常に限られてはいるが，移動距離を示す場所の用法がある．さらに，into は空間的領域ではなく静的な状況を表す用法がある（例：He's into basket-weaving now.（彼は今籠織に夢中である））．これは「…に夢中である，のめりこんでいる」を意味するくだけた表現であり，隠喩的に新しい活動領域への進出を表している．to は，左右や方角を示す語を主要部とする名詞句補部をともない，静的な場所を表すのに用いられる（例：It is situated a little to the north of the cathedral.（それは大聖堂の少し北にある））．

112　　　　　　　　　　第Ⅰ部　前置詞と前置詞句

られているもの以外で空間を表す前置詞の多くは，場所としても着点としても
用いられる．たとえば under には，The key is under the mat.（その鍵はマット
の下にある）のような場所の用法とともに，I put the key under the mat.（私は
その鍵をマットの下に置いた）のような着点の用法がある．

通常の場所と終点の場所
以下に示すように，静的な場所は 2 つの事例に区別される．

(4) i. a. There is a light <u>over the table</u>.　　　　　　［通常の場所］
　　　　　（テーブルの上に照明がある）

　　 b. The cottage is <u>over the hill</u>.　　　　　　　　［終点の場所］
　　　　　（山小屋は丘の向こうにある）

　 ii. a. A large snake lay <u>across our path</u>.　　　　　［通常の場所］
　　　　　（大蛇が私たちの進路を遮っている）

　　 b. They live <u>across the river</u>.　　　　　　　　　［終点の場所］
　　　　　（彼らは川向こうに住んでいる）

それぞれ（a）の例では，前置詞は単にランドマークに対するトラジェクター
の位置を示している．しかし（b）では，ある位置（通例話し手の現在地）から
トラジェクターまでの暗黙の経路が存在している．(4ib) の山小屋は，暗黙の
経路あるいは行程の終点にあり，山小屋にたどり着くためには丘を越えなくて
はならない．同様に，(4iib) では，彼らが住んでいるところへ行くためには
川を渡らなければならない．すなわち，彼らはある地点からみた川の向こう岸
に住んでいるのである．

■ 意味の可塑性
すべての前置詞は場所を表す際にかなりの柔軟性を示す．そのような柔軟性に
は，個々の前置詞の意味の違いをこえた一定の方向性がある．

包含と in
in は典型的には，the man in the study（書斎にいる人）のように，はっきりと
境界の定められたランドマークに完全に内包された具体物をトラジェクターと

---

from は，出身や起源を表す静的な状況に用いられる（例：She is from London.（彼女はロン
ドン出身だ））．

する関係を表すが，内包の概念がゆるい事例も多くある．たとえば，the flowers in the vase（花瓶の中の花）では，トラジェクターの一部しかランドマークの境界に含まれていない（the woman in the white blouse（白いブラウスを着た女性）も同様である）．また，the bird in the tree（木にいる鳥）におけるランドマーク境界は，建物のような物理的境界が明確な箱型の容器とは異なり，はっきりと表すことができない．同様に，角も比較的境界の不明確なランドマークである．したがって，the chair in the corner（角の椅子）のトラジェクターは，部屋の真ん中ではなく隅のほうに位置する，ぼんやりとした境界をもつ空間に内包されている．

　ランドマークの解釈はさまざまである．たとえば，the water in the vase（花瓶の中の水）では，内包される領域を定めるのは側面であるのに対して，the cracks in the vase（花瓶のヒビ）では表面が領域を定める．

　機能を考慮しなければならないこともある．足は，乗馬の際に足を乗せるあぶみと（部分的にランドマークに内包されているにすぎないにもかかわらず）be in の関係にあるといえる．しかし，手の指と指輪の位置関係は足とあぶみの関係に似ているが，手の指が指輪と be in の関係にあるということにはならない．その違いは，あぶみは足をある位置に固定する機能によってランドマークとみなされるのに対し，指輪にはあぶみのような機能がないという点にある（小さく動きやすいため，指輪はむしろトラジェクターとみなされやすい）．同じことが，the bulb in the socket（ソケットの中の電球）と #the jar in the lid にも当てはまる．ソケットには電球を固定する機能があるので容器とみなされるが，ふたにはビンを固定する機能はない．

支持と on

似たようなことが，on を含む例にもみられる．on を用いる典型的な状況は，the pen on the desk（机の上のペン）のように，トラジェクターとランドマークが互いに接していて，ランドマークがトラジェクターの下でそれを支えている状況である．しかし，the poster on the wall（壁のポスター）のような例は少し異なり，ポスターは壁と垂直ではなく水平に接触して支持されている．

　the wrinkles on his face（顔のしわ）では，トラジェクターがランドマークに乗っているように解釈されるが，それは実態の描写というよりは，概念的な捉え方である．同じような状況を，埋め込みのイメージで the wrinkles in his skin（皮膚のしわ）と表すこともできる．同様に，the writing on the paper（紙面上の文字）や the writing in the margin（余白の文字）のような例においても，

実際の関係性よりもそれがどのように解釈されるかが重要である．on the paper では紙が文字を表示する背景として機能しているが，in the margin ではランドマークは狭い領域であり，容器としての解釈が喚起される．

　バス，トラック，列車，大型船などの乗り物は，容器として解釈することができる（例：She's in that bus over there.（彼女はあそこであのバスに乗っている））．ただし文脈上，輸送や運搬の手段としての乗り物の役割に焦点が当たる場合，トラジェクターとランドマークは支持の関係で解釈されやすくなる（例：She'll be on the next bus.（彼女は次のバスに乗る））．小型船や車は通例，何かを支える平面というよりも容器として解釈される（例：I was sitting in a tiny little boat.（私は小さな船に座っていた））．これはおそらく，トラジェクターの外側の境界とランドマークの内側の境界がきわめて近いからであろう．

地点と at

at は，空間関係を表す表現において抽象化が生じている前置詞の典型例である．at の機能は，2つの物体がまったく同じ空間を占め，それぞれが点として解釈されることを示すものである．これは，ある程度の概念化が at の用法に必ず含まれることを意味している．

　たとえば，John is in the supermarket.（ジョンはスーパーにいる）と John is at the supermarket.（同）の対比を考えてみよう．話し手がスーパーの外にいる場合，at よりも in を使う方がより自然であろう．人間と建物は大きさが違うので，建物を容器としての解釈するのが自然だからである．しかし視点がより遠くへ移るにしたがって，徐々に at が自然になる．たとえば，話し手が家にいる場合は，John is at the supermarket. というだろう．家とスーパーの距離が，抽象化を容易にするからである．視界にある物体から人が遠ざかるにつれて，目に映る像はどんどん小さくなり，次第に点に近づいていくので，これは自然なことである．

　このような抽象化によって，解釈があいまいになる場合がある．誰かと待ち合わせをする際に，at the library（図書館で）というと，at は建物を点として捉えて内部と外部を区別しないので，待ち合わせ場所が図書館の中なのか外なのか，わからなくなってしまう．

　The cafe is at the highway.（そのカフェは高速道路にある）は，一見するとこのような at の説明の反例になるように思われる．なぜなら，高速道路は明らかに点と解釈することはできないからである．しかし実際には，このようにいうことがある．その典型は，どこかの地点で高速道路と交わる道を進んでお

り，カフェがまさにその交わる地点にあるという状況である．類例として，次のようなものがある．The bomb exploded at 1,000 feet. (その爆弾は1000フィート地点（爆弾の落下経路と1000フィート地点の交点）で爆発した)；We'll hold a lifeboat drill at the equator. (私たちは赤道地点（船の航路と赤道の交点）で救命艇訓練を行う予定だ)；The horse fell at the water jump. (その馬は水濠地点（競馬コースと障害物の交点）で転倒した)．これらすべてにおいて，ある経路と別の線との交点が含意されている．

　次の例でも，暗黙の経路が抽象的に現れている．The bird has a white band at its neck. (その鳥は首に白いバンドを巻いている) では，鳥を注意深くみる視点の動きが白いバンドと交差する．The bird is at the top of the tree. (その鳥は木の頂点にいる) では，木を見上げる視線が鳥のいる地点と交差する．There are bubbles at the surface. (表面に泡がある) では，液体を下から上にみる際に視線が表面と交差する．このような抽象的経路は，The bird has a white band on its neck. (その鳥は首に白いバンドを巻いている) や There are bubbles on the surface. (表面に泡がある) のような on をともなう例では意識されない．

　at が経路の概念をもつことを裏づけるさらなる証拠がある．The cyclists are at Dijon. (サイクリストたちはディジョンにいる) のような例が自然に解釈されるのは，ディジョンが（ツールドフランス自転車レースのような）ある行程における一連の地点のひとつである場合にかぎる．そうでなければ，自転車乗りの集団に対して大きなディジョンの町は，点ではなく容器として解釈されるのが自然であろう（したがって，They took this photo when they were in Dijon. (彼らはディジョンにいるときにこの写真を撮った) のようになる)．

■ 場所の領域からの隠喩的拡張

場所の領域からそれ以外の領域へ，**換喩（metonymy）**や隠喩によってさまざまに意味が拡張される．そのような過程によって，多くの事実を説明することができる．たとえば，out は The sun is out. (太陽は出ている) では「視界にある」ことを意味するのに対し，The light is out. (灯りは消えている) では「視界にない」ことを意味する．

　場所以外の意味を表す前置詞の用法は，多分に恣意的である．たとえば，ある種の感情は隠喩的に経験者を包む容器であると解釈される（例：in love (好んで)；in pain (苦痛で)；in ecstasy (喜んで)；in despair (落胆して)；in anger (怒って))．しかし，この用法が常に容認されるわけではない（例：*He's in hate.；*She's in happiness.)．同様に，The building is on fire. (その建物は燃

えている）で in ではなく on が用いられる明確な根拠はない．しかしそのような恣意性は，換喩や隠喩の役割を正しく理解することで，ある程度説明することができる．そこでまず out を説明し，次に up と down のペアを用いて説明する．

out

前置詞の意味が拡張する重要な要因として**観点 (perspective)** があり，これはとくに out と関係がある．上で述べたように，The sun is out. は太陽がみえることを意味し，The light is out. は灯りがみえないことを意味している．この違いは，観点の相違に起因する．どちらの例でも，内側の領域と外側の領域が対比されている．前者では，太陽をみている人（観察者）が外側の領域にいるため，その領域にある（太陽を含む）あらゆる物体が観察者の視界の中にある．反対に後者では，灯りを浴びる人（観察者）が内側の領域にいると解釈され，out はトラジェクター（灯り）がその領域の外側にあることを示している．このことは，次の点からも裏づけられる．The sun came out.（太陽が出た）のように，The sun is out. と関連する出来事には，観察者のほうへ向かってくることを表す動詞 come が用いられる．他方で，The light went out.（灯りが消えた）のように，The light is out. と関連する出来事には，観察者から遠ざかっていくことを表す動詞 go が用いられる．

　このことは，そのほかの拡張用法とも関連づけられる．観察者の視界に入ってくる移動は，観察者が気づいたり理解したりする領域への移動と結びつけられる（例：work out the answer（答えを出す）；figure out（理解する）；find out（みつけ出す）；sound someone out（誰かに当たる））．また，同様の拡張用法は，Everything turned out all right.（すべてうまくいった）や I've sorted it out.（私はそれを処理した）のような表現にもみられる．これらは，ある過程の結果が認識されたり生じたりすることを表す．そして，このようにある結果が得られることは，トラジェクターがそれまで隠れていた内側の領域から出てくることとしてイメージされる．

　反対に，観察者の視界から外へ出て行く移動の概念は，ほかの知覚領域における移動だけでなく（聴覚の例：The noise drowned out the music.（騒音が音楽をかき消した）），観察者の意識の外側への移動にも拡張される（例：He tried to blot out the memory.（彼はその記憶を拭い去ろうとした））．さらにこの概念は，何らかの資源が利用できなくなる過程にも転用される（例：The supplies ran out.（供給は尽きた）；The bulb burned out.（電球が切れた））．そして，このよう

第6章　文法化した前置詞　　117

な意味を表す表現として，経験者（人）が主語として用いられるさまざまなイディオムがある（例：We're out of gas. (私たちはガス欠だ)；I'm tired out. (私はへとへとだ))．

　また，ランドマークから移動するイメージは，正常な状態から異常な状態への変化，たとえば意識状態から無意識状態への変化，あるいは自制できる状態からできない状態への変化と，概念的につながっている．そのため，関連するさまざまな動詞＋前置詞のイディオムに out が用いられる（例：black out (卒倒する)；bomb out (失敗する)；fade out (ゆっくり消える)；flip out (かっとなる)；freak out (怖じ気づく)；knock out (気絶させる)；lash out (散在する)；pass out (気絶する)；pig out (大食いする)；psych out (怖じ気づく)；space out (間をあける)；tune out (無視する)；wig out (熱狂する)；zone out (ぼうっとする))．

up と down

空間的な上下の**軸** (**axis**) にかかわる隠喩は，前置詞だけでなく一般的な意味の領域において重要な役割を果たす．

　(a) 地位：地位には high や low などの形容詞を用い，高い地位を得ることは世界を「上る (go up)」こととして，地位を失うことは世界を「下る (go down)」こととして表される．同様の表現として，look up to someone (誰かを尊敬する)，look down on someone (誰かを軽蔑する)，put someone down (誰かをやりこめる) がある．

　(b) 大きさ： up と down は，大きさの増減を示すさまざまな表現で用いられる（例：blow up a balloon (風船を膨らませる)；fatten up cattle (畜牛を太らせる)；scale up a map (地図を拡大する)；let down a tyre (タイヤの空気を抜く)；scale down a map (地図を縮小する))．high/low prices (高い／安い値段) や high/low achievement (大きな／小さな業績) における high と low も同様である．

　(c) 活発さや強さの度合い： up は高い度合いと結びつけられ，down は低い度合いと結びつけられる．up の例：wake up (目を覚ます)；liven up (活気づく)；brighten up (輝く)；cheer up (励ます)；speed up (加速する)；start up (始める)；pep up (元気づける)；perk up (目が覚める)；wind up (巻き上げる)；keyed up (興奮して)；tense up (緊張する)；psych up (興奮する)．down の例：calm down (落ち着く)；slow down (減速する)；shut down (閉める)；settle down (落ち着く)；quieten down (鎮まる)；get someone down (誰かをがっかり

させる).

　大きさが増すことは，知覚的接近の概念と結びつけられる．物体が観察者に近づくにつれ，目に映る像が大きくなるからである．したがって，以下の表現ではupが接近を意味していると考えられる．go up to someone（誰かのところへ行く）；walk up（歩み寄る）；come up（近寄る）；creep up（はい上がる）；loom up（ぼうっと現れる）；sidle up（にじり寄る）．また，upと接近の関係から，なぜ出現や創出を表すさまざまな表現でupが用いられるのかを説明できる（例：conjure up an image（イメージを浮かべる）；dream up an excuse（いい訳を考える）；make up a story（話をでっちあげる）；whip up a dessert（デザートを作る））．

　接近の概念は，抽象レベルで完了と結びつけられる．両者はともに着点への移動を表すからである．そこから，以下のような表現にupが用いられる．cut up（切り刻む）；settle up (a bill)（（勘定を）支払う）；even up（等しくする）；balance up（埋め合わせる）；square up（決済する）；use up（使い果たす）；sum up（合計する）；carve up（分割する）．

　upとdownが地理的に用いられるとき，どちらを用いるかはときとして恣意的である．水平な道路や線路のような線状の空間に沿った移動は，upで表されることもあれば，downを用いて表現されることもある．当然ながら，傾斜があれば，上がっていく方向をup the streetというのが自然であろう．しかし，同じ状況を表現するのにshort distance up the street（道を少し行った距離）という人もいればshort distance down the street（同）という人もおり，これはとくにめずらしいことではない．

　町などへの移動に関して，upもしくはdownの使用が恣意的ではない場合，さまざまな地理的要因によってどちらが使われるかが決められる．

　upは，丘を登っていることが体感できる場合に用いられる．クイーンズランド州ケアンズにある沿岸の町から，その近くの丘にあるクランダの町への移動を表すときに，up to Kuranda（クランダへ）という表現を用いる．しかし，その傾斜は体感できるものでなければならない．イリノイ州とコロラド州の間には1000マイルにわたってなだらかな上りの傾斜があり，デンバーはシカゴよりも1マイル高いところに位置しているが，シカゴの人々はgoing up to Denver（デンバーに行って）とはいわない．

　upとdownは，北と南を表すことがある（例：They live up north.（彼らは北のほうに住んでいる）；We traveled down from France into Spain.（私たちはフランスからスペインへ旅行した））．これはもちろん，北の地域を南の地域の上に

配置する地図の描き方に関係している.

　イングランドに特有の up の用法として，小さな町から大きな都市への移動を表すことがある．これは，上で述べた地位に関係する隠喩の特殊な例である．イングランドの人々は，たとえ南への移動であったとしても，going up to London（ロンドンへ行く）や going up to town（町へ行く）という表現を使うことがよくある．さらに大学，とくに伝統のあるオックスフォードやケンブリッジのような大学は，周辺地域よりも高くそびえているかのように概念化される．オックスフォードやケンブリッジに進学することは，going up to university（大学へ行く）と表現され，これらの大学から退学することは being sent down（退学する）と表現される.

6.2　文法化した前置詞の統語的用法

ここでは，英語の主な文法化した前置詞の統語的用法を概観し，必要に応じて統語的用法の意味的な根源を示す．as と than, at, by, for, from, in, of, on, to, with について考察する.[3]

■as と than
as と than は，それぞれ同等比較と不等比較を表す.

(5) i. Kim is as tall [as Pat].
　　　　（キムはパットと同じくらい背が高い）

　　 ii. Kim is taller [than Pat].
　　　　（キムはパットより背が高い）

　　 iii. [As you may have noticed,] several members are absent.
　　　　（君も気づいただろうが，何人かのメンバーは不在だ）

(5i, ii) では，角括弧で囲まれた前置詞句は補部であり，程度の副詞 as と比較級の屈折によって認可されている．than は補部の前置詞句に限られるが，

---

　[3] これらの前置詞はすべて単音節である．その大多数（in, on, with をのぞく as, at, by, for, from, of, than）は，強い発音と弱い発音を持ち，弱い発音（母音 [ə] をともなう）は前置詞にまったくストレスが置かれないときに用いられる．against と toward(s) は非常に限られた項目の補部にしかならないため，ここでは割愛する．against は proof とともに用いられ，toward(s) は friendly のようないくつかの形容詞や friendliness のような形容詞由来の名詞とともに用いられる.

as は (5iii) のように，比較を表す付加部の主要部にもなる．

さらに，as は以下のような用法をもつ．

(6) i [As they were checking the proofs,] they came across a serious error.
  （彼らは校正をしていた時に，深刻な誤りをみつけた）

 ii [As it was raining] we had to take a taxi.
  （雨が降っていたので，私たちはタクシーを拾わなければならなかった）

 iii I regard her [as my best friend].
  （私は彼女を親友だと思っている）

(6i, ii) の as 前置詞句はそれぞれ時と理由の付加部であり，前者は明らかに比較の用法と関連している．(6iii) の as は，5.1 節で述べたように叙述補部をとっている．ここでは，前置詞 as は動詞における be のような役割を担っている．

■ at

6.1 節で論じたように，at の核となる語彙的意味は，平面上の点と解釈される地点である．したがって，at the North Pole（北極点で）は典型的な文字どおりの用法である．この静的意味が拡張して，The truck was coming right at me.（トラックは私に向かってきた）のように，ある地点に向かうトラジェクターの移動や，We were stopped at the Albanian border.（私たちはアルバニアの国境で止められた）のように，ある経路がそれと並行しない線と交わる点を表す．また，隠喩的に時間の意味にも拡張される．その場合，時間の進行が一次元の線として捉えられ，at はその線上のある正確な時間を表すために用いられる（例：at three o'clock（3 時に））．

at の文法化はその用法のごく一部に限られるが，ある種の動詞，名詞，形容詞の補部として文法的に選択されることがある．

(7) i. She laughed at me.   ［動詞の補部］
   （彼女は私を笑った）

  her attempt at a compromise   ［名詞の補部］
   （彼女の妥協に対する試み）

  agog at this   ［形容詞の補部］
   （これに熱狂して）

第 6 章　文法化した前置詞　　　121

ii.　We rejoiced at the news.　　　　　　　　　　［動詞の補部］
（その知らせに喜んだ）

our joy at the news　　　　　　　　　　　　　［名詞の補部］
（その知らせに対する喜び）

delighted at the news　　　　　　　　　　　　［形容詞の補部］
（その知らせに喜んで）

iii.　She excels at chess.　　　　　　　　　　　　［動詞の補部］
（彼女はチェスが強い）

her skill at chess　　　　　　　　　　　　　　［名詞の補部］
（彼女のチェスの技術）

good at chess　　　　　　　　　　　　　　　　［形容詞の補部］
（チェスが得意だ）

(7i) では，*laughed on me，*attempt to a compromise などのように at 以外の前置詞を用いることはできない．よって，これらは明らかに文法化した前置詞の例である．

また，直接目的語と at 前置詞句がともに許される構文では，両者の間に意味の対比が共通してみられる．すなわち，他動詞の場合には当該の行為が対象に直接作用し影響を与えるのに対して，at 前置詞句をともなう場合は，当該の行為は対象に向けられ試みられるものの，うまくいかず影響をおよぼさない．

(8)　i.　a.　Jerry shot a rabbit so let's have it for dinner.
（ジェリーがウサギを撃ち殺したので，それを夕食にしよう）

b.　Jerry shot at a ribbit but it got away.
（ジェリーはウサギに向かって撃ったが，逃げられてしまった）

ii.　a.　The creature clawed my face and now I look terrible.
（その生き物が私の顔を引っかいたので，今もひどくみえる）

b.　The creature clawed at my face so I dropped it before I got hurt.
（その生き物が私の顔を引っかこうとしたので，けがをする前に振り落とした）

■by

by は by the wall（壁際で）のように，近接を表す場所の意味をもつ．自動詞

的用法では，They stood by and watched.（彼らはそばに立ってみた）のように，文脈上どこなのか理解できる場所に近いことを表す．あるいは，Many people passed by.（多くの人が通り過ぎた）のように，ある点をまたぐ移動を表す動的な意味や，Time was passing by.（時間が経過していった）のような，ある時点をまたぐ時の経過を表す．さらに，by myself（自分で），day by day（日ごとに），by night（夜分に）のようなイディオムもある．

　原因，動作主，道具，方法，経路は，たいてい「身近なところにある」と理解されるため，前置詞 by がこれらの概念を表す意味へと拡張される．道具・手段の例：by unscrewing it（それをとりはずすことで）；by hand（手で）．原因の例：do something by mistake（誤って何かをする）．移動方法の例：by boat（船で）；by car（車で）．接近経路の例：They came in by the window.（彼らは窓から入ってきた）．

　さらに by は，つぎのような意味を表すことがある．差分（We won the game by two points.（私たちは2点差でその試合に勝った））；期限（Be here by ten o'clock.（10時までにここに来なさい））；乗法の積や面積（The problems had been multiplied by two.（その問題は倍になっていた）；Our room is twenty feet by thirty feet.（私たちの部屋は20フィート×30フィートだ））；商品を売る単位（sold by the pound（ポンド単位で売られる））；識別の印（I recognised him by his hair.（私は彼が髪の毛でわかった））．このほかにも，by には 50 以上の用法に分類される句動詞やイディオムがある．

　このように多様な語彙的あるいはイディオム的意味の中で，ここでの議論でもっとも重要なのは，前置詞 by が受動文や名詞句において補部の主要部となる用法である．

(9) i. a. The plan was approved by the boss.
　　　　　（その計画は上司から承認された）

　　 b. the approval of the plan by the boss
　　　　　（上司によるその計画の承認）

　 ii. a. The boss was hated by everyone.
　　　　　（その上司はみんなに嫌われていた）

　　 b. a new book by Italo Calvino
　　　　　（イタロ・カルヴィーノの新刊）

(9i) の2つの構文の間にはたしかに類似点はあるものの，両者は重大な点で異なっていることから，ここでは (9ib) を受動名詞句と分析しない．節の場

第 6 章　文法化した前置詞　　123

合，by によって標示される受動文の補部は，The boss approved the plan.（上司はその計画を承認した），Everyone hated the boss.（みんなその上司を嫌っていた）のような能動文での主語に相当する．名詞句の場合，by は動作主の意味役割をもつ補部を標示する．したがって，hate は動作主をとらないため，(9iia)に対応する *the hatred of the boss by everyone のような名詞句はない．動作主名詞句の特殊な事例が (9iib) である．ここでは，by は作品の制作者を示しており，a new book from Italo Calvino（イタロ・カルヴィーノの新刊），a new book from the hand of Italo Calvino（イタロ・カルヴィーノの手による新刊）などとパラフレーズすることができる．しかし，*It was written from Italo Calvino. や，*It was written from the hand of Italo Calvino. のような受動文は不可能である．

■for

for は，おそらく英語の前置詞の中でもっとも多義性があり，微妙な意味の違いが多岐にわたっているが，文法化した用法はそれほど多くない．

　for のもっとも基本的な意味として，以下のようなものが挙げられる．賛成（My position on the tax cut is that I'm for it.（減税に対する私の立場は賛成だ））；恩恵（I took the garbage out for you.（私はあなたのためにゴミを外へ出した））；意図的受容者（I have a package for Mr Markby.（私はマークビー氏への荷物をもっている））；受益者（Say a prayer for me.（私のために祈りを捧げてください））；代理（I am appearing for the defence in this case.（私はこの事件で弁護人の代わりに出廷している））；期間（We stayed for a week.（私たちは一週間滞在した））；距離（We walked for five miles.（私たちは5マイル歩いた））．さらに，以下のさまざまなイディオム表現がある．結果（It was somewhat the worse for wear.（それはやや着古されていた））；理由・目的（He wouldn't help for some reason.（彼はなんらかの理由で手伝おうとしなかった）；He kept quiet for fear of making a fool of himself.（彼は馬鹿なまねをしないように静かにしていた）；We were only doing it for fun.（私たちはおもしろ半分でそれをしていた））；ふさわしさ（time for reading（読書の時間））；目的地（heading for the city（その町に向かう）；相対的評価（lovely weather for the time of year（この時期の割にはいい天候））．このほかにもさまざまな動詞，形容詞，名詞をともなうイディオム表現で多くの意味を表す．これらには，目的に対する前向きな方向性や好意的態度といった，なんらかの共通した核となる意味があるかもしれないが，大まかであいまいなものにすぎない．

動詞の補部構造

多くの動詞が for 前置詞句を補部にとる.

(10) I can't account for these results.
（私はこれらの結果を説明できない）
We didn't allow for human error.
（私たちは人的ミスを許さなかった）
He asked for help.
（彼は助けを求めた）
I begged for mercy.
（私は哀れみを請い求めた）
He blamed me for the delay.
（彼は私が遅刻したことを責めた）
Good intentions alone count for nothing.
（善意だけでは意味がない）
We exchanged it for a new model.
（私たちはそれを新しいモデルと交換した）
I'm hoping for some respite.
（私はある程度の猶予を望んでいる）
I paid $5 for it.
（私はそれに5ドル払った）
We must provide for the children.
（私たちは子供たちを養わなければならない）
Why do you stand for such nonsense?
（なぜそのようなばかげたことを支持するのか）
Why not try for promotion?
（昇進を目指してみませんか）
Wait for me.
（待ってください）

pass と take は，叙述補部をとるときに as ではなく for を用いる（例：I took him for a friend of mine.（私は彼を自分の友人と間違えた））. They bought a tie for me.（彼らはネクタイを私に買ってくれた）において受益者を表す要素は，補部と修飾要素の中間的性質をもち，They bought me a tie.（同）のように，多くの動詞で二重目的語構文との交替を示す.

第6章 文法化した前置詞 125

名詞，形容詞，前置詞の補部構造

(11) i.　the blame for our failure（私たちの失敗に対する責め）

　　　cause for complaint（不満の原因）

　　　consideration for others（他人への配慮）

　　　a desire for revenge（雪辱への欲求）

　　　lust for power（権力への欲求）

　　　a request for help（援助の要請）

　　　a reward for bravery（勇気に対する報酬）

　ii.　Jogging can be [bad for you].

　　　（ジョギングはあなたに害になることもある）

　　　The task was [easy for most of them].

　　　（その作業は彼らのほとんどにとっては簡単だった）

　iii.　I would have failed [but for you].

　　　（あなたがいなければ失敗していただろう）

　　　I enjoyed it all [except for the ending].

　　　（私は，最後以外はすべてそれを楽しんだ）

(11i) の名詞句の中には，対応する動詞を使って文の形にすることができるものもあるが，その際に前置詞を介さず直接目的語をとる場合もある．They lust for power.（彼らは権力を欲している）と They desire revenge.（彼らは報復を望んでいる）を比較されたい．

■ from

6.1 節で議論したように，from はもっとも基本的な意味として起点を表し，着点を表す to と対立関係をなす（例：She drove from London to Carlisle.（彼女はロンドンからカーライルまで運転した））．また to と同様，from は It lasted from Sunday to Friday.（それは日曜日から金曜日まで続いた）のような期間や，It went from bad to worse.（それはさらに悪化した）のような状態変化にも拡張される．そのほかの隠喩的拡張として，from が原因を表すことがある（例：They died from malnutrition.（彼らは栄養失調で死んだ））．しかし，このような用法はかなり限定的であり，原因は通例 from 前置詞句で表すことはない．したがって，家の壊れた原因が竜巻である場合，受動文で from を用いて *The house was destroyed from a tornado. のように表すことはできない．from は，今のところこのような役割にまでは文法化されていないのである．

動詞の補部構造

二項動詞と三項動詞が from をとる事例を，それぞれ (12i, ii) に示す.

(12) i. My copy differs from yours.
   （私の写しはあなたのとは違う）
   Have you heard from Sue?
   （スーから連絡はありましたか）
   I couldn't keep from laughing.
   （私は笑いをこらえられなかった）
   Please refrain from smoking.
   （喫煙はご遠慮ください）
   Kim suffers from asthma.
   （キムは喘息を患っている）

   ii. The rules bar employees from entering the competition.
   （従業員がコンペに参加することは規則で禁止されている）
   He hid it from me.
   （彼はそれを私に隠していた）
   Keep everyone from talking.
   （だれも話をしないようにしてください）
   I learnt it from Ed.
   （私はそれをエドから学んだ）
   She saved him from death.
   （彼女は彼を死から救った）

hear や learn のような動詞の場合，from はメッセージや情報の出所を示している．また，およその意味として「阻止」や「自制・躊躇」を表す動詞が数多く存在するが，そのような動詞における from の用法は，意図された行為を空間上の着点として隠喩的に解釈することから得られる．すなわち，誰かをある対象や場所に触れさせないことは，物理的に彼らをその対象や場所から離れたところに留めることを意味する．また，誰かに何かをさせないことは，彼らがその行為をしないように留めておくということである．「阻止」を表す動詞と動詞的イディオムを (13i) にあげる．同じことは，ある行為をしないよう自分を留めておく「自制・躊躇」の動詞にも当てはまる．「自制・躊躇」を表す動詞と動詞的イディオムを (13ii) にあげる.

第 6 章　文法化した前置詞　　　127

(13)　i.　ban　　　　　　　　bar　　　　　　　　block
　　　　　（禁止する）　　　　（禁止する）　　　　（妨げる）
　　　　　delay　　　　　　　discourage　　　　disqualify
　　　　　（遅らせる）　　　　（やめさせる）　　　（失格させる）
　　　　　dissuade　　　　　distract　　　　　　divert
　　　　　（思い留まらせる）　（気を散らす）　　　（わきにそらす）
　　　　　enjoin　　　　　　　exclude　　　　　　exempt
　　　　　（禁止する）　　　　（排除する）　　　　（免除する）
　　　　　forbid　　　　　　　hinder　　　　　　　hold back
　　　　　（禁止する）　　　　（妨げる）　　　　　（妨げる）
　　　　　inhibit　　　　　　　keep　　　　　　　preclude
　　　　　（妨げる）　　　　　（妨げる）　　　　　（妨げる）
　　　　　prevent　　　　　　prohibit　　　　　　protect
　　　　　（妨げる）　　　　　（禁止する）　　　　（防ぐ）
　　　　　restrain　　　　　　restrict　　　　　　stop
　　　　　（抑制する）　　　　（制限する）　　　　（止める）
　　　ii.　abstain　　　　　　back away　　　　　back off
　　　　　（慎む）　　　　　　（しりごみする）　　（後退する）
　　　　　cease　　　　　　　desist　　　　　　　draw back
　　　　　（止める）　　　　　（思いとどまる）　　（たじろぐ）
　　　　　hang back　　　　　hold back　　　　　hold off
　　　　　（ためらう）　　　　（控える）　　　　　（先延ばしする）
　　　　　keep　　　　　　　recoil　　　　　　　refrain
　　　　　（控える）　　　　　（ひるむ）　　　　　（控える）
　　　　　shrink　　　　　　　shy away　　　　　step back
　　　　　（尻込みする）　　　（委縮する）　　　　（後ずさりする）
　　　　　withdraw
　　　　　（引き下がる）

　　阻止を表す動詞の多くは，その目的語として，prevent him from seeing it
（彼がそれをみないようにする）にみられる「阻止される人」だけでなく，prevent
it（それを阻止する）のように「阻止される行為」もとる．しかし，すべての動
詞に当てはまるわけではない．They dissuaded him from doing it.（彼らは彼が
それをすることを思いとどまらせた）は可能だが，*They dissuaded his action. は

不可能である．また，阻止を表す動詞には，from をともなわない動名分詞補部をとるものがある（例：prevent the boy leaving（その少年が出ていかないようにする）；stop them doing it（彼らがそれをしないようにする））．keep は，ほかの動詞と異なり，from 補部をともなわない場合は継続の意味を表す．たとえば，上の（12）の Keep everyone from talking.（だれも話をしないようにしてください）を，Keep everyone talking.（みんなに話を続けさせなさい）や I kept crying.（私は泣きつづけた）と比較されたい．

そのほかの範疇の補部構造

(14) i. abstention from sex（性行為を控えること）
freedom from harassment（ハラスメントのない状態）
protection from the sun's rays（太陽光からの保護）

ii. different from other people（ほかの人と異なる）
free from intimidation（脅迫がない）
immune from prosecution（起訴されない）

iii. apart from anything else（ほかのすべてのものは別として）
aside from these advantages（これらの利点は別として）
far from being contrite（まったく罪悪感なく）

from がほかの前置詞に置き換えられる場合がある．たとえば，protection（元の動詞は protect）は against もとり，different は to や than もとる．副詞が補部をとることはまれであるが，ごく少数の副詞，たとえば separately は，separately from the rest（残りは別として）のように from 前置詞句を補部にとることがある．

■in

in は，場所の内側を表す基本的な前置詞である（例：in the box（箱の中））．また，in は時間的隠喩によって，ある出来事が位置づけられる「容器」としての期間（例：That happened in the winter.（それは冬（に含まれる時間）に起こった））や，ある行為が生じる時間的範囲の限界，すなわち「期限」として解釈される期間を表す（例：I'll be ready in a few minutes.（私は数分で（構成される期間の終わりまでに）準備できる））．

補部構造

in は補部構造においてそれほど重要な役割をはたさないが，いくつかの動詞，名詞，形容詞は in を主要部とする前置詞句を選択する．

(15)　i.　Do you believe in God?

　　　　（あなたは神を信じますか）

　　　　He won't confide in me.

　　　　（彼は私を信用しないだろう）

　　　　He deals in used cars.

　　　　（彼は中古車を扱っている）

　　　　Don't engage in politics.

　　　　（政治にかかわるな）

　　　　I can't interest them in the scheme.

　　　　（私は彼らにその計画に興味をもたせることができない）

　　　　It's bound to result in a lot of ill will.

　　　　（それは結果として多くの悪意を生んでしまうだろう）

　　　　She succeeded in changing their views.

　　　　（彼女は彼らの見方を変えることに成功した）

　　ii.　his confidence in her（彼の彼女に対する信頼）

　　　　a dealer in illegal drugs（違法薬物の売人）

　　　　an interest in religion（宗教への興味）

　iii.　dangers [inherent in the system]（その仕組に内在する危険）

　　　　interested in reptiles（爬虫類に興味がある）

in 句を選択する動詞，名詞，形容詞のいくつかは，「信頼」や「自信」の意味と関係している．これらの項目が in をとると辞書にわざわざ明記されるのは，さまざまな前置詞がこの in と同じ意味領域をもつからである．たとえば，about は certain（確信している），confident（自信をもっている），secure（安心した），sure（確信している）に，by は swear（誓う）に，for は speak（代弁する），vouch（保証する）に，of は（about と交換可能な形式として）certain, confident, sure に，on は bank（当てにする），bet（賭ける），count（信頼する），depend（依存する），gamble（賭ける），rely（頼りにする）に，そして to は commit（取り組む），entrust（託す），swear（誓う）に選択される．同様に，知的態度を表す形容詞とともに用いられる前置詞もさまざまである（例：interested in（…に関心がある）；attentive to（…に注意を向ける）；fascinated by（…に夢中になっ

て）；mindful of（…を心に留めて）；obsessed with（…にとりつかれて））.

■ of

of はすべての前置詞の中でもっとも文法化している．of はもともと場所の意
味として，away/from と同じように「起点」を表していた．しかし，この意
味は早くから消えてしまい，複雑な歴史的発達の過程によって「…から離れ
る」という意味が地理的起源，所属，集合からの選択など，多くの意味に置き
換えられた．of は（すべてではないが）ほとんどの場合，補部機能をもつ前置
詞句で用いられる．

名詞句構造における補部

一部の例外をのぞいて，名詞は属格以外の名詞句を補部として認可しない．**従
属名詞句（subordinate NP）**は，属格または前置詞によって主要部名詞と関
連づけられる．そして，of はこの機能をもつディフォルトの前置詞である．
動詞と名詞の対比を以下に示す．

(16) i. a. The emperor died.　　　　b. They assassinated the emperor.
　　　　　（皇帝は死んだ）　　［節］　　　（彼らは皇帝を暗殺した）　　［節］

　　 ii. a. the emperor's death　　　　b. the emperor's assassination
　　　　　（皇帝の死）　　［名詞句］　　　（皇帝の暗殺）　　［名詞句］

　　iii. a. the death of the emperor　　b. the assassination of the emperor
　　　　　（同上）　　［名詞句］　　　（同上）　　［名詞句］

(16i) では，the emperor は（a）では主語，（b）では直接目的語として，動詞
と直接関連づけられている．(16ii) では，従属名詞句は属格で標示されてお
り，**主語限定要素（subject-determiner）**として機能している．そして（16iii）
では，従属名詞句は of の補部となっている．

　(16ii, iii) の名詞句は，動詞から形態的に派生した名詞を主要部としている．
属格と of 句の交替はこれ以外の名詞にもみられるが，(17) に示すように，of
句によって表される従属名詞句と主要部の意味関係は，属格の場合よりも多様
である．

(17) i. a.　her former husband's house
　　　　　（彼女の前の夫の家）
　　　 b.　the house of her former husband

第6章　文法化した前置詞　　131

（同上）

ii. a.　Dick Brown's son-in-law
（ディックブラウンの娘婿）

b.　the son-in-law of Dick Brown
（同上）

iii. a. *the students' majority

b.　the majority of the students
（学生の大半）

iv. a. *water's glass

b.　a glass of water
（一杯の水）

形容詞句と副詞句構造における補部

名詞と同様に形容詞は，（一部の例外をのぞいて）名詞句を補部にとることはない．従属名詞句は前置詞によって主要部形容詞と結びつけられ，ここでもofはこの構文におけるディフォルトの前置詞である．of句をとる形容詞の例を以下に示す．

(18)　I feel ashamed of myself.
（私は自分を恥じている）

They seem bereft of ideas.
（彼らは思想をなくしているようだ）

She is convinced of his guilt.
（彼女は彼の罪を確信している）

It is full of water.
（それは水でいっぱいだ）

It is good of you to help.
（あなたが助けてくれてありがたい）

We're short of money.
（私たちにはお金が足りない）

　副詞はほとんど補部をとらないが，少なくとも independently（独立して）は元の形容詞 independent から of 補部をとる性質を引き継いでいる．[4]

---

[4] 訳者注：本シリーズ第4巻『形容詞と副詞』に以下の例があげられている．

動詞句と前置詞句構造における補部

形容詞や副詞と異なり，動詞と前置詞は名詞句補部をとるため，前置詞，とりわけ of は，その補部構造で大きな役割をはたしているわけではない．それでも，いくつかの動詞と前置詞は of 補部をとる．具体例を (19) にあげる．(19i) は二項動詞，(19ii) は三項動詞である．

(19) i. She approves of the plan.
(彼女はその計画に賛成している)
Beware of the dog.
(その犬に注意しなさい)
He disposed of the old bulb.
(彼は古い電球を処分した)
We partook of a simple meal.
(私たちは簡単な食事をともにした)
The book treats of the fauna of New Zealand.
(その本はニュージーランドの動物相を論じている)

ii. We apprised her of the facts.
(私たちは彼女にその事実を知らせた)
I convinced her of his guilt.
(私は彼女に彼の罪を確信させた)
They deprived him of his liberty.
(彼らは彼から自由を奪った)
You expect too much of them.
(あなたは彼らに多くを期待しすぎている)
He robbed me of my wallet.
(彼は私から財布を盗んだ)

iii. ahead of her rivals (彼女の競争相手に優って)
because of the danger (その危険のために)
instead of tea (お茶の代わりに)
out of the box (箱の外に)

原因を表す of は，実質的に He died of a broken heart. (彼は悲嘆のあまり死ん

(i) The duel solves disputes [independently of abstract principles of justice].
(決闘は，正義の抽象的な原理とは無関係に争いを解決する)

だ）のような die の例に限られているが，ここに含めてもよいかもしれない．expect（および demand）では，of は from と交替する．また，of が about と交替することもあるが，それは about がもともとの語彙的意味をもつ場合に限られる（例：They had spoken of/about their wartime experiences.（彼らは戦争の経験について語った）；He's thinking of/about moving to Sydney.（彼はシドニーへの引っ越しを考えている））．

前置詞句のそのほかの機能

of が主要部に選択されず，それ自身の独立性を保ちながら意味をつけ加える用法がある．(20i–iii) では，of 句は名詞句構造における修飾要素，節構造における叙述補部，付加部としてそれぞれ機能している．

(20) i. a matter of no importance（重要でない問題）
a frame of steel（鉄の枠）
a girl of a sunny disposition（明るい性格の女の子）
a man of honour（名誉ある男性）
a boy of sixteen（16歳の少年）
the best novelist of her time（彼女の時代で最高の小説家）

ii. It is of no importance.
（それは重要でない）
The frame is of steel.
（その枠は鉄製だ）
She is of a sunny disposition.
（彼女は明るい性格だ）

iii. We like to go to the beach of a week-end.
（私たちは週末に浜辺に行くのが気に入っている）
He did it of his own accord.
（彼はそれを自発的にした）

(20ii) の叙述補部は，(20i) の修飾要素と対応関係にあるが，*The man is of honour. や *The boy is of sixteen. が非文法的であることからわかるように，叙述補部で許される意味の領域は修飾要素より狭い．of course（もちろん），of late（最近），of necessity（必然的に）などのイディオムや固定表現をのぞけば，of 前置詞句が節の付加部として用いられることはほとんどない．唯一生産的なのは，名詞句が習慣的な時を表し，不定冠詞と共起する (20iii) の of a week-end のような例である.

■on

6.1 節で on の空間的用法について述べた. 時間的用法は, on Tuesday（火曜日に）, on the first of June（6月1日に）, on hearing this news（この知らせを聞いてすぐに）のような句にみられる. また限られた例であるが, 名詞句が進行中の行為や状態を表したり（例：on fire（躍起になって）; on the march（進行中で）; on your guard（用心深い）), 理由を表したり（例：on her advice（彼女の助言で）) する場合にも on が現れる.

補部機能をもつ on 前置詞句

(21i–iii) に示すように, on はさまざまな動詞, 名詞, 形容詞に補部として選択される.

(21) i. We can't decide on a colour.
（私たちは色を決められない）
It depends on the cost.
（それは費用次第だ）
We feed them on raw meet.
（私たちはそれらに生の肉を与えている）
I can't improve on that.
（私はそれが上達しない）
Look on her as a friend.
（彼女を友達としてみなさい）
Don't rely on him.
（彼に頼ってはいけない）
He spent it on drink.
（彼はそれを酒に費した）
The stress will tell on her.
（ストレスは彼女にこたえるだろう）
They're waging war on us.
（彼らは私たちに戦いをしかけている）
ii. an attack on my honour（私の名誉への攻撃）
a ban on gambling（賭博の禁止）

第6章　文法化した前置詞　　　135

their expenditure on drink （彼らの飲み代）

an improvement on his first attempt （彼の最初の試みに関する改善）

reliance on his parents （彼の両親への依存）

war on want （窮乏との戦い）

iii. dependent on his parents （彼の両親に依存して）

hard on the poor （貧しい人々につらくあたって）

intent on revenge （復讐を決意して）

keen on golf （ゴルフに夢中で）

不利益の付加部

(22) I was looking after the neighbours' dog for the week-end, and it died on me.

（私は週末に隣人の犬の面倒をみていたが，その犬に死なれてしまった）

on には，節内で示される出来事が，意図せず補部の指示対象に都合の悪い結果をもたらしてしまったことを表す特殊な用法がある．(22) では，話者は隣人に悪い知らせをしなくてはならないだろう（そればかりか，おそらくそのことで責任を負わなくてはならないだろう）.[5]

■ to

to は，物理的な移動の着点を表す英語の基本的前置詞である（例：She went to Paris. （彼女はパリへ行った））．また，to には状態変化の終点という二次的意味もある（例：I came to my senses. （私は我に返った）；He went to sleep. （彼は眠った）；They beat him to death. （彼らは彼を叩いて死なせた）；The snow turned to water. （雪が水になった）；The lights turned from red to green. （信号が赤から青へ変わった））．時間の領域では，to は期間の終点（I'll be available from two to three. （2 時から 3 時まで空いています））や，時計上の時の終点（ten to six （6 時 10 分前）（米用法では ten of/before six ともいう））を表す．さらに，wet to the skin （びしょ濡れで），generous to a fault （お人よし），notes to

---

[5] 多くの言語では，このような意味は前置詞構文ではなく，与格によって表される．このような表現で用いられる与格は，**倫理的与格（ethic dative）**や**不利益の与格（dative of disadvantage）** とよばれる．しかし，格と機能は区別するというここでの方針にしたがえば，英語に与格はないので，このような呼称は用いないこととする．

the value of $100 (100ドルの価値の紙幣) のように, そのほかの終点や限界を表すこともある.

動詞の補部構造
多くの動詞や動詞的イディオムが to をともなう補部をとり, 程度の差はあれもともとの着点の意味との類似性を示す. 以下に例をあげる.

(23) i. It doesn't matter to me what you do.
   (あなたが何をするかは私には問題ではない)
   Does that seem reasonable to you?
   (それはあなたには筋が通っていると思えますか)

 ii. He apologised to us.
   (彼は私たちに謝罪した)
   They lied to me.
   (彼らは私に嘘をついた)
   I'm speaking to you.
   (私はあなたに話をしている)
   Talk to me.
   (私に話しなさい)

 iii. Give it to me.
   (それを私にください)
   I lent it to your wife.
   (私はそれをあなたの妻に貸した)
   He transferred his assets to his children.
   (彼は自分の財産を子供たちに譲渡した)

 iv. Does this apply to them all?
   (これはそれらすべてに当てはまりますか)
   This belongs to me.
   (これは私のものだ)
   I can't compare it to yours.
   (私はそれをあなたのと比べることはできない)
   She devotes herself to her work.
   (彼女は仕事に身を捧げている)
   It'll expose you to ridicule.

第6章　文法化した前置詞　　137

　　　（それであなたはさらし者になるだろう）
　　　Listen to me.
　　　（私の話を聞きなさい）
　　　They lost to United.
　　　（彼らはユナイテッドに敗れた）
　　　It reduced him to a wreck.
　　　（それは彼を廃人にした）
　　　Please see to the guests.
　　　（客の世話をしてください）

to 句は，(23i) では経験者を，(23ii) では意思伝達を受ける人を，(23iii) では授与や譲渡の対象者を，それぞれ表している．意思伝達や授与・譲渡を表す多くの三項動詞では，目的語 + to 前置詞句構文と二重目的語構文の交替がみられる（例：She showed the new draft to her tutor. ~ She showed her tutor the new draft.（彼女は新しい草稿を指導教員にみせた））．

そのほかの to 補部
to は多くの名詞や形容詞，そしていくつかの前置詞によっても選択される．

(24)　i.　an answer to the question（その質問の答え）
　　　　　a burden to us all（私たち全員の負担）
　　　　　cruelty to animals（動物の虐待）
　　　　　the entrance to the cave（洞窟の入り口）
　　　　　a hindrance to progress（進行の妨げ）
　　　　　the key to the safe（金庫の鍵）
　　　　　his marriage to Sue（彼のスーとの結婚）
　　　ii.　answerable to no one（誰にも答えられない）
　　　　　kind to us（私たちに親切だ）
　　　　　similar to yours（あなたたちのに似ている）
　　　　　susceptible to flooding（洪水の影響を受けやすい）
　　　iii.　accoding to you（あなたにしたがって）
　　　　　owing to the rain（雨のせいで）
　　　　　prior to the exam（その試験に先んじて）
　　　　　thanks to this delay（この遅延のおかげで）

名詞の to 補部には，動詞の直接目的語にあたるものもある（例：She answered the question.（彼女はその質問に答えた）；They entered the cave.（彼らは洞窟に入った））．非常に限られているが，similarly（同様に）のように，to 補部をもとの形容詞から引き継いでいる -ly 副詞もある．

■ with

with のもっとも基本的な意味は随伴であり，典型例は Chrisopher Robin went down with Alice.（クリストファー・ロビンはアリスとともに下った）（ほぼ意味を変えずに Christopher Robin and Alice went down together.（クリストファー・ロビンとアリスは一緒に下った）とパラフレーズされる）における**随伴格 (comitative)** 付加部である．何かと何かがともに存在するというこの根本的な意味が，それらの間にあるさまざまな関係性を通して隠喩的に拡張され，次のような用法を生じさせることになる．場所（I left the keys with my neighbour.（私は近所に鍵を預けた））；特徴（a boy with black hair（黒髪の少年）；someone with intelligence（賢い人）；a car with a powerful engine（強力なエンジンの車））；手段・道具（undo it with a pin（ピンでそれをほどく）；achieve it with military force（軍事力でそれを成し遂げる））；様態（skated with skill（上手に滑った）；writes with passion（情熱をもって書く）；spent money with gay abandon（考えなくお金を使った））；同意（I'm with you on this matter.（私はこの件についてあなたに賛成だ））．with 句の場合，修飾要素と補部の区別は難しく，次に例示する補部の中には，上記の隠喩的拡張によって生じる意味と高い類似性をもつものがある．

動詞の補部構造

(25) i. I agree with you.

（私はあなたに同意する）

They charged him with perjury.

（彼らは彼を偽証罪で告発した）

I'll deal with it myself.

（私はそれに自分で対処します）

Let's dispense with the formalities.

（堅苦しいことはなしにしましょう）

Will you help me with my homework?

第 6 章　文法化した前置詞　　139

（私の宿題を手伝ってくれませんか）

Please don't mess with my stuff.

（私の物に触らないでください）

I wouldn't trust them with my car.

（私だったら彼らに車を預けないだろう）

ii.　We covered the floor with sawdust.

（私たちは床をおがくずで覆った）

They supplied the terrorists with guns.

（彼らはテロリストに銃を供給した）

The garden was swarming with bees.

（庭はハチでいっぱいだった）

（25ii）の with の名詞句補部は，関連する構文で動詞の直接補部としても用いられる（例：Sawdust covered the floor.（おがくずは床を覆った）；They supplied guns to the terrorists.（彼らは銃をテロリストに供給した）；Bees were swarming in the garden.（ハチが庭で群れていた））.

そのほかの with 補部

（26）　i.　comparison with the first version（初版との比較）

contact with outer space（宇宙との接触）

help with my taxes（税金の助け）

ii.　angry with you（あなたに怒っている）

familiar with the rules（その規則に精通している）

riddled with corruption（汚職まみれだ）

第 II 部

否 定

第 1 章　はじめに

It is raining.（雨が降っている）と It isn't raining.（雨は降っていない）のような 2 つの節は極性が異なる．前者は**肯定節（positive clause）**すなわち**肯定極性（positive polarity）**をもった節であり，後者は**否定節（negative clause）**すなわち**否定極性（negative polarity）**をもった節である．肯定節のほうが否定節よりも統語的・意味的に単純であるので，たいていは肯定がディフォルトの極性である．したがって，極性の記述の大部分は否定に特有の性質に関することになる．そしてまさにこの理由により，第 II 部のタイトルは「極性」ではなく「否定」となっている．

1.1　節の極性テスト

否定は not, no, never などの語，あるいは -n't, un- などの接辞により標示されるが，多くの場合，否定語や接尾辞 -n't をつけることで節全体を否定にする効果がある．そのため，It is raining.（雨が降っている）は肯定節，It isn't raining.（雨は降っていない）は否定節と区別される．そこで，まずは節の統語的極性を決定するのに役に立つ 4 つのテストを概観しよう．これらのテストは (1) に示される．

(1)　i.　a.　<u>He didn't read it</u>, <u>not even</u> the abstract.　　　　　**［否定節］**

　　　　　　（彼はそれを読んでおらず，その概要さえ読んでいなかった）

　　　b.　*<u>He read it</u>, <u>not even</u> the abstract.　　　　　　　**［肯定節］**

　　ii.　a.　<u>He didn't read it</u>; <u>neither/nor</u> did I.　　　　　　**［否定節］**

　　　　　　（彼はそれを読んでおらず，私も読んでいなかった）

142

第 1 章　はじめに

b. Ed read it; so did I. 　　　　　　　　　　　［肯定節］

(エドはそれを読んでおり，私も読んでいた)

iii. a. Ed didn't read it, did he? 　　　　　　　［否定節］

(エドはそれを読みませんでしたね)

b. Ed read it, didn't he? 　　　　　　　　　［肯定節］

(エドはそれを読んだのですね)

iv. a. Not once did Ed read it. 　　　　　　　　［否定節］

(ただの一度もエドはそれを読まなかった)

b. After lunch Ed read it. 　　　　　　　　　［肯定節］

(昼食後にエドはそれを読んだ)

下線は極性が示されている節を，(1i-iii) の二重下線は極性を決定する重要な特徴を，それぞれ示している．

■not even の付加

(1ia) にあるように，否定節には「not even + 補部または付加部」を続けることができる．not even 以降の内容は He didn't read the abstract.（彼は概要を読んでいなかった）に相当するが，the abstract は節の構造に組み込まれずに，韻律的に切り離されて付加されている．節が否定の場合，通例 even の前に not が現れるが，(1ib) にあるように，not even が肯定節に後続することは許されない．[1]

■連結付加詞

(1ii) において，下線のある節の後ろには**連結付加詞 (connective adjunct)** で始まる，前方文脈に関連する縮約節が続いている．否定節の後ろには neither または nor が続くのに対して，肯定節の後ろには so が続く．連結付加詞を入れ替えると非文法的になることに注意されたい（例：*Ed didn't read it; so did I.：*Ed read it; neither/nor did I.）．同様のことは，連結付加詞が節の末尾に位置する場合にも当てはまる．

---

[1] 訳者注：even を使用することにより，ある命題が 1 つまたは複数の関連する命題と比較してより強い，もしくはより驚くべきことであると判断されていることが表される．(1ia) の場合，「彼が概要を読んでいないこと」が「彼が（全体を）読んでいないこと」と比較して驚くべきことであることが表される．even の詳細な意味については本シリーズ第 4 巻『形容詞と副詞』を参照のこと．

144 第 II 部　否定

(2) a.　Ed didn't read it, and I didn't either.
　　　　（エドはそれを読んでおらず，私も読んでいなかった）

　　 b.　Ed read it, and I did too.
　　　　（エドはそれを読んでおり，私も読んでいた）

この場合も，連結付加詞の入れ替えは許されない（例：*Ed didn't read it and
I didn't too.；*Ed read it and I did either.）．（連結付加詞 neither, nor, ei-
ther および so, too は縮約節のみに生じるものではないが，縮約構文は節の
極性に関する簡便なテストとして利用することができる．）

■ 逆の極性の付加疑問

(1iii) の did he? と didn't he? は，**付加疑問（tag）**とよばれる**縮約疑問節（re-
duced interrogative clause）**であり，付加している節の内容を確認するため
のもっとも一般的な**付加疑問節（interrogative tag）**である．この種の付加疑
問は先行する節と極性が逆転するため，(1iiia) では「否定節＋肯定付加疑問」，
(1iiib) では「肯定節＋否定付加疑問」となる．

　これらのほかにも，「節＋付加疑問」のさまざまなタイプがある．たとえば，
Ed read it, did he?（エドはそれを読んだのですね）のような「肯定節＋肯定付加
疑問」も可能であるし，%Ed didn't read it, didn't he?（エドはそれを読んでいな
いのですね）のような「否定節＋否定付加疑問」を認める話者もいる．しかし，
これらは音調や談話的効果の点で (1iii) とは異なる．上の極性テストは，もっ
とも中立的なタイプの付加疑問に基づいている．

■ 核前位位置への要素の前置と主語・助動詞倒置[2]

(1iv) のテストは，節に後続する要素への制約ではなく，節そのものの形式と
関連している．核前位要素に否定が標示される否定節は，必ず**主語・助動詞倒
置（subject-auxiliary inversion）**を起こさなければいけない．たとえば，
(1iva) の Not once did Ed read it. と *Not once Ed read it. を比較されたい．
対照的に，肯定の (1ivb) には倒置はない．また，After lunch Ed didn't feel
well.（昼食後，エドは気分が良くなかった）という否定節でも倒置は起こらない．
これは，前置詞句 after lunch にではなく，動詞に否定が標示されているため
である．

---

　[2] 訳者注：「核前位位置」という用語については，第 I 部 4 章の注 9 を参照のこと．

義務的な主語・助動詞倒置は否定節のみに制限されているわけではない．(1iib) における連結付加詞 so や，only を含む核前位要素の後でも倒置は義務的である（例：Only occasionally did Ed read these reports.（ほんのたまにしかエドはこれらの報告書を読むことはなかった））．[3] したがって，このテストはほかのものと一緒に用いられる必要があるが，それでもなお，節内部否定を含む肯定節と否定節を区別する際には有益なテストである．節内部否定は，以下で扱う否定の区分の1つである．

1.2　否定の種類の概略

ここでは，主として4つの対比に基づいて否定について述べていく．その対比とは，**動詞否定（verbal negation）**と**動詞外否定（non-verbal negation）**，**分析的否定（analytic negation）**と**総合的否定（synthetic negation）**，**節否定（clausal negation）**と**節内部否定（subclausal negation）**，**通常否定（ordinary negation）**と**メタ言語的否定（metalinguistic negation）**であり，それぞれ (3)–(6) のように例示される．以下，これらの対比を順に議論する．

(3) i. a.　He doesn't dine out.　　　　　　　　　　　［動詞否定］
　　　　　（彼は外食をしない）

　　　b.　He never dines out.　　　　　　　　　　　［動詞外否定］
　　　　　（彼は決して外食をしない）

　　ii. a.　I did not see anything at all.　　　　　　　　［動詞否定］
　　　　　（私はまったく何もみなかった）

---

[3] 訳者注：そのほかの義務的な主語・助動詞倒置を起こす構文は以下の通りである（以下の例はいずれも本シリーズ第1巻『動詞と非定形節，そして動詞を欠いた節』からの引用）．

(i) a.　What did she tell you?　　　　　　　　　　　　［主節における非主語開放疑問文］
　　　　（彼女は何をあなたに教えたのですか）

　　b.　So little time did we have that we had to cut corners.
　　　　　　　　　　　　　　　　　　　　　　　［連結付加詞ではない so を含む句の前置］
　　　　（近道をしなければいけないほど私たちは時間がなかった）

　　c.　Such a fuss would he make that we'd all agree.　　　［such を含む句の前置］
　　　　（私たち全員が同意するほどの騒動を彼は起こすだろう）

　　d.　May you both enjoy the long and happy retirement that you so richly deserve.
　　　　　　　　　　　　　　　　　　　　　　　　　　　　　［願望を表す may］
　　　　（あなたがたにふさわしい長く幸せな定年後の生活を豊かに過ごしますように）

b. I saw <u>nothing</u> at all.   ［動詞外否定］
(同上)

(4) i. a. The report is <u>not</u> complete.   ［分析的否定］
(レポートは完成していない)

b. The report <u>isn't</u> complete.   ［総合的否定］
(同上)

ii. a. <u>Not</u> many people liked it.   ［分析的否定］
(それを好む人は多くはなかった)

b. <u>Nobody</u> liked it.   ［総合的否定］
(誰もそれを好まなかった)

(5) i. a. She <u>didn't</u> have a large income.   ［節否定］
(彼女には多くの収入がなかった)

b. She had a <u>not</u> inconsiderable income.   ［節内部否定］
(彼女には少なからずの収入があった)

ii. a. We were friends at <u>no</u> time.   ［節否定］
(私たちは決して友達ではなかった)

b. We were friends in <u>no</u> time.   ［節内部否定］
(私たちはすぐに友達になった)

(6) i. a. She <u>didn't</u> have lunch with my old man: he couldn't make it.
                                                         ［通常否定］
(彼女は私の親父と昼食を食べなかった. 彼はそれに間に合わなかった
のだ)

b. She <u>didn't</u> have lunch with your 'old man': she had lunch
with your father.   ［メタ言語的否定］
(彼女はあなたの「親父」と昼食を食べたのではなく，あなたのお父さ
んと昼食を食べたのだ)

ii. a. Max <u>hasn't</u> got four children: he's got three.   ［通常否定］
(マックスには子供が4人いない. 彼の子供は3人だ)

b. Max <u>hasn't</u> got four children: he's got five.   ［メタ言語的否定］
(マックスの子供は4人ではない. 彼の子供は5人だ)

(3) と (4) の対比は否定の表現，すなわち形式に関するものである. 他方,
(5) と (6) の対比は意味，つまり否定の解釈に関するものである.

(a) 動詞否定と動詞外否定

動詞否定において，否定標識は節の主要部である動詞と文法上結びついている．一方，動詞外否定においては，(3ib) の付加詞 never や (3iib) の目的語 nothing のように，動詞以外の要素と結びついている．この区別は，(3ia) と (3iia) では助動詞 do が生起するのに対し，(3ib) と (3iib) では生起しないということを説明するのに必要である．動詞否定は，さらに以下の3つの下位区分に分類される．

(7) i. a. You <u>didn't</u> hurt him. ［一次］
   （あなたは彼を傷つけなかった）

   b. You <u>aren't</u> tactless. ［一次］
   （あなたは機転が利かないわけではない）

   ii. a. <u>Don't</u> hurt him. ［命令］
   （彼を傷つけないでください）

   b. <u>Don't</u> be tactless. ［命令］
   （機転を利かせてください）

   iii. a. It's important <u>not</u> to bend it. ［二次］
   （それを曲げないことが重要だ）

   b. It's important <u>not</u> to be seen. ［二次］
   （みられないことが重要だ）

一次動詞否定 (primary verbal negation) において，否定の標識は動詞の**一次形式 (primary form)** と結びついている．[4] ほかに助動詞がない場合は，do が要求される．**命令動詞否定 (imperative verbal negation)** においては，(7iib) にあるように，対応する肯定命令節が助動詞（(7iib) においては be）を含んでいても do が要求される．3つ目の**二次動詞否定 (secondary verbal negation)** に含まれるのは，不定詞，仮定法，動名分詞形といった，命令節以外の動詞の二次形式を含む構文である．このタイプを「非命令二次 (non-imperative secondary)」の略称であるという理解のもと，**二次 (secondary)** とよぶ．

(b) 分析的否定と総合的否定

分析的否定は，もっぱら否定を標示する統語機能をもつ語（すなわち，not お

---

[4] 訳者注：動詞の一次形式には，動詞の過去形，三人称単数現在形，無標現在形が含まれる．

よび質問の返答などで yes と対比的に用いられる no）によって表される．総合的否定は，それ以外の機能ももち合わせている語により標示される．総合的動詞否定は（(4ib) のように）否定を表す動詞の屈折により標示される．総合的動詞外否定は，以下の3種類の要素により標示される．

(8) i. **絶対否定語（absolute negator）**
   no（nobody, nothing などの複合語や独立語の none を含む），neither, nor, never

ii. **近似否定語（approximate negator）**
   few, little；barely, hardly, scarcely；rarely, seldom

iii. **接辞否定語（affixal negator）**
   un-, in-, non-, -less など

He had no money.（彼にはお金がまったくなかった）のような例において，no は否定を標示する機能と，名詞句構造で**数量化（quantification）**を示す限定要素としての機能を兼ねているので，これは総合的否定とみなされる．これら2つの機能は，分析的否定を用いた He did not have any money.（彼にはお金がまったくなかった）では，not と any に分離している．

　絶対否定語と近似否定語の区別は，以下のように例示される．

(9) a. None of them supported her.
   （彼らは誰も彼女を支持しなかった）

b. Few of them supported her.
   （彼らはほとんどが彼女を支持しなかった）

(9a) において，彼女の支持者はゼロであるが，(9b) においてはゼロに近いにすぎない．つまり，人数の目盛りで底辺あたりに位置しているということである．逆にいえば，(9b) の例には，「数名の支持者がいる」という肯定的な**推意（implicature）**さえある．それにもかかわらず，(9b) は (9a) と同じように，否定として分析されうる重要な特性がある．たとえば，どちらの例でも付加疑問には did they? を用いる．

　接辞否定要素は，接頭辞（un-happy）あるいは接尾辞（care-less）のいずれかである．これに関して，3.4節で動詞否定と接辞否定の関係（たとえば，They are not common.（それらはよくあることではない）と They are uncommon.（それらは珍しい）の対比）を概観する．

第 1 章　はじめに

(c)　節否定と節内部否定

この区別は，1.1 節での極性テスト—すなわち，否定節と肯定節とを区別する
テスト—に関連している．節否定が否定節を生み出すのに対し，節内部否定は
節全体を否定にすることにはならない．この区別は，(5ii) のような例の対に
当てはめると明らかになる．

(10)　i.　a.　We were friends at no time, not even when we were at school.
　　　　　　　（私たちは決して—学校時代でさえ—友達ではなかった）

　　　　　b.　*We were friends in no time, not even within a few days.

　　　ii.　a.　We were friends at no time, and neither were our brothers.
　　　　　　　（私たちは決して友達ではなく，私たちの兄弟も友達ではなかった）

　　　　　b.　We were friends in no time, and so were our brothers.
　　　　　　　（私たちはすぐに友達になり，私たちの兄弟もそうだった）

　　iii.　a.　We were friends at no time, were we?
　　　　　　　（私たちは決して友達ではなかったですね）

　　　　　b.　We were friends in no time, weren't we?
　　　　　　　（私たちはすぐに友達になりましたね）

　　iv.　a.　At no time were we friends.
　　　　　　　（私たちは決して友達ではなかった）

　　　　　b.　*In no time were we friends.

このテストから，We were friends at no time.（私たちは決して友達ではなかった）
が節否定を含むのに対して，We were friends in no time.（私たちはすぐに友達
になった）は節内部否定を含むことが明らかである．前者には not even を付加
することができ，連結付加詞として neither が選択され，肯定付加疑問が続き，
そして at no time が核前位位置にあるときに主語・助動詞倒置が起こる．こ
れとは逆に，後者は not even を付加できず，連結付加詞として so が選択さ
れ，否定付加疑問が続き，そして in no time が核前位位置にあっても主語・
助動詞倒置は起こらず，In no time we were friends.（すぐに私たちは友達になっ
た）となる．

　さらに，(11) の対比にみられるように at no time を用いた例には対応する
動詞否定が存在するが，in no time にはそれがないという違いがある．

(11)　a.　We weren't friends at any time.
　　　　　　（私たちは決して友達ではなかった）

b. *We weren't friends in any time.

したがって，in no time は前置詞句だけを否定している．その意味は「すぐに (in a very short of time)」であり，節全体を否定しない．

接辞否定は常に節内部否定となる．以下の対比をみられたい．

(12)　i.　These terms aren't negotiable, are they?　[動詞否定：節否定]
　　　　（これらの条件は交渉可能ではないですね）

　　　ii.　These terms are non-negotiable, aren't they? [接辞否定：節内部否定]
　　　　（これらの条件は交渉不可ですね）

節否定は統語の問題であるが，接辞否定は純粋に形態の問題である．以下では，節否定をディフォルトとみなし，3.2 節で接辞以外の否定語が節内部否定を引き起こす事例について調査する．

(d)　通常否定とメタ言語的否定

最後に，(6) の対比を考察しよう．(6ia) She didn't have lunch with my old man: he couldn't make it. （彼女は私の親父と昼食を食べなかった．彼はそれに間に合わなかったのだ）において，否定が示しているのは，「彼女が話し手の父親と昼食を食べた」ということが事実ではない，つまり**真 (true)** ではないということである．しかし，これは (6ib) She didn't have lunch with your 'old man': she had lunch with your father. （彼女はあなたの「親父」と昼食を食べたのではなく，あなたの父親と食べたのだ）における否定とは異なる．(6ib) はふつう，She had lunch with my old man. （彼女は私の親父と昼食を食べた）という発言を受けた後に用いられるだろう．(6ib) のように述べることで，話し手は相手の発言そのものに反対しているのではなく，相手が用いた表現について否定している．つまり，「相手が自分の父親を「親父」とよんでいること」に反対しているのである．同様に，She doesn't live in a /kæsl/, she lives in a /kɑsl/. （彼女が住んでいるのは /kæsl/ ではなく /kɑsl/ です）は，相手の castle の発音を訂正する際に用いられるだろう．

　メタ言語的否定の重要な事例は，(6iib) Max hasn't got four children, he's got five. （マックスの子供は 4 人ではない．彼の子供は 5 人だ）である．ここでは，メタ言語的否定により推意が否定されている．Max has four children. （マックスには子供が 4 人いる）は，「マックスには 4 人もの子供がいる」ことを論理的に含意するとともに，「マックスには 4 人しか子供がいない」ことを推意する

ことに注意されたい（詳細は本シリーズ第3巻『名詞と名詞句』を参照のこと）．したがって，通常否定の (6iia) Max hasn't got four children, he's got three. （マックスには子供が4人いない．彼の子供は3人だ）では，対応する肯定節の**論理的含意 (entailment)** が否定されている．つまり，Max has got four children. （マックスには子供が4人いる）が偽であることを示している．これに対して，(6iib) Max hasn't got four children, he's got five. の場合，推意が否定されている．Max has got four children. が偽であると述べているわけではないので，これは通常否定ではない．ここでも，(6ib) と同様に，(6iib) は Max has four children. （マックスには子供が4人いる）という発言を受けた後に用いられるだろう．つまり，話し手は，「マックスには子供が4人いる」ことが間違っているからではなく，実際の人数よりも少ないという理由で訂正しているのである．(6iib) は，four という語が真の陳述をするのに最適ではない，という意味でメタ言語的否定なのである．

1.3　否定の作用域と焦点

否定の作用域 (scope of negation) と否定の焦点 (focus of negation) という概念は密接に関連しているので，本節で一緒に紹介する．否定の作用域とは否定されている意味の部分であり，否定の焦点は，その中でもっとも強く否定されている部分をさす．もっとも基本的な否定である平叙節の動詞否定を参照しながら，これら2つの概念について説明をしていく．

1.3.1　「作用域にもつ」という概念

否定の作用域とは何かということは，否定要素をとりのぞくことでどのような意味的効果が生じるかを考えるとよくわかる．まず，否定要素 -n't が節中のすべての要素を作用域にもつ事例を (13) に示し，つぎに (15) でその否定要素の作用域に入らない要素を加えることにより，どのような意味的違いが生じるかを指摘する．

(13) a.　Liz didn't delete the backup file.
　　　　（リズはバックアップファイルを削除しなかった）
　　　b.　Liz deleted the backup file.
　　　　（リズはバックアップファイルを削除した）

(13b) に含まれる Liz, deleted, the backup file はそれぞれ文の意味に貢献

しており，したがって（13b）の**真理条件（truth condition）**は（14）のように述べられる．

(14) i. 「削除操作が行われた」
    ii. 「削除操作はリズにより遂行された」
    iii. 「削除操作はバックアップファイルに対して遂行された」

（13b）が真であるためには，（14）のすべてが真である必要がある．そして（13a）を真にするためには，（14）のうちどれか1つでも偽であれば十分である．すなわち，否定文（13a）が真であるのは，削除操作が行われなかったか，削除操作がリズ以外の誰かにより遂行されたか，削除操作がバックアップファイル以外のものに対して行われたか，いずれかの場合である．（14）の各命題の真偽は，（13a, b）の真偽と連動している．すなわち，（14）のどれか1つでも偽であると，（13a）が真となり，（13b）が偽となる．3つの要素はすべて否定の作用域内にある．いい換えると，否定は3つの要素をすべて作用域にもつ．

したがって，否定は節全体，つまり節内にある（否定語以外の）すべての要素を作用域にもつということができる．（13a）の例において，否定の作用域は"Liz deleted the backup file" である．

ここで，（13）にさらに節が付加された以下の例を比較してみよう．

(15) a. Liz didn't delete the backup file and Sue wrote the report.
       （リズはバックアップファイルを削除せず，スーはレポートを書いた）
    b. Liz deleted the backup file and Sue wrote the report.
       （リズはバックアップファイルを削除し，スーはレポートを書いた）

（15b）の真理条件は，（14）にあげた3つと（16）からなる．

(16) 「スーはレポートを書いた」

しかし，これは（15a）の真理条件でもある．もしスーが自分のレポートを書いていなければ，（15）の例は両方とも偽になる．（16）は否定の影響は受けないため，否定の作用域外にある．（15a）の否定の作用域は，（13a）と同じで，"Liz deleted the backup file" である．

（15a）は節の等位接続構造を含んでいるが，一般的に，一方の節に含まれる否定は他方の節を作用域にもたないので，注意が必要である．しかし例外もあり，等位接続された節が空所を含む場合，否定はその節を作用域にもつ．（17）はその例である．

第 1 章　はじめに　　153

(17)　a.　Kim wasn't at work on Monday or Pat on Tuesday.
　　　　　（キムは月曜日に職場におらず，パットも火曜日にいなかった）
　　　b.　Kim was at work on Monday or Pat on Tuesday.
　　　　　（キムは月曜日に職場にいたか，あるいはパットが火曜日にいた）

(17) は，(18) の意味の構成要素を含む.

(18)　i.　「キムは月曜日に職場にいた」
　　　ii.　「パットは火曜日に職場にいた」

「または」の意味を表す or により，(17b) が真であるためには，(18) のどちらかが真であれば十分である．しかし (17a) が真であるためには，(18) の両方が偽でなければいけない．したがって，否定は (18) の両方の真偽に影響を与えるので，(18) はどちらも否定の作用域内にある．この構造においては，否定は等位構造全体を作用域にもっている.

■ **意味が真理条件にかかわらない要素**
節内のすべての要素が真理条件を構成するわけではない．(19) の連結付加詞 however を考えてみよう.

(19)　a.　Ed noticed a problem; Liz, however, didn't delete the backup file.
　　　　　（エドは問題に気づいたが，リズはバックアップファイルを削除しなかった）
　　　b.　Ed noticed a problem; Liz, however, deleted the backup file.
　　　　　（エドは問題に気づいたが，リズはバックアップを削除した）

(19b) は，3 つの意味の構成要素に分析することができる.

(20)　i.　「エドは問題に気づいた」
　　　ii.　「リズはバックアップファイルを削除した」
　　　iii.　「(i) と (ii) との間に明らかな対比の関係がある」

対比の性質は明示されていない．可能性として考えられるのは，(19b) で問題となっているのがバックアップファイルであり，話し手は，エドが問題に気づいたことが（その問題を調査できるように）バックアップファイルを削除しない理由になると考えている，ということである．(20iii) は (19b) の真理条件を構成していない．すなわち，(20i) と (20ii) の間に対比の関係がないというだけの理由で，(19b) が偽であると主張することはできない．(20iii) は節

154 　　　　　　　　第 II 部　否定

の真理条件に影響を与えないので，（19a）の否定の作用域内に入ることはできず，否定の作用域は（13a）や（15a）と同様，"Liz deleted the backup file" である．

■ 作用域の意味的・統語的同定

作用域は一義的には意味論的概念であり，ここまで意味の観点から否定の作用域を識別してきた．したがって，たとえば（19a）の否定の作用域は二重引用符を用いて "Liz deleted the backup file" であると表してきた．しかしながら，関連する意味の構成要素が個々の統語的構成素によって表される場合，否定の作用域は形式面からも同じように示すことができる．たとえば，（19a）のような例においては，Ed noticed a problem という節と付加詞 however は否定の作用域外にある．

1.3.2　相対的作用域：広い作用域の否定と狭い作用域の否定

作用域は，統語論の構成素構造に対応する意味論的概念である．また多くの事例において，統語構造ははっきりと否定の作用域を反映する．以下の例を考えてみよう．

(21)　i.　a.　She didn't say that she knew him.
　　　　　　　　（彼女は彼を知っているとはいわなかった）

　　　　　b.　She said that she didn't know him.
　　　　　　　　（彼を知らないと彼女はいった）

　　ii.　a.　She didn't promise to help him.
　　　　　　　　（彼女は彼を助ける約束をしなかった）

　　　　　b.　She promised not to help him.
　　　　　　　　（彼女は彼を助けないことを約束した）

（21ia）と（21ib）の否定の作用域は，それぞれ "she said that she knew him" と "she knew him" であり，（21ia）では say が否定の作用域内にあるが，（21ib）ではそうではない．このことは，（21ia）では say が否定形の助動詞 do の補部に含まれるのに対し，（21ib）では否定が say の補部として機能する従属節内にあることと連動している．同様に，promise は否定が主節内にある（21iia）では否定の作用域に含まれるが，否定が従属節内にある（21iib）では否定の作用域に含まれない．

　作用域の概念は，否定標識以外の多くの要素にも適用される．（22）は動詞

第 1 章　はじめに　　　155

の例である.

(22)　a.　She tried to stop offending them.
　　　　　（彼女は彼らを怒らせるのを止めようとした）
　　　b.　She stopped trying to offend them.
　　　　　（彼女は彼らを怒らせようとするのを止めた）

(22a) において, stop は統語的に try の補部内にあり, 意味的に try の作用域内にある. (22b) はその逆で, try は統語的に stop の補部内にあり, 意味的に stop の作用域内にある. そうすると, (21iib) では単に promise が否定の作用域外にあるということだけではなく, 否定が promise の作用域内にあるということでもある. ここでは**相対的作用域**（**relative scope**）の問題が関与している. つまり, 作用域をもつ要素が 2 つあるときに, どちらがもう一方を作用域にもつのかという問題である.

　否定に関する相対的作用域のわかりやすい例は, それが主節と従属節の対比に反映される (21) のような例である.[5] わかりづらいのは, 相対的作用域が節の従属では表示されない場合である. 以下では, そのような 2 つの事例として, 付加詞および数量詞と関連する否定の作用域をみていく.[6]

---

　[5] しかしながら, そのような場合でも問題はまったく単純というわけではない. 助動詞があると, その後ろの not が主節と従属節のどちらに含まれるかという問題が生じる（2.3.2 節参照）. またときとして, 従属節内の動詞外否定が主節を作用域にもつこともある（3.2.1 節参照）.
　[6] 訳者注：否定と関連した相対的作用域の問題は, 接続詞と法助動詞についても生じる（以下の例は, それぞれ本シリーズ第 8 巻『接続詞と句読法』と第 1 巻『動詞と非定形節, そして動詞を欠いた節』からの引用）.
　(i)　a.　I'm not free on Saturday and Sunday.
　　　　　（私は土曜日と日曜日のどちらも自由ではない／私は土曜日と日曜日が両方とも自由というわけではない）
　　　b.　He wasn't at work on Monday or Tuesday.
　　　　　（彼は月曜日と火曜日のどちらかは出勤していない／彼は月曜日か火曜日のどちらかに出勤しているというわけではない）
　(ii)　a.　He mustn't have done it deliberately.
　　　　　（彼はわざとそれをしなかったにちがいない）
　　　b.　He can't have done it deliberately.
　　　　　（彼がそれをわざとやったはずがない）
接続詞 (and, or) と否定はどちらが広い作用域をもつかによって 2 通りに解釈されうる. (i) において, 前者の日本語訳は接続詞が広い作用域をもつ解釈が反映され, 後者は否定が広い作用域をもつ解釈が反映されている. また (ii) にあるように, 法助動詞 must は否定よりも広

(a) 節構造内の否定と付加詞の相対的作用域

まず，否定と付加詞 intentionally との相対的作用域について考察しよう．

(23)　i.　Liz intentionally deleted the backup file.
　　　　　（リズはわざとバックアップファイルを削除した）

　　　ii.　Liz <u>intentionally</u> didn't delete the backup file.　　　［付加詞＞否定］[7]
　　　　　（リズはわざとバックアップファイルを削除しなかった）

　　　iii.　Liz didn't <u>intentionally</u> delete the backup file.　　　［否定＞付加詞］
　　　　　（リズはわざとバックアップファイルを削除したわけではなかった）

肯定節 (23i) の真理条件は (24) のようになる．

(24)　i.　「リズはバックアップファイルを削除した」
　　　ii.　「リズはわざとそれを行った」

ここで (23ii) は，(24ii) が偽である場合に真になることはできず，(24i) が偽である場合にのみ真となる．したがって，(24ii) は，(23i) と (23ii) がともに真であるための条件であり，(23ii) の否定の作用域外にある．また，(24ii) は intentionally によってもたらされる意味であるので，(23ii) において intentionally は否定の作用域外にあるといえる．(23i) の場合，わざとなのは「リズがバックアップファイルを削除したこと」である．これに対し，(23ii) でわざとなのは「リズがバックアップファイルを削除しなかったこと」であるので，否定は intentionally の作用域内にあり，否定要素はわざと行われたことが何であるのかを述べるのに用いられている．

　(23iii) の解釈はまったく異なる．(23iii) は，削除をしたリズの行為がわざとでなければ真になりうる．したがって，この場合 intentionally は否定の作用域内にある．この違いを換言すると，否定は付加詞に対して (23ii) では狭い作用域をもつが，(23iii) では広い作用域をもつ．

　(21) のような基本的な事例では，相対的作用域は主節と従属節の対比に反映される．(23ii, iii) における意味の違いも，以下のように従属節を用いたパラフレーズによって示すことができる．

(25)　i.　Liz acted intentionally in not deleting the backup file.

い作用域をもち，法助動詞 can の場合，否定のほうが広い作用域をもつ．

　[7]　訳者注：以下，A＞B は「A が B よりも広い作用域をもつ」ことを表す．

（リズはバックアップファイルを削除しないという行為をわざと行った）

[**(23ii)** の意味]

ii. Liz didn't act intentionally in deleting the backup file.

（リズはバックアップファイルを削除するという行為をわざと行ったわけ
ではない）

[**(23iii)** の意味]

否定は，狭い作用域をもつ場合はパラフレーズ表現の従属節内に現れ，広い作
用域をもつ場合には主節に現れる．

反対対当と矛盾対当

(23ii) と (23iii) との違いは，肯定節 (23i) と異なる意味的関係にあることか
らも明らかである．

(26) i. Liz intentionally didn't delete the backup file. （リズはわざとバック
アップファイルを削除しなかった）と Liz intentionally deleted the
backup file. （リズはわざとバックアップファイルを削除した）は**反対対
当（contrary）**である．すなわち，この2つは同時に真ではあり
えないが，同時に偽となることはできる．

ii. Liz didn't intentionally delete the backup file. （リズはわざとバック
アップファイルを削除したわけではなかった）と Liz intentionally de-
leted the backup file. （リズはわざとバックアップファイルを削除した）
は**矛盾対当（contradictory）**である．すなわち，この2つは同時
に真ではありえないし，同時に偽でもありえない．

もし，リズが意図せずにバックアップファイルを削除したのであれば，(23i)
と (23ii) の両方が偽となるが，(23i) と (23iii) の両方が偽となるような文脈
は存在しない．

相対的作用域と節否定・節内部否定の対比

(23ii) と (23iii) の否定の作用域の違いは，後者が否定節として振る舞ってい
るのに対し，前者はそうではないという点にある．

(27) i. a. *Liz intentionally didn't delete the backup file, and neither did
Sue.　　　　　　　　　　　　　　　[狭い作用域：節内部否定]

b. Liz didn't intentionally delete the backup file, and neither did
Sue.　　　　　　　　　　　　　　　[広い作用域：節否定]

158 第 II 部　否定

（リズはわざとバックアップファイルを削除したわけではなく，スーも
わざとしたわけではなかった）

ii. a. *Liz intentionally didn't delete the backup file, did she?

［狭い作用域：節内部否定］

b. Liz didn't intentionally delete the backup file, did she?

［広い作用域：節否定］

（リズはわざとバックアップファイルを削除したわけではなかったので
すね）

neither の付加は（27ia）では許されないが，（27ib）では許される（（27ia）は
and so … の付加も不自然となるが，（27ia, b）を区別するには neither の付加
を比較するだけで十分である）．同様に，（27iia）では did she? を逆の極性の
付加疑問として選択することができないが，（27iib）ではできる．したがって，
（23iii）は否定節であるが，（23ii）はそうではないということになる．

　しかしながら，否定節において否定が必ず節内のすべての要素を作用域にも
つというわけではない．そのことを示す一例が（19a）である．（19a）におい
て，否定は however を作用域にもっていないが，だからといって否定節にな
れないわけではない．したがって，neither の付加（例：Liz, however, didn't
delete the backup file and neither did Sue.（しかしながら，リズはバックアップ
ファイルを削除せず，またスーも削除しなかった））や肯定付加疑問（例：Liz,
however, didn't delete the backup file, did she?（しかしながら，リズはバック
アップファイルを削除しなかったですね））が許される．以下では，否定の作用域
外にある要素が真理条件にかかわらない例が，（19a）のような事例以外にもあ
ることを確認する．

相対的作用域と線形語順

（23ii）と（23iii）との間の明らかな統語上の違いは，（23ii）では intentionally
が didn't に先行しているのに対して，（23iii）では didn't が intentionally に
先行しているという点である．作用域の意味的違いは，統語的には線形語順の
違いによって標示されており，いずれの例でも広い作用域をもつ要素が狭い作
用域をもつ要素に先行している．このことから，通例（28）が成り立つ．

(28)　作用域をもつ要素が 2 つある構造において，一般的に，先行する要
　　　素が後続する要素を作用域にもつ．

第 1 章　はじめに

「一般的に」という言葉が示唆しているように，相対的作用域は常に相対的語順と直接的な関係があるわけではない．その相関関係を覆す要因の 1 つがイントネーションである．

(29)　i.　Liz didn't delete the backup file intentionally.　　［否定＞付加詞］
　　　　　（リズはわざとバックアップファイルを削除したわけではなかった）
　　　ii.　Liz didn't delete the backup file—intentionally.　　［付加詞＞否定］
　　　　　（リズはバックアップファイルを削除しなかった，それもわざと）

意図された発音をすると，intentionally は (29i) では didn't と同じ**音調句 (intonational phrase)** に属するが，(29ii) では音調的に分離している．(29i) は，(28) にしたがって否定が付加詞を作用域にもつ．しかし (ii) では，付加詞の intentionally が韻律的に離れていることで，先行する節全体を作用域にもつことができる．

　同じことは，理由を表す付加部によっても例証される．

(30)　i.　Because it cost $50 she didn't buy it.　　［付加部＞否定］
　　　　　（50 ドルかかったので，彼女はそれを買わなかった）
　　　ii.　She didn't buy it because it cost $50.　　［あいまい］
　　　　　（彼女は，それが 50 ドルだからといって買ったわけではない／50 ドルかかったので，彼女はそれを買わなかった）

(30i) は，(28) にしたがって先行する付加部 because it cost $50 が否定を作用域にもつ．この場合も，否定標識が従属不定詞節に現れるパラフレーズにより否定が狭い作用域をもつことが明らかになる（例：The $50 price caused her not to buy it. (50 ドルという値段によって，彼女はそれを買わなかった)）．ここでは，「50 ドルが高すぎる値段である」と理解される．しかし，(30ii) はあいまいである．まず (28) にしたがって，否定が付加部を作用域にもつと解釈することができる（前者の日本語訳）．この場合，付加部は didn't と同じ音調句に属する．この解釈では，「50 ドルは妥当な値段であるが，このことは彼女がそれを買った理由ではない」と理解され，「何か別の理由で買うことにした」という推意が成り立つ．さらに，(30i) と同じ解釈（後者の日本語訳）も可能である．これは，(28) の一般化では捉えることができない．この場合，付加部である because 節は独立した音調句を形成する（書き言葉では，このあいまい性をなくすために，because 節の前にカンマを置くことがある）．

160　　　　　　　　　　　　　　第 II 部　否定

(b)　否定と数量詞の相対的作用域

相対的作用域の問題は，否定と数量化が共起する場合にも生じる．

(31)　i.　He hasn't got <u>many</u> friends.　　　　　　　　　　［否定＞数量詞］
　　　　　　（彼は友達が多いわけではない）

　　　ii.　<u>Many</u> people didn't attend the meetings.　　　　　　［数量詞＞否定］
　　　　　　（多くの人がその会合に参加しなかった）

ここで (31i) は He has many friends. (彼には友達が多い) に対して矛盾対当である．すなわち，一方が真であればもう一方は偽となる．しかし，(31ii) は Many people attended the meetings. (多くの人がその会合に参加した) と反対対当にさえもなっていない．つまり，どちらも容易に真になりうる．十分に多い人の集合を仮定すると，会合に参加した人と参加していない人をどちらも「多い」とみなすことに何ら問題はない．ここでも，(32ii) の狭い否定の作用域を，従属節内に否定があるパラフレーズ There were many people who didn't attend the meeting. (その会合に参加しなかった人が多かった) で表すことができる．しかし，注意してほしいのは，(32ii) が否定節であるということである．したがって，(32ii) は not even の付加が可能であり (例：Many people didn't attend the meetings, not even the first one. (多くの人がその会合に参加せず，最初の会合にすら参加していなかった))，逆の極性の付加疑問は肯定となる (例：Many people didn't attend the meetings, did they? (多くの人がその会合に参加しなかったですね))．このことから，上で述べたように，否定節では否定が節内のその他すべての要素よりも広い作用域をもつわけではないということがわかる．

線形語順

(31) の例は，相対的作用域と相対的語順が一致するディフォルトのパターンにしたがう．しかし，文脈によってそれが覆ることもある．

(32)　i.　I didn't agree with <u>many</u> of the points he made.　　　［あいまい］
　　　　　　（私は彼の主張することの多くに賛成したわけではなかった／私は彼の主張したことの多くに賛成しなかった）

　　　ii.　<u>Everybody</u> didn't support the proposal, but most did.

　　　　　　　　　　　　　　　　　　　　　　　　　　　　　　　　　［数量詞＞否定］

　　　　　　（全員がその提案を支持したわけではないが，ほとんどの人が支持した）

（32i）は，否定と数量詞のどちらが広い作用域をもつ解釈も可能である．否定が広い作用域をもつ解釈（前者の日本語訳）では，（31i）の場合と同じく，I agreed with many points that he made.（私は彼の主張することの多くに賛成した）の矛盾対当となる．この解釈では，「話し手が賛成した点が多かった」ことが否定される．一方，数量詞が広い作用域をもつ解釈（後者の日本語訳）は，数量名詞句を前置させて Many of the points he made I didn't agree with.（彼の主張したことの多くに私は賛成しなかった）とすると，あいまいでない形で示すことができる．この解釈の場合，「話し手が反対した点が多かった」ということになる．これは，否定が広い作用域をもつ解釈に比べると得られにくいものではあるが，不可能ではない．とくに many にイントネーション曲線があると，否定が狭い作用域をもつ解釈がでてくる．（32ii）も，but 節がなければ解釈はあいまいになるが，most did があることで，否定が広い作用域をもつ解釈に定まる（これは，Not everybody supported the proposal.（全員がその提案を支持したわけではない）と同じ解釈である）．ここでも，イントネーションによって解釈が明確になる．すなわち，everybody のように最初の音節を高く発音することで，否定が広い作用域をもつ解釈になりやすい．

　得られやすい（すぐに思い浮かぶ）解釈では，節中における要素の語順と作用域が一致しているので，たとえば能動態から受動態へと変えるなどして語順を変化させると，得られやすい解釈も変わる．

(33)　i.　Many members didn't back the proposal.　　［数量詞＞否定］
　　　　　（多くのメンバーがその提案を支持しなかった）

　　　ii.　The proposal wasn't backed by many members.
　　　　　　　　　　　　　　　　　　　　　　　　［否定＞数量詞が好まれる］
　　　　　（その提案は多くのメンバーに支持されたわけではなかった）

（33i）では強勢やストレスを変化させることで解釈を覆すことができず，many が広い作用域をもつ．（33ii）の得られやすい解釈は，many が否定の作用域内にある「その提案を支持する人は多くない」だが，それを覆して（33i）と同じ解釈をすることも可能である．

広い作用域をもつ全称数量化と狭い作用域をもつ存在数量化は等しい

(34)　i.　All of them didn't have a clue what he meant.　［全称数量詞＞否定］
　　　　　（彼ら全員が，彼が何を意図していたのかわからなかった）

ii. None of them had a clue what he meant.　　　［否定＞存在数量詞］

(彼が何を意図していたのか，彼らの中に誰もわかるものがいなかった)

(34i) と (34ii) は意味的に**等価 (equivalent)** である．すなわち，両者の真理条件は同一である．(34i) において，**全称数量詞 (universal quantifier)** の all は否定よりも広い作用域をもつので，「彼ら全員が否定的な特性をもっている」と解釈される．(34ii) において，none は存在数量化の否定を表しており，いい換えると「彼らの中で 1 人でも彼が何を意図していたかをわかった，というのは事実ではない」ということになる．(より強調した表現を用いると，否定と数量詞を分離させ，広い作用域をもつ否定が先行する Not one of them had a clue what he meant. (彼が何を意図していたのか，彼らの中に誰一人としてわかるものがいなかった) となる．) (34i) と (34ii) は等価であるが，(34ii) のほうが好まれる．否定が全称数量化の作用域内にある (34i) よりも，存在数量化が否定の作用域内にある (34ii) のほうが好まれることは，全称数量化と否定を含む節の語順を変えることができるという事実とも関係している．

(35) i. All of the members didn't support the proposal.

(メンバーの全員がその提案を支持しなかった／メンバーの全員がその提案を支持したわけではなかった)

ii. The proposal wasn't supported by all of the members.

(その提案はメンバーの全員に支持されたわけではなかった)

(35i) は，否定が広い作用域をもつ解釈（後者の日本語訳）も可能である．すなわち，強勢やイントネーションの変化によって狭い否定の作用域の解釈（前者の日本語訳）を覆すことが (33i) よりもはるかに容易であるが，それは None of the members supported the proposal. (メンバーの中で誰もその提案を支持するものはいなかった) が，(35i) の狭い否定の作用域の解釈よりも好まれるためである．反対に，(35ii) においては好まれる解釈を覆すことはほぼ不可能である．(35ii) は，否定が広い作用域をもつ解釈が普通であり，全称数量詞のほうが広い作用域をもつ解釈はほぼ不可能である．この解釈を出すには，語順を変えて all を否定の作用域の外に出すのではなく，全称数量詞 all を**存在数量詞 (existential quantifier)** の any に変えて，The proposal wasn't supported by any of the members. (その提案はメンバーの中の誰にも支持されなかった) のようにする．

1.3.3 焦点

もっとも単純な否定節をのぞいて，ほぼすべての否定節に複数の異なる真理条件があり，それらが満たされないことでその節は真となる．話し手がどの条件を意図しているかは，もっとも密接に関連している語に強勢を置くことで示すことができる．強勢のある部分を否定の焦点とよぶ．[8]

■ 否定の焦点，虚偽性条件，そして韻律

ここで再び，否定節とそれに対応する肯定節を比較しよう．

(36) a. Your children don't hate school.
 （あなたの子供は学校が嫌いではない）

 b. Your children hate school.
 （あなたの子供は学校が嫌いだ）

(36b) の個別の語に着目してこの肯定節の真理条件を与えると，(37) のようになる．

(37) i. a. 「誰かの子供が学校を嫌っている」
 b. 「あなたがその人物である」
 ii. a. 「あなたの親族の誰かが学校を嫌っている」
 b. 「それはあなたの子供である」
 iii. a. 「あなたの子供が学校に対して抱く何らかの態度がある」
 b. 「その態度は嫌悪である」
 iv. a. 「あなたの子供が嫌うものがある」

---

[8] 訳者注：「焦点」には**作用域の焦点**（**scopal focus**）と**情報の焦点**（**informational focus**）の 2 種類があり，本章では後者の意味で理解されている．作用域の焦点とは，焦点化を表す修飾語がかかる構成要素のことで，情報の焦点とは，主要な強勢が置かれる構成要素のことである．両者はそれぞれ以下に例示されている（以下の例は本シリーズ第 4 巻『形容詞と副詞』からの引用）．

 (i) a. They only gave me a sandwitch for lunch.
 （彼らは私に昼食としてサンドウィッチしかくれなかった）
 b. Only Kim preferred the original version.
 （キムだけが初版を好んだ）

(ia) において，焦点化を表す修飾語 only がかかる構成要素は sandwitch であり，これが作用域の焦点となる．他方，(ib) において only がかかる構成要素は Kim であるが，強勢は original に置かれ，これが情報の焦点となる．

b. 「それは学校である」

(36b) が真であるためには，すべての条件が真でなければならないが，(36a) が真であるためには，いずれか1つが偽であれば十分である．そのため，否定の陳述は，意図した情報が正しく伝わらない危険性がある．(36a) は，「誰かの子供が学校を嫌っているが，それはあなたの子供ではない―あるいは誰の子供も学校を嫌ってはいない」とも解釈できるし，「あなたの親族の誰かが学校を嫌っているが，それはあなたの子供ではない―あるいはあなたの親戚は誰も学校を嫌ってはいない」とも解釈できる．そのほかにもさまざまな解釈が可能である．

英語には，どの条件が偽であるのかを示して否定節の意図した情報を正しく伝える方法がいくつかある．その1つに，強勢やイントネーションを用いて関連する条件と結びついている節中の要素を示す方法がある．たとえば，(36a) には (38) に示す4通りの強勢・イントネーションの用い方がある．以下の例で，小型大文字は強勢が置かれているか，音の高さが上がったり変化したりしていることを示す．

(38) i. YOUR children don't hate school.
   (学校を嫌う子供がいたとして，それはあなたの子供ではない)

   ii. Your CHILDREN don't hate school.
   (あなたの親族の誰かが学校を嫌っていたとして，それはあなたの子供ではない)

   iii. Your children don't HATE school.
   (あなたの子供が学校に対して何か気持ちを抱いていたとして，それは嫌悪ではない)

   iv. Your children don't hate SCHOOL.
   (あなたの子供が何かを嫌っていたとして，それは学校ではない)

節の中で韻律的に目立った部分が焦点である．(38i) の場合，焦点は your であり，your に関連する条件が満たされていないことで，肯定節 Your children hate school. が偽になっていることが示される．したがって，解釈は「学校を嫌う子供がいたとして，それはあなたの子供ではない」となり，(37) であげた条件（その中でも (37ib)）が満たされていないことになる．同様に，(38ii-iv) の日本語解釈は，それぞれ children, hate, school が焦点として選ばれていることを反映したものである．

第1章　はじめに　　165

■より狭い・より広い否定の焦点

(36) の単純な例においては，焦点は強勢が置かれた語そのものであったが，焦点は語である必要はない．強勢が置かれた語を含んだ，より広い構成素も焦点になりうる．たとえば，(38ii) Your CHILDREN don't hate school. において，children よりも広い名詞句 your children が焦点になることができる．その場合の解釈は，(38i) と同様に「学校を嫌う子供がいたとして，それはあなたの子供ではない」となる．その場合の焦点は (38ii) で想定していたものより広くなっている．同様に，(38iv) Your children don't hate SCHOOL. において，school よりも広い動詞句 hate school が焦点になることができる．その場合の解釈は，「あなたの子供が何か特性をもっていたとして，それは学校を嫌っているというものではない」となる．

どれほど広い範囲が焦点として選択できるかを例証するために，以下のより複雑な例を考察しよう．

(39)　i.　At least Max didn't wear a green mohair SUIT to the wedding.
　　　　　（少なくとも，マックスは結婚式で緑色のモヘアのスーツを着ていたわけではない）

　　ii. a.　「少なくとも，マックスが結婚式で着ていた緑色のモヘアの衣服はスーツではなかった」

　　　　b.　「少なくとも，マックスが結婚式で着ていた緑色の衣服はモヘアのスーツではなかった」

　　　　c.　「少なくとも，マックスが結婚式で着ていた服は緑色のモヘアのスーツではなかった」

　　　　d.　「少なくとも，マックスがやったことは結婚式で緑色のモヘアのスーツを着るということではなかった」

　　　　e.　「少なくとも，マックスが結婚式で緑色のモヘアのスーツを着ていたということは起こらなかった」

(39i) のように，強勢が suit に置かれている事例で考えてみよう．この場合では，suit を含む5つの異なる範囲が焦点として選択されうる．(39ii) にあげてある解釈は，焦点が次第に広がる様子を表している．(39iia) では，焦点は suit である．(39iib) の場合，より広い mohair suit が焦点となる．同様に，(39iic) と (39iid) の焦点は，それぞれ green mohair suit と wear a green mohair suit to the wedding となり，最後に (39iie) では節全体が焦点となる．通常の文脈では，後半の3つ ((39iic-e)) のほうが前半の2つ ((39iia, b)) よ

りも得られやすい解釈ではあるものの，5つともすべて可能である．

　強勢と否定の焦点に関連して，ディフォルトとして設けられている仮定がある．それは，節の中でもっとも重い強勢が置かれる中立的位置は，動詞句内で最後に現れる句の語彙的主要部における最終強勢音節である，というものである．この強勢のパターンをとる場合，聞き手は，否定の作用域と意味的に対応する節全体を焦点として捉える可能性が高い．たとえば，I don't know why they appointed him to the job.（私は，なぜ彼らが彼をその仕事に任命したのかわからない）を普通に発音すると，もっとも重い強勢が置かれる可能性が高いのは job であるが，否定の焦点は not の作用域全体，つまり "I know why they appointed him to the job"（私は，なぜ彼らが彼をその仕事に任命したか知っている）を意味する節全体である．

■焦点の選択から生まれる肯定的推意

否定の焦点は，それが満たされないと否定節が真に，かつ肯定節が偽になるような条件を絞り込むはたらきがある．しかし，1つの条件を選択することで，肯定節が真であるためのほかの条件が満たされているという推意が生じることがよくある．(38) の注釈には，このような推意が含まれていない．(38i) の YOUR children don't hate school. に対して「学校を嫌う子供がいたとして，それはあなたの子供ではない」と注釈をつけたが，「学校を嫌う子供がいるが，それはあなたの子供ではない」という強い解釈が生じることもよくある．後者の解釈の場合，「それはあなたの子供ではない」という否定の成分に加えて，「学校を嫌う子供がいる」という肯定的推意が存在している．これは明らかに，論理的含意ではなく推意である．your を焦点として選択しても，他人の子供が学校を嫌っていると述べていることにはならない．たとえば，I don't know about other people, but I'll certainly concede that YOUR children don't hate school.（私は他人のことについてはわからないが，あなたの子供は学校を嫌っていないことはたしかに認める）というのは，まったくもって自然である．

　このような肯定的推意は，焦点が広い場合よりも狭い場合に強くなる傾向がある．たとえば，もし I haven't done my TAX return yet.（私は納税申告をまだしていない）の否定の焦点が節全体であると解釈すると，肯定的推意は生まれない．これを，狭い焦点をもつ，(30ii) の She didn't buy it because it cost $50. と比較してみよう．否定の作用域内に理由を表す because 節が含まれる解釈（彼女は，それが50ドルだからといって買ったわけではない）をすると，ふつうは $50 に強勢が置かれ，否定の焦点は because it cost $50 となる．この場

合，「彼女が買った」という非常に強い肯定的推意が生じ，「値段以外の何らかの理由で彼女はそれを買った」という解釈が得られる．（しかし，これは論理的含意ではない．話し手にとって彼女がそれを実際に買ったのかはわからないが，値段だけが理由で買うことはないだろうと確信している，という場合にも用いられる.）

■情報の焦点の特殊な事例としての否定の焦点
焦点の概念は，否定節だけでなくすべての主節に当てはまる．

(40) i. Liz INTENTIONALLY deleted the backup file.
  （リズはわざとバックアップファイルを削除した）
 ii. Liz INTENTIONALLY didn't delete the backup file.
  （リズはわざとバックアップファイルを削除しなかった）
 iii. Liz didn't INTENTIONALLY delete the backup file.　　[**否定の焦点**]
  （リズはわざとバックアップファイルを削除したわけではなかった）

(40) の焦点はいずれも intentionally であり，これにより，すべての例で「リズの行為がわざとであったこと」を強調する効果がもたらされる．(40i) は肯定節であり，(40ii) では，否定の作用域である deleted the backup file は焦点を含んでいない．(40iii) だけが否定の作用域に焦点を含み，その場合，焦点は否定の焦点としてはたらく．否定の作用域にある要素を焦点として選択することで，ほかの例と同様に当該の情報（ここでは「リズの行為がわざとであったこと」）を目立たせると同時に，まさにこの条件が満たされないときに否定節が真になる，ということが示される．

第2章　**動詞否定**

ふつう，節の否定はその節の動詞あるいはその動詞に隣接した部分に標示される．これは動詞否定とよばれる．動詞否定が生じる節には3つの種類があるが，その統語構造はそれぞれ異なる．まず，動詞が一次形で屈折している節を扱い，つぎに命令節，最後に動詞が二次形で屈折している非命令節を概観する．

2.1　一次動詞否定

助動詞を含む肯定節は，助動詞の直後に not を置くか，あるいは否定の形式に屈折変化させることで否定される．前者を**分析的一次否定（analytic primary negation）**，後者を**総合的一次否定（synthetic primary negation）**とよぶ．

(1)　i.　Kim <u>will</u> be here later on.　　　　　［助動詞を含む肯定節］
　　　　（キムはあとでここに来ますよ）

　　ii.　Kim <u>will not</u> be here later on.　　　　［分析的一次否定］
　　　　（キムはあとでここには来ないよ）

　　iii.　Kim <u>won't</u> be here later on.　　　　　［総合的一次否定］
　　　　（同上）

(1i) は現在時制の will をもつ肯定節である．(1ii) では will の直後の not によって，(1iii) では否定の現在形 won't によって，それぞれ否定が標示されている．

　語彙動詞の一次形式を含む節を否定するには，意味的に空の助動詞 do を挿

168

第 2 章　動詞否定　　　　169

入する必要がある．この do は**支持の do（supportive *do*）**とよばれる．

(2)　i.　Kim <u>waved</u> to us.　　　　　　　　　　［語彙動詞を含む肯定節］

　　　　　（キムは私たちに手を振った）

　　　ii.　Kim <u>did</u> not <u>wave</u> to us.　　　　　　　　　　［分析的一次否定］

　　　　　（キムは私たちに手を振らなかった）

　　　iii.　Kim <u>didn't wave</u> to us.　　　　　　　　　　　［総合的一次否定］

　　　　　（同上）

助動詞 **do** は，肯定節で語彙動詞がもつ屈折（ここでは過去時制）をもっており，そのとき語彙動詞は**無標形（plain form）**で現れる．否定は助動詞 **do** の否定形式により，分析的または総合的に標示されている．[1]

■分析的一次否定と総合的一次否定の選択

分析的否定と総合的否定は，常に相互に交換可能というわけではない．主な違いは両者の文体レベルにある．

　総合的否定はくだけた文体であることを示す．通常の会話やくだけた文章を書く場合にはごく普通に用いられるが，[2] 非常に格式張った文脈や厳粛な場面，またとくに本などにおける書き言葉では用いられない．総合的否定は学術的な文章に現れないわけではないが，その場合書き手・話し手は明確に文体を意識して総合的否定を選択している．すなわち，総合的否定を用いることで親しみやすさが高まる効果をねらっている．以下の対比をみてみよう．

(3)　i.　a.　I do not accept, and will not condone or defend, this shameful
　　　　　　policy.

　　　　　　（私はこの恥ずべき方針を認めないし，大目にみることも擁護すること
　　　　　　もない）

　　　　b.　I don't accept, and won't condone or defend, this shameful

---

　[1] 昔の英語では，助動詞以外の動詞も not を直後に置いていた．そのような表現は聖書やことわざにみられるが（例：I care not whether she lives or dies.（彼女が生きるか死ぬかは気にしない）；He who knows not, and knows that he knows not, can be taught.（物事を知らず，自分が知らないということを知っている人には教えることができる）），現代英語においては生産的ではない．

　[2] これは，総合的否定が十分容認されているものについていえることである．20 世紀前半までに廃用となった [%]mayn't（＝may not）や，一部の方言にみられる一人称単数主語に対する aren't には当てはまらない．

policy.

（同上）

ii. a. This is not to say that one could not conceive of a world in which aesthetic properties did not supervene on the physical; but the necessity of positing them does not seem to me an attractive prospect.

（これは，美的性質が物理的性質に併発しない世界を想像することができないというわけではなく，それらを仮定する必要性が，私にとって魅力的な展望ではないように思われるのだ）

b. This doesn't mean that you couldn't imagine a world where aesthetic properties didn't supervene on physical ones; but having to assume them doesn't seem like an attractive prospect to me.

（これは，美的性質が物理的性質に併発しない世界を想像することができないということを意味しているのではなく，それらを仮定しなければならないということが，私にとって魅力的な展望ではないように思われるのだ）

（3ia）が厳粛な場や議会で使われるのに適した表現であるのに対して，（3ib）はそうではなく，話し手がイライラしながら政治的発言をしている光景が思い浮かぶような表現である．同様に，（3iia）は分析哲学に関する論文の文体であるのに対して，（総合的否定のほかにいくつかの変更が加えられている）（3iib）は，同じ考えをよりくだけた表現で説明しているという感じを与える．そのため後者は，講義や講演で用いるのであれば問題ないが，哲学の論文雑誌においては横柄な印象を与えるかもしれない．当然ながら，ほかにもさまざまな種類の文体があり，学者によっては他人よりもはるかにくだけた文体で書くこともある．

　総合的否定の助動詞がくだけた表現であるからといって，分析的否定が中立的で好まれるというわけではない．たとえば，I did NOT sneak out by the back door when she arrived!（私は彼女が到着した時に裏口からこっそり出て行ったのではない）のように，否定語 not を強調するなどの明確な理由がなければ，分析的否定は会話では不自然に聞こえる．したがって通常の会話では，ゆっくりと丁寧に話しているときでさえも，総合的否定の I don't think so.（私はそうは思いません），Don't worry, I won't be long.（心配しないで．長くはかかりませ

ん）を用いるのがごく自然であり，分析的否定の I do not think so. や Do not worry, I will not be long. を用いるのはまれであるばかりか，かなり不自然に聞こえる.[3]

総合的否定に課せられる文法的制約：倒置を用いた条件節では容認されない

分析的否定と総合的否定の違いは，主に文体に関するものであるが，総合的否定が容認されない構文が 1 つある．それは倒置した条件節である．（4）がその対比である．

(4) i.　Had it not been for the weather, the plan would have succeeded.
　　　　（悪天候でなかったら，その計画は成功していただろう）
　　ii.　*Hadn't it been for the weather, the plan would have succeeded.

■ 総合的動詞否定は屈折の問題である

接辞 -n't は not を短く発音したものであると誤解されることが多い．もちろん，語源的には -n't は not に由来するものの，もはや not に強勢を置かずに発音したものでない．現代英語では，-n't は動詞の屈折である．does not と doesn't のようなペアを区別する統語的，形態的，音韻的理由がある.[4]

■ 主語・助動詞倒置のある節における否定語の位置

主語・助動詞倒置のある節では，たいてい主語が助動詞の直後に現れる．したがって，総合的否定において否定標識は主語に先行するが，分析的否定においては主語に後続する．それぞれ，（5ia）と（5iia），（5ib）と（5iiib）に例示してある．

(5) i. a.　She doesn't agree with me.

---

　[3] 否定の助動詞を不自然に避けた話し方は，たとえば映画の中で地球外生物のようなキャラクターの特性を強調するのに用いられたりする.

　[4] 訳者注：これらの理由は，本シリーズ第 1 巻『動詞と非定形節，そして動詞を欠いた節』において詳細に述べられているが，ここにその要点をまとめる．統語的理由としては，（5ii）の対比にも示されるように，疑問節において総合的否定のかわりに分析的否定を用いることはできない．音韻的理由としては，総合的否定では語全体に強勢が置かれるが，分析的否定は否定語にのみ強勢が置かれる（例：He says she'll read it, but she WON'T/will NOT.（彼女はそれを読むだろうと彼はいうのだが，彼女はそのつもりはない）：本シリーズ第 1 巻より引用）．形態的理由は，両者の形態が異なるので自明である.

　　　　　（彼女は私に同意しない）

　　　b.　She does not agree with me.

　　　　　（同上）

　　ii. a.　Doesn't she agree with me?

　　　　　（彼女は私に同意しないのですか）

　　　b.　*Does not she agree with me?

　iii. a.　*Does shen't agree with me?

　　　b.　Does she not agree with me?

　　　　　（彼女は私に同意しないのですか）

（5iiia）が非文法的となるのは，上で述べたように -n't が動詞の屈折接辞であり，動詞と切り離すことができないためである．また（5iib）のように，通例助動詞と主語の間に not を置くことはできない．ところが，この語順は完全に不可能というわけではなく，（6）に示されるように，ときとして not が主語の直後に現れる通常の語順の交替形として使われることがある．

　　(6)　i.　Do most self-indulgent public officials not accept bribes?
　　　　　（ほとんどのわがまま官僚が賄賂を受け取らないのだろうか）

　　　　ii.　Do not most self-indulgent public officials accept bribes?
　　　　　（同上）

（6ii）の構文は，かつてこの位置に not を置くことが許されていた古い形式の生き残りである．（6ii）は，きわめて形式的な朗読をのぞくと，話し言葉においてはかなり不自然だろう．しかし書き言葉では，総合的否定の助動詞が現れない資料においていまだにみられる．（6ii）の構文は，主語が比較的長い場合にほぼ限られる．その場合，（6i）のように助動詞と not との間に長い要素が介在することで堅苦しい響きになることをさけている．[5]

■節内部の一次否定

一次否定は，通例節否定である．一次否定が節内部否定になるのは，He often isn't there when you call him.（彼に電話すると，彼は不在のことが多い）のよう

---

　　[5] すでにみたとおり，倒置を用いた条件節においては総合的否定が許されない．この構文では，not が主語に先行する構文が用いられやすくなる（例：She might have regretted her smallness had not all the parts been so well-proportioned.（すべてのパーツの均整が取れていなかったなら，彼女は自分の身長の低さを後悔していたかもしれない））．

第 2 章　動詞否定　　173

に，動詞が先行する付加詞の作用域内にある構文に限られる．逆の極性の付加
疑問は isn't he? となり，また so is his secretary（彼の秘書もそうだ）を付加す
ることができる．したがって，ここで否定されているのは述部（すなわち動詞
句）であり，節全体ではない．

2.2　命令否定

命令節の否定には，ほかの種類の否定に関する一般化が当てはまらず，一律に
否定助動詞 don't を用いる．主な命令節の肯定と否定は，以下の通りである．

(7)　i.　a.　Look at me.　　　　　　　　　　　　　　　　［肯定命令節］

（私をみてください）

　　　　b.　Don't look at me.　　　　　　　　　　　　　　［否定命令節］

（私をみないでください）

　　ii.　a.　You look at me!　　　　　　　　　　　　　　　［肯定命令節］

（私をみなさい）

　　　　b.　Don't you look at me!　　　　　　　　　　　　［否定命令節］

（私をみるな）

　iii.　a.　Everyone shout it out.　　　　　　　　　　　　［肯定命令節］

（皆さん大声で叫んでください）

　　　　b.　Don't everybody shout it out.　　　　　　　　［否定命令節］

（皆さん大声で叫ばないでください）

■ 命令節とそれ以外の節との比較

命令節における動詞否定は，以下にあげる点においてほかの節と異なる．

(a)　助動詞がある場合でも助動詞 do が必要である

(8)　i.　a.　Don't be afraid.　　　　　　　　　　　　　　　［命令節］

（恐れないでください）

　　　　b.　You aren't afraid.　　　　　　　　　　　　　　［平叙節］

（あなたは恐れていない）

　　ii.　a.　Don't have eaten all the pizza by the time I get back. ［命令節］

（私が戻るまでにピザを全部食べてしまわないでください）

　　　　b.　I hope [they haven't eaten all the pizza by the time I get

back].   ［平叙節］
（私が戻るまでに彼らがピザを全部食べてしまっていないことを願います）

命令節には助動詞 **do** が現れているが，対応する平叙節には現れていない．こ
れは，平叙節には支持の **do** の助けを借りずに一次動詞否定をつくることがで
きる別の助動詞があるからである．もっともよくある事例が，(8i) のような
be 動詞を含むタイプである．(8ii) は完了の助動詞 **have** を含む例であるが，
命令節に助動詞 have を用いることはまれであるため，やや不自然に聞こえる
かもしれない．それでもなお，(8iia) の文法性は，明らかに非文法的な *Ha-
ven't eaten all the pizza by the time I get back! よりも断然よい．したがっ
て，助動詞と語彙動詞との区別は否定命令節の形成にはまったく無関係で，
do はすべての場合で必要ということになる．[6]

(b)　主語と動詞の語順

(7ii, iii) のように，命令節に主語が現れると，肯定命令節の場合は動詞の前
に，否定命令節の場合は通例 don't の後ろに現れる．[7] このような語順の変化
は命令節以外の節では起こらない．

(c)　命令節の動詞が無標形であっても総合的否定がみられる

命令節の動詞は無標形である．Be careful.（注意してください）の be や，(7iii)
の動詞 shout に接辞 -s が現れないことからもわかるように，命令節の動詞は
時制をもっていない．否定命令節は，一次形式ではない屈折否定をもつ唯一の
構文である．

(d)　分析的否定に課せられる制約

話し言葉においては，命令節の動詞否定は総合的否定 don't によって示される
のが一般的である．分析的否定 do not は主に書き言葉で用いられ，動詞の一

---

[6] **do** を用いない否定命令節が時おりみられるが，それらはあえて古風な感じを出そうとし
たものであり，聖書や文学，ことわざの文体の名残として残っているにすぎない（例：Fear
not.（恐れるな）；Be not afraid.（心配するな）；Waste not, want not.（むだをしなければ不自
由することはない）；Judge not that ye be not judged.（他人を裁くな．自分が裁かれないた
めに））．この構文は第 2 章の注 1 であげたものと似ている．

[7] 訳者注：付加疑問を用いて主語を明示することも可能である（例：Help yourself, will
you/won't you?（どうぞ召し上がれ）；Don't tell anyone, will you?（誰にもいわないでくれ
よ）；いずれも本シリーズ第 6 巻『節のタイプと発話力，そして発話の内容』より引用）．

次形式が分析的否定で使われる場合よりも，形式的な文体であることが強く意識される．分析的否定の命令節に顕在的な主語が現れると容認性が下がり，とりわけ主語が you の場合は非文法的となる．

(9) i. a. Don't any of you think you have heard the last of this matter.
　　　　　　　（誰もこの事件の結末を聞いたと思わないでください）
　　　　b. Do not any of you think you have heard the last of this matter.
　　　　　　　（同上）
　　ii. a. Don't you renege on our deal.
　　　　　　　（私たちの取引を破棄しないでください）
　　　　b. *Do not you renege on our deal.

分析的否定において，主語の後ろに not が現れる語順はないということに注意されたい．その語順は疑問節においてのみ可能である（例：Do you not habitually renege on your promises?（あなたはいつも自分の約束を反古にしないのですか））．

2.3　二次動詞否定

動詞否定の最後のカテゴリーは，動詞の無標形や過去分詞形，動名分詞形のような，命令節以外で動詞の二次形式を含む構文に関連するものである．命令節にも動詞の無標形が現れるため，このカテゴリーを「非命令節の二次否定」とよんだほうがよいかもしれないが，単に**二次否定**（**secondary negation**）とよぶことにする．このカテゴリーには，動詞否定のある仮定法節と非定形節が含まれる．

2.3.1　二次否定の形式的標示

二次動詞否定は以下の2点でそのほかと異なる．第一に，助動詞 **do** が用いられない．第二に，常に分析的否定である．すなわち，命令節の don't をのぞいて，動詞の否定形はすべて一次否定である．すべての事例において，二次動詞否定は not を動詞句の前位修飾要素として置くことで形成される．

(10) i. a. It is vital [that he be told].　　　　　　　　　　　　　［肯定節］
　　　　　　　（彼が教わるということがきわめて重要だ）
　　　　b. It is vital [that he not be told].　　　　　　　　　　　　［否定節］

176　　第 II 部　否定

（彼が教わらないということがきわめて重要だ）

ii. a. [Locking the doors] is unwise. ［肯定節］

（ドアに鍵をかけるというのは愚かだ）

b. [Not locking the doors] is unwise. ［否定節］

（ドアに鍵をかけないというのは愚かだ）

iii. a. [His accepting it] was a shock. ［肯定節］

（彼がそれを受け入れたのはショックだった）

b. [His not accepting it] was a shock. ［否定節］

（彼がそれを受け入れなかったのはショックだった）

iv. a. a plan [approved by the board] ［肯定節］

（委員会で承認された計画）

b. a plan [not approved by the board] ［否定節］

（委員会で承認されなかった計画）

v. a. It looks bad [for them to smile]. ［肯定節］

（彼らが微笑むことはまずいことのようだ）

b. It looks bad [for them not to smile]. ［否定節］

（彼らが微笑まないことはまずいことのようだ）

vi. a. They let me [wear high heels]. ［肯定節］

（彼らは私がハイヒールを履くことを認めた）

b. They let me [not wear high heels]. ［否定節］

（彼らは私がハイヒールを履かないことを認めた）

(10i) は仮定法，(10ii, iii) は動名分詞形，(10iv) は過去分詞，(10v, vi) は不定詞の例である．to 不定詞の場合，It looks bad [for them to not smile]. のように，not が to に後続する交替形がある．to は文全体に意味的影響を与えないため，not が to に先行しようが後続しようが作用域の対比は生まれず，意味的に等価になる．not が to に後続するパターンは，**分離不定詞 (split infinitive)** 構文の特殊な事例である．[8]

　ほとんどの二次否定節は従属節であるが，感嘆や願望の意味を表す主節でも二次否定がみられる．

---

　[8] 訳者注：分離不定詞とは，否定語のほかに，副詞（almost, actually など）や前置詞句，名詞句などが不定詞標識 to と動詞無標形の間に介在する構文のことである（詳細は本シリーズ第 4 巻『形容詞と副詞』を参照）．

第 2 章　動詞否定　　177

(11) i. a.　A letter written on a computer!
　　　　　　（手紙がコンピュータに書かれていればなあ）
　　　 b.　A letter not written on a computer!
　　　　　　（手紙がコンピュータに書かれていなければなあ）
　　ii. a.　My only son getting into Harvard!
　　　　　　（私の一人息子がハーバード大学に入学すればいいのに）
　　　 b.　My only son not getting into Harvard!
　　　　　　（私の一人息子がハーバード大学に入学しなければいいのに）
　 iii. a.　Oh to have to visit England!
　　　　　　（ああ，イングランドに行かざるを得ないことになればなあ）
　　　 b.　Oh to not have to visit England!
　　　　　　（ああ，イングランドに行かなくていいことになればなあ）

2.3.2　助動詞に **not** が後続する二次否定

not が 2 つの動詞の間に現れると，どちらが否定されているのかという問題が
生じる．最初の動詞が語彙動詞か二次的形式の助動詞であれば，not は明らか
に後続する動詞と結びついている．

(12) i.　She agreed [not to make a formal complaint].
　　　　　（彼女は正式に苦情を申し立てないことに同意した）
　　ii.　Jill's instruction had been [not to take on any extra staff].
　　　　　（ジルの指示は臨時のスタッフを雇わないということだった）

ここでは，not が統語的に不定詞節内に置かれており，典型的な二次否定であ
る．逆の極性の付加疑問として didn't she? と hadn't it? が選択されることか
らも明らかなように，一次形式の動詞をもつ主節は肯定である．not が先行す
る動詞を否定できるのは，その動詞が助動詞の一次形式（あるいは命令節の
do）である場合に限られる．このことについて，もう少し詳しくみていこう．

(a)　助動詞の一次形式の直後に現れる **not**

この位置に現れる not は，たいてい助動詞を否定しており，よって一次否定
となる．助動詞が否定の意味的作用域内になくてもそうである．

(13) a.　They must not read it.
　　　　　（彼らはそれを読んではいけない）

178　　　第 II 部　否定

b.　They <u>need</u> <u>not</u> read it.
　　（彼らはそれを読む必要はない）

（13a）では，must が not を作用域にもつ（「彼らがそれを読まないことが要求されている」）が，（13b）では，not が need を作用域にもつ（「彼らにとってそれを読むことは必要ではない」）.[9] この違いにもかかわらず，どちらの例でも not は統語的に主節に含まれる．これは，どちらも肯定付加疑問（must they?, need they?）を逆の極性の付加疑問として選択すること，そして総合的否定の交替形（mustn't, needn't）をもつことからも明らかである．

　しかし，この一般的規則には以下の 3 つの例外がある．

（14）　i.　Jill's instruction was [<u>not</u> to <u>take</u> on any extra staff—in any circumstances].
　　　　（ジルの指示は，いかなる場合でも，臨時のスタッフを雇わないということだった）

　　ii.　You can [<u>not</u> <u>answer</u> their letters]: you're not legally required to respond.
　　　　（あなたはその手紙に返信しないことが可能だ．すなわち，返信することが法的には要求されていない）

　　iii.　You can't [<u>not</u> <u>go</u> with them].
　　　　（あなたは彼らと行かざるを得ない）

同定用法の be に後続する not

（14i）の例は，（12ii）から完了の意味をのぞいたものであると解釈され，Jill's instruction was that they not take on extra staff. とパラフレーズできる．主節は肯定節であるから，逆の極性の付加疑問は wasn't it? が選択される．こ

---

　[9] 訳者注：must と need はどちらも**認識的必然性 (epistemic necessity)** を表し，（13）にあるように，否定の作用域に関して異なる振る舞いを示す．同様の否定の作用域に関する対比は**認識的可能性 (epistemic possibility)** を表す may と can にもみられる．(i) に示されるように，may は否定を作用域にもつが，can は否定の作用域内にある（例は本シリーズ第 1 巻『動詞と非定形節，そして動詞を欠いた節』より引用）．
　　(i)　a.　He may not have done it deliberately.
　　　　　　（彼はそれをわざとやらなかったのかもしれない）
　　　　b.　He can't have done it deliberately.
　　　　　　（彼がそれをわざとやったなんてありえない）

第 2 章　動詞否定　179

の構文は同定用法の **be** を用いたものであり，その補部がたまたま主語をもた
ない否定節となっている．(14i) において was not を wasn't に置き換えると，
同じ意味を表すことはできない．

　しかしながら，表面上この構文と似た形式をもつコピュラ文において，(be
が一次形式であれば) not が be に後続することはまったく問題がない．事実，
The sole purpose of the criminal law is not to amuse Mr Mortimer. のような
文を使うことができる．これは「刑法の唯一の目的はモーティマー氏を楽しま
せることではない」と理解され，「刑法の唯一の目的はモーティマー氏を楽し
ませないことだ」という奇妙な解釈にはならない．したがって，この構文は潜
在的なあいまい性をもつ．(14i) において，in any circumstances が韻律的に
離れているのは，そうした方が，ここで意図している二次否定の解釈が強く出
るからである．

can not と自制・自粛の可能性

(14ii) の前半部分の意味は「あなたは手紙に返信しないことが許されている」
であり，can の作用域内に not がある．この用法では，not に強勢が置かれる
とともに，強勢のない can の後にわずかな休止が置かれることで，not は韻律
的に can ではなく answer と結びつく．法助動詞が not を作用域にもつとい
う点で，(14ii) は (13a) と意味的に似ているが，一次否定ではなく二次否定
であるという点で，(13a) とは統語的に異なる．このことは，(14ii) の逆の極
性の付加疑問が can't you? になることからも明らかである．You can't/can-
not answer their letters. (あなたはその手紙に返信できない) はまったく異なる意
味をもつが，それはこれが一次否定であり，否定の作用域内に法助動詞がある
ためである (解釈は「あなたがその手紙に返信することは可能ではない，ある
いは許されていない」となる).

　したがって (13a) とは異なり，(14ii) では not が非定形の従属節内にあり，
統語と意味が合致している．しかし，この構文はかなりまれであり，やや不自
然に聞こえる．また，通例 **can** と **may** 以外の法助動詞では起こらない．

can't not：一次否定とともに現れる二次否定

(14iii) において，not は否定の助動詞に後続している．動詞を二度否定する
ことはできないので，この not は必然的に非定形節に属していることになる．
総合的否定 can't により，主節の極性が否定であることは明らかである．すな
わち，You can't go with them. (あなたは彼らと行くことはできない) の場合と同

180   第 II 部　否定

じように，逆の極性の付加疑問は can you? が選択される．統語的には，2 つ
の否定があることで，互いを打ち消して極性が肯定になるということはない．
すなわち，(14iii) は 2 つの否定的要素を含むが，主節は統語的に否定のまま
である．

　この構文は，原則どの助動詞とでも可能である（例：I won't not speak this
time, I promise you.（しゃべらないということは，今回はないと約束します））．助
動詞が支持の **do** の場合であっても可能であり，その場合，述べられたばかり
の否定的主張をさらに否定する（例：I DIDN'T not listen to you.（あなたの話を
聞いてなかったなんてことはない））．このことは命令節にも当てはまる（例：
Don't not go just because of me.（私のために行かないなんてことはやめてくださ
い））．これらの例では，1 つの否定の作用域内にもう 1 つの否定があるので，
意味的に互いを打ち消しあっている．I won't not speak.（私はしゃべらないつもり
りではない）と I will speak.（私はしゃべるつもりだ）は真理条件的には等価であ
る（ただし修辞的には異なる）．同様に，I DIDN'T not listen.（私は聞いていな
かったわけではない）と I DID listen.（私はたしかに聞いた），Don't not go.（行か
ないなんてことはやめてください）と Go.（行きなさい）はそれぞれ互いに等価で
ある．ほとんどの状況において，より単純な肯定節が好まれるが，二重否定に
よる打消しの用法が好まれる特殊な状況もある．[10]

　(14iii) の can は，最初の否定の作用域内に can があるという点でこれらの
構文と異なる．したがって，You can't not go with them.（あなたは彼らと行か

---

[10] 2 つの否定要素が互いに打ち消しあう例は映画の台本などで実際にみつかる．以下は，男
性 A が最近デートをしていない女性 B に偶然出会う場面である．

　　A:　Don't think that I have [not called you].　I haven't [not called you].　I mean …, I
　　　　don't mean that I haven't [not called you] because that's a double negative so as to
　　　　say that I have called you …
　　　　（僕がずっと電話をしなかったなんて思わないでくれ．電話をしなかったんじゃない
　　　　んだ．つまり，「電話をしなかったんじゃない」ということではないよ，だってその
　　　　表現は僕が電話をしたというための二重否定になるから …）
　　B:　When did you call?
　　　　（いつ電話をしたの）
　　A:　I didn't.　But I didn't [not call you] in the way that you might think that I didn't
　　　　call you. [i.e. as indicating that I didn't want to see you again]
　　　　（してないよ．だけど，君が考えるようなやり方で（つまり君に二度と会わないつも
　　　　りで）僕は電話をしなかったのではないよ）
いずれの not も韻律的に **call** と結びついており，助動詞の補部として機能する非定形節の二
次否定を標示している．

ざるを得ない）と You can go with them.（あなたは彼らと行くことができる）は等
価ではない．You can't not go with them. は You must go with them.（あなた
は彼らと行かなければならない）と等価であるが，can't not と must のどちらを
使うかは，語用論的な動機によって決まる．

(b) 統語的に助動詞と離れた not
二次動詞形と隣接し，助動詞と離れていると，not は二次否定を標示しやすく
なる．助動詞と否定語を離すには以下の 3 つの方法がある．

not に先行する不定詞 to
1 番目の事例として，不定詞標識の to は助動詞と not を引き離すことができ
る．わかりやすい例は，同定用法の **be** 構文における不定詞標識 to である．

(15) a. Their aim is not to change things.
   （彼らの目的は状況を変えることではない／彼らの目的は状況を変えない
   ことだ）

   b. Their aim is to not change things.
   （彼らの目的は状況を変えないことだ）

(15a) は，主節の一次否定（前者の日本語訳）か，(14i) の議論でふれた不定
詞節の二次否定（後者の日本語訳）かであいまいである．is not を isn't に変
えると，あいまい性が解消されて主節の一次否定になる．対照的に，(15b) は
二次否定の解釈のみが可能である．to は不定詞節の始まりを標示しているの
で，not はそこに含まれる要素としてしか解釈できない．

助動詞と動詞句との間の付加詞
2 番目の事例は，助動詞と not の間に付加詞が現れる場合である．

(16) i. You can simply not answer their letters, can't you?
   （あなたは単に彼らの手紙に返信しなくてよいのですね）

   ii. They have always not enforced that regulation, haven't they?
   （彼らは常にあの規則を実施せずにいたのですね）

どちらの例でも，付加詞が介在することで not が助動詞から切り離されてい
る．(16i) と (14ii) とを比べてみると，simply が付け加えられることで not
と非定形節とが結びつきやすくなっている．(16ii) では，全称数量化の副詞

always の作用域内に not があることで not が enforce と結びつき，結果として「（実施を）見送る」という意味が生じている．

助動詞と not との間の主語

3番目の事例は，主節が主語・助動詞倒置を起こすことで，主語が助動詞とその補部の間に介在する場合である．

(17) i. Would you not put your feet on the sofa.
   （ソファの上に足を置かないでもらえますか）

   ii. Can you not ask them to help you?
   （彼らに助けを求めないでください／あなたは彼らに助けを求められないのですか）

   iii. Did you not agree with her?
   （あなたは彼女に同意しなかったのですか）

(17i) の自然な解釈は，足をソファに置かないことの要求である．ここで not は put にかかっており，主節の総合的否定と交替することはできない．つまり，would you not を wouldn't you に置き換えることはできない．しかし，(17ii) は2通りに解釈できる．1つ目の解釈（前者の日本語訳）は (17i) と同じで，助けを求めないことの要求である（その場合，文末は疑問符ではなくピリオドが好まれる）．not の前に please を挿入すると，この解釈に定まる．2つ目の解釈（後者の日本語訳）は，not の作用域内に法助動詞があるもので，総合的否定を用いた Can't you ask them to help you? （あなたは彼らに助けを求められないのですか）と等価である．この解釈の場合，主節に一次否定がある．

　厳密には，(17iii) も主節の一次否定であるか不定詞節の二次否定であるかであいまいである．後者の解釈は，(14ii) の場合と同様に you と not の間に短い休止を置くことで得られやすくなるが，この解釈は好まれない．というのも，同様の解釈は Did you disagree with her? （あなたは彼女に反対したのですか）によってより明確に表すことができるためである．またここでも，Did you always not agree with her? （あなたは常に彼女に同意しなかったのですか）のように，always を not の前に挿入することで，二次否定を導き出すことができる．

第3章　動詞外否定

本節では否定語が動詞と結びついていない構文を扱う．まず 3.1 節では，not により標示される分析的否定を扱う．続いて 3.2 節と 3.3 節で，それぞれ絶対否定語と近似否定語により標示される総合的否定をみていく．最後に 3.4 節で，接辞否定と動詞否定の意味的違いを議論する．疑問節の返答において no により標示される分析的否定は，7 章で議論する．

3.1　動詞外否定標識としての not

not が動詞外否定を標示しているもっともわかりやすい例を (1) にあげる．

(1)　i.　[Not all of them] regarded it as a success.
　　　　（彼ら全員がそれを成功とみなしたわけではなかった）

　　ii.　He seemed [not entirely honest].
　　　　（彼は完全に正直というわけではないようだった）

これらは語彙動詞の一次形式を含んでいるが，いずれも動詞否定では許されない形式である．以下の動詞否定の例と比較されたい．They did not all regard it as a success.（彼ら全員がそれを成功とみなしたわけではなかった），He did not seem entirely honest.（彼は完全に正直というわけではないようだった）．これらは，総合的否定の didn't を用いても表すことができる．

　助動詞が現れると，その後ろの not は一次否定と解釈される傾向が強いので (1) との対比が生じる．

(2)　i.　[Not all of them] had regarded it as a success.

183

（彼ら全員がそれを成功とみなしたわけではなかった）

ii. He was <u>not</u> entirely honest.

（彼は完全に正直というわけではなかった）

(2i) では，助動詞があっても not は主語名詞句にあることが明らかなので，動詞外否定のままである．しかし，(2ii) では not は助動詞の後ろにあり，一次否定として解釈される可能性が非常に高い．(1ii) では逆の極性の付加疑問として didn't he? が選択されるのに対し，(2ii) では was he? が選択されることに注意されたい．

前節の (17) の事例と同じように，(2ii) は not が動詞否定であるか動詞外否定であるのかについて構造的なあいまいさをともなう．なぜなら，(1ii) において角括弧で囲まれた形容詞句が連結詞の補部として生じる可能性を排除することはできないからである．ただし，連結詞と not が離れていると動詞外否定の解釈のみが可能である（例：He was both not entirely honest and somewhat aggressive.（彼は完全に正直というわけではなく，またいくぶん粗暴でもあった））．[1] (2ii) のような例は構造的にはあいまいだが，状況が与えられればあいまいに解釈されることはほぼないであろう．

以下では，上記のようなあいまいな例ではなく，not が明らかに動詞外否定の標識となっている 12 種類の構文をみていこう．(I think not.（私はそう思わない）のように，前方照応的に振る舞う not は 7.2 節で扱う．)

(a) **not all のタイプ**

(3) i. <u>Not all</u> people have had the opportunities you have had.

（すべての人があなたと同じような機会を得たことがあるわけではなかった）

ii. <u>Not often</u> do we see her lose her cool like that.

（彼女があんなに冷静でなくなるのを目にすることはそれほどない）

iii. *I agree with <u>not all</u> your arguments.

iv. *He <u>not often</u> visits his parents.

not は，数量詞と結びついて否定の句を形成する．すなわち，not all は否定の限定詞句で，not often は否定の副詞句である．もちろん，この not は数量詞

---

[1] さらなる事例として，[%]It was so not funny.（それほど面白くはない）のような，so により修飾される叙述的形容詞句がある．この構文は比較的新しく，若者のくだけた話し言葉に特徴的にみられる．

を作用域にもつ．このような句は，(3i) のように主語の中や，(3ii) のように主語の前に生じることができる．この not は節否定を標示しているので，(3ii) の not often は主語・助動詞倒置を引き起こしている．しかし，(3iii) のように動詞の後ろや，(3iv) のように主語と動詞の間に現れることはできず，それぞれ動詞否定を用いて，I don't agree with all your arguments.（私はあなたの主張のすべてに賛成しているわけではない），He doesn't often visit his parents.（彼は両親のもとをそれほど頻繁に訪れていない）としなければいけない．

(4) からわかるように，どの数量詞でも not を修飾要素としてとれるわけではない．

(4) i. not all   not every
          （すべて...というわけではない）
          not many   not much
          （多くが...というわけではない）
          not often
          （たびたび...ということではない）
     ii. *not both   *not each   *not most   *not some   ?not any

動詞否定のある節において，否定の作用域内に each, most, some は生じにくい．たとえば，I hadn't read most of it. のもっとも得られやすい解釈は，「そのほとんどを，私は読んだことがなかった」である．したがって，not each のように，これらの語を明示的に否定の作用域に含む句が必要となることはほとんどない．

both は，動詞否定の作用域内に生じることがよくある（例：I couldn't afford both of them.（私はそれらをどちらも買う余裕がなかった））．しかし，not と both とを結合させて，not both という句にする必要はほとんどない．たとえば，ある 2 人がベーリング海峡を泳いで渡る挑戦をしているが，片方あるいは両方の成功がまだ成し遂げられていないという状況を仮定しよう．この状況を主語名詞句に数量詞を用いて表現するには，通例 Neither of them succeeded.（彼らの両方とも成功しなかった）か，Only one of them succeeded.（彼らのうち 1 人しか成功しなかった）が用いられる．これらの表現のほうが，容認されない *Not both of them succeeded. よりも正しく情報を伝えられ，それゆえ一般的に好まれる．

not any の容認性はかなり疑わしい．たいていは，not any のかわりに none あるいは no を用いて，None of her friends had supported her.（彼女の友達の

誰も彼女を支持しなかった）のようにするが，強調表現として not any が容認されることがごくまれにある（例：?Not ANY of her friends had supported her.（彼女の友達で誰も彼女を支持しなかった））．

(b) not one

(5) i. Not one person supported the proposal.
   （誰 1 人としてその提案を支持しなかった）

   ii. They had found not one mistake.
   （彼らは 1 つのミスもみつけなかった）

(5ii) のように動詞の後ろに生じるという点で，not one は (4i) であげた項目よりも広範囲に現れる．not と a (single) の組み合わせも可能であり，(5ii) は They had found not a single mistake. とパラフレーズすることができる．

(c) 「… より少ない」を表す not two など

(6) i. Not two years ago this company was ranked in the top ten.
   （ここ 2 年以内にこの会社は 10 位以内にランク付けされた）

   ii. He was here not ten minutes ago.
   （10 分も前のことではないが，彼はここにいた）

not が 2 以上を表す数詞と組み合わされると，先ほどの not one とは異なる振る舞いを示す．まず，not two などは，主として時間や距離のような**度量句 (measure phrase)** に限られる．したがって，(5ii) の not one を not two と置き換えて *They had found not two mistakes. とすることはできない．また，(6) の not は節内部否定を標示し，節全体は肯定である．このことは，(6i) で倒置が起こっていないことや，逆の極性の付加疑問として wasn't it? と wasn't he? が選択されることからも明らかである．対照的に，(5) の節の極性は否定である（ただし，not one や not a single は節内部否定をもつ度量句と共起することも可能である）．(6) における not の解釈は「… より少ない (less than)」であり，この意味は not an hour ago （(現在まで)1 時間以内），not long before his death （彼の死の少し前に），not far from the post office （郵便局からさほど遠くなく）などの表現においても含まれ，その場合も節否定を標示しない．

(d) not a little, not a few

(7) His speech had caused not a little confusion.
（彼の演説はかなりの混乱を引き起こした）

not は，**限定詞（determinative）**の a little や a few と組み合わせることも可能である．これらは少数であることを意味するが，not と組み合わせることで数量の少なさを否定する効果があり，それにより「かなりの量または数の」という意味が生じる（下の 3.2.1 節（29）における no small achievement（並々ならぬ業績）も参照のこと）．否定の作用域は非常に狭く，節自体の極性は肯定であるため，(7) の付加疑問は hadn't he? が選択される．

(e) not even, not only

(8) i. a. Not even Ed approved of the plan.
（エドでさえその計画に満足していなかった）

b. Not only Ed approved of the plan.
（エドだけがその計画に満足したわけではない）

ii. a. Not even then did he lose patience.
（その時でさえ彼は我慢できなかった）

b. *Not only then did he lose patience.

not と焦点の副詞 even, only との組み合わせは珍しくない．not even は通例節否定を標示するので，(8ia) の付加疑問は did he? となる．対照的に，(8ib) の節の極性は肯定である．この節に付加疑問を加えることはあまりないだろうが，Max approved of it too.（マックスもそれに満足した）のような肯定の連結付加部を容易に後続させることができる．(8iia) では倒置が起こっているが，(8iib) の倒置は非文法的となる．[2] not even と not only の違いは，両者の意味にも反映される．つまり，(8ia) でエドはその計画に満足していないが，(8ib) では満足しているのである．（実際，(8ib) はエドがその計画に満足している

---

[2] 倒置が起こらなかったとしても not only then を前置することはできない．not only then を強調する時は，動詞否定の分裂文を用いる（例：It wasn't only then that he lost patience.（彼が我慢できなかったのはその時だけではない））．not even は，その焦点の対象が度量句の場合，節内部否定として用いることができ，その時には倒置は起こらない（例：Not even two years ago this company was ranked in the top ten, wasn't it?（少なくともここ 2 年以内に，この会社は 10 位以内にランク付けされましたね））．

188　　　　　　　　　　　　　　　第 II 部　否定

ことが前提条件となっており，それゆえ，付加疑問を加えて確認をとるという
ことができない.）

　not only は，それを含む節が付加部として機能する場合には節否定を標示
する（例：[Not only was the acting appalling,] the movie was far too long.
（その映画は演技がひどいだけでなく，あまりにも長すぎた））.

(f)　**not very，not quite** など

(9)　i.　We had a [not very amicable] discussion.
　　　　　　（私たちの議論はそれほど和やかではなかった）

　　ii.　It somehow sounded [not quite right].
　　　　　　（それはどういうわけかあまり良くない印象だった）

　　iii.　I found his story [not wholly convincing].
　　　　　　（彼の話は完全に納得ができるわけではないことがわかった）

　　iv.　He spoke [not very confidently].
　　　　　　（彼はあまり自信がない様子で話した）

　　v.　[Not very many of them] had been damaged.
　　　　　　（彼らのかなり多くが損害を被ったというわけではない）

副詞や形容詞，ある種の限定詞を修飾するさまざまな程度表現と not を組み
合わせることが可能である．(9i) では限定用法の形容詞句と，(9ii, iii) では
叙述用法の形容詞句と，(9iv) では副詞句と，(9v) では限定詞句とそれぞれ
組み合わさっている．(9i-iv) は節内部否定であるが，(9v) は節否定である．
not very many は，節否定を標示して動詞に先行する位置にのみ生じる点で，
not many と同じように振る舞う．

(g)　**not unattractive**：not＋接辞否定された形容詞

(10)　i.　Morton was in his early fifties and not unattractive to women.
　　　　　　（モートンは年齢が 50 代前半であるが，女性にとって魅力がないわけでは
　　　　　　ない）

　　ii.　It was a not undistinguished private university with a large en-
　　　　　dowment.
　　　　　　（そこは，巨額の基金があるそこそこ有力な私立大学だった）

　　iii.　They had fixed the walls, and purchased some not inelegant furniture.

（彼らは壁を修理し，悪くない趣味の家具をいくつか購入した）

一般的に，限定用法の形容詞を not で直接否定することはできない．したがって，*a not large house や *It looked not large. は容認されない．「not＋形容詞」が容認されるのは，(10) に例示されているように，その形容詞の**基体 (base)** が，はっきりと否定を表す生産的な接頭辞をともなう場合のみである．*a not anarchic society や *several not intrepid explorers という表現が容認されないことに注意されたい．これは，anarchic（無政府状態の）と intrepid（勇敢な）が語源的には「否定接頭辞＋基体」で形成されてはいるものの，共時的には否定であることがわかりにくいためである．[3] さらに，形容詞の意味は段階的でなければいけないという条件がある．これにより，*a not immoral purpose, *this not uncrystalline substance, *a not illegal act は容認されない．これらの例における形容詞は，段階的ではなく**類別的 (classificatory)** だからである．つまり，目的は道徳的であるかそうでないかであり，物質は結晶性であるかそうでないかであり，行動は合法的であるかそうでないかであって，それぞれに中間段階は存在しない．

ときとして，規範的立場から「not un-」構文は用いるべきではないと批判されることがあるが，大方の文法書はこの構文が完全に容認可能であるという見解を示している．ただし，attractive（魅力的な）を not unattractive（魅力に欠けるわけではない）のかわりに用いて同じ意味を表すことができると考えてはいけない．両者は異なった意味をもつ．(11) のように，両端が beauty（美形）と ugliness（不細工），その間が intermediate looks（中間的な外見）という目盛り付きの物差しを仮定しよう．形容詞 attractive は，その物差しの beauty 側の位置を占めることを示している．接頭辞 un- を加えて unattractive とすると，方向が逆向きになり，物差しの ugliness 側の位置を占めることを示す．そこにさらに not を加えて not unattractive にすると，ugliness 側の位置を占めることが否定され，再び beauty 側の位置を占めることが示される．ただし，not unattractive の場合，中間の領域は除かれていないため，美形の度合いが

---

[3] ある形容詞を，接辞により否定されているとみなす話者もいれば，そのように捉えない話者もいることから，細かい問題が生じることがある．たとえば，impious（不信心な）を /ɪmˈpaɪəs/ と発音し，その形成が「否定接頭辞＋pious」であることを明示する話者もいれば，/ˈɪmpɪəs/ と発音して pious（信心深い）と結びつけない話者もいる．一般的に，前者は ⁶a not impious man（不信心ではない男）を容認するが，後者は容認しない．

高いことをそれほどはっきりと示しているわけではない.

(11) attractive と not unattractive の意味の図解

```
                              ── attractive ──
                           ── not unattractive ──
─────────────────────────────────────────────────────────────
  醜い              中間的な外見                     美しい
```

(h) not unnaturally：副詞の否定

(12) i. <u>Not unexpectedly</u>, Charles was late for the meeting.
（意外でもないが，チャールズは会議に遅刻した）

　　ii. <u>Not unreasonably</u>, he asked for payment in advance.
（不合理なことではないが，彼は前払いを要求した）

　　iii. <u>Not surprisingly</u>, they didn't want any part of it.
（驚くほどのことではないが，彼らはそのどの部分もほしがらなかった）

限定用法の形容詞と同じく，副詞も一般的には not により直接否定することはできない.したがって，たとえば *Not stupidly, he asked for payment in advance. は容認されない.（12）で例外的に容認されている副詞は，（10）であげた形容詞と同類である.ただし，（12iii）の surprisingly（驚くべきことに）は否定の接頭辞がないにもかかわらず容認されている.これは，surprisingly が unexpectedly（思いがけなく）とほぼ同義であるためであると思われる.（12）の not は，その作用域に副詞のみをもつ.（12i, ii）では節の極性が肯定であるのに対し，（12iii）は動詞否定を含むことから否定の極性をもつ.

(i) not＋前置詞句

(13) i. Not at any stage of the proceedings did she contemplate giving up.
（訴訟手続きのどの段階においても彼女はあきらめようとは思わなかった）

　　ii. Not for the first time, she felt utterly betrayed.
（初めてのことではないが，彼女は完全に裏切られたと感じた）

not は一部の前置詞句を修飾することができ，（13i）のように節否定にも（13ii）のように節内部否定にもなりうる.その違いは，倒置の有無によってはっきり示すことができ，それぞれの解釈にも反映される.（13i）には「彼女があきら

めなかった」という論理的含意があるのに対し，(13ii) は「彼女がたしかに完全に裏切られた」ことを含意する．

(j)　動詞のない節の not

(14)　i.　<u>Not an accomplished dancer</u>, he moved rather clumsily.
　　　　　（優れたダンサーではなかったので，彼の動きはややぎこちなかった）

　　　ii.　<u>Not under any illusions about the matter</u>, he continued to be cautious.
　　　　　（その件について何ら幻想を抱いておらず，彼は用心し続けた）

　　　iii.　We need someone <u>not afraid of taking risks</u>.
　　　　　（私たちには，危険を冒すことを恐れない人物が必要だ）

(14) の下線部は，それぞれ動詞を含む not being an accomplished dancer, not being under any illusions about the matter, who is not afraid of taking risks に相当する．これらのパラフレーズと同様に，(14) でも否定は従属節を越えて作用域をもたない．したがって，主節の極性はすべて肯定である．

(k)　not＋that 節

(15)　i.　The film never quite generates his trademark level of icy paranoia. Not that it doesn't try.
　　　　　（その映画は，彼のトレードマークである凍てつくような妄想を少しも生み出していない．そうしようとしていないわけではないのだが）

　　　ii.　I don't think they should be allowed to use our public health services—not that I have anything against immigrants, of course.
　　　　　（彼らが私たちの公衆衛生サービスを利用することを認めるべきであるとは私は思わない．もちろん，移民に対して不満があるということではない）

　　　iii.　There are spare blankets in here, not that you'll have any need of them.
　　　　　（ここに予備の毛布があります．あなたがそれを必要だろうということではないですが）

この構文は，「しかし，これは…ということを意図しているわけではない」という注釈を補って考えるとよいだろう．それぞれの例において，not は文脈から自然に想定・予測される命題を思い起こさせた上で，その命題が真であるこ

192　　　　　　　　　　　　第 II 部　否定

とを否定している．(15) において否定されている内容は，それぞれ以下のようなものである．「いつもの監督作品にみられる，凍てつくような妄想をその映画は生み出そうとしていないこと」((15i))，「話し手が外国人嫌いの考えを抱いていること」((15ii))，「聞き手がとても寒がっているので，予備の毛布の保管場所を知りたいだろうということ」((15iii))．これらは，いずれも言語表現としてはっきり示されていない．

　この構文の統語分析は，少々やっかいである．機能的には，この構文は主節のように独立している．しかし構造的には，この not は (not all における not が all を修飾しているのと同様)，内容節を修飾していると分析することも可能だろう．そうするとこの構文全体は，機能的には従属節ではないにもかかわらず，従属節の形式をもっていることになる．これとよく似た That it should have come to this! (こんなことになるなんて) のような例と同様，表面上現れない従属構造が隠されていると考えることができるだろう．

(l)　等位構造における not

(16)　i.　They are now leaving [not on Friday but on Saturday].
　　　　　(彼らは金曜日ではなく土曜日に出発する)

　　　ii.　They are now leaving [on Saturday, not on Friday].
　　　　　(彼らは土曜日に出発するのであって，金曜日にではない)

　　　iii.　They've invited [you and your brother, but not me].
　　　　　(彼らはあなたとあなたのお兄さんを招待したが，私を招待しなかった)

さまざまな等位接続構造に not は生じる．(16i) において，not は第一等位項にあり，動詞否定を用いた They aren't now leaving on Friday but on Saturday. でパラフレーズできる (ただし，動詞外否定を用いた構文は等位接続構造でのみ可能なので，*They are now leaving not on Friday. は許されない)．(16ii, iii) において，not は第二等位項にある．(16ii) では等位接続詞が現れておらず (この場合，2 つの等位項は相互排他的な関係にある)，(16iii) では not が接続詞 but に後続している．(16) のいずれも節内部否定の例であり，not が作用域にもつのは等位項のどちらか片方のみである．したがって，(16i) の付加疑問は They are now leaving not on Friday but on Saturday, aren't they? (彼らは金曜日ではなく土曜日に出発するのですね) となり，(16ii) に連結付加詞を用いると，They are now leaving on Saturday, not on Friday, and so are the Smiths. (彼らは土曜日に出発するのであって，金曜日にではない．スミス一

第 3 章　動詞外否定　193

家も同じく土曜日に出発する）となる.[4]

　(16ii) のタイプでは等位項が動詞になることもあるが，それでも節内部否定のままである.

(17)　The night turned viciously cold under a sky crowded with stars that [shone, <u>not</u> twinkled,] in the diamond-clear air.
（ダイヤモンドのように澄んだ空気の中，キラキラとではなく煌々と輝く星でいっぱいの空の下，夜はひどく寒くなった）

not の作用域は第二等位項のみであるため，動詞否定とはならず，do 支持も起こらない（*shone, didn't twinkle とすることはできない）.

[専門的解説]
■ 組み込まれていない文末の not

(18)　i. %I'm so glad those old people came to the party … not!
（年配の方々がパーティに来てくれて嬉し…くない）
　ii. %Obviously the government is going to tell us the whole truth … not!
（明らかに政府は私たちに真実をすべて伝えようとして…いない）

この構文は，主に若者の話し言葉にみられるが（おそらくアメリカのテレビのコメディドラマの登場人物が最初に使い始めて有名になった），最近の新聞，雑誌の記事で真似されていることもある. 皮肉をいったり誠実さに欠けることを伝えたりするユーモアに富んだ表現として，節の最後に強調の not を加えて前言を取り消している. 同様の効果は，not のかわりに I don't think. (そうは思わない) を付け加えることでも得られる.

---

[4] not が 2 番目の要素に属している場合，否定された句を補足部として切り離すことができる. その結果，完全な節が先行することになり，その先行する節のみに付加疑問が続くこともある（例：They are now leaving on Saturday, aren't they, not on Friday?（彼らは土曜日に出発するのですね. 金曜日にではなくて）).

3.2 総合的絶対否定語

絶対否定語とは，(19) にあげられるものである．

> (19) i. no（何［誰］も…ない），none（何［誰］も…ない），nobody（誰も…ない），no one（誰も…ない），nothing（何も…ない），nowhere（どこに［へ］も…ない），no place（どこに［へ］も…ない（くだけた米用法）)
>
> ii. neither（どちらも…ない），nor（…もまた…ない），never（決して…ない）

(19i) において，no と none は，それぞれ限定詞 **no** の依存要素としての形式と独立要素としての形式であり，それ以外は no を含む複合語である．no one (＝nobody) と no place (＝nowhere) は，正書法上は分離複合語であるが，文法的には単一の語として扱われる．(19ii) の 3 つの語は，綴りからわかるようにそれぞれ either, or, ever と関連している．[5]

3.2.1 節否定

(19) の否定語は，通例，節否定を標示する．まず，本節では節否定の構文を扱い，3.2.2 節で節内部否定の構文を扱う．(20) は，(19) の語を含む節否定の例である．

> (20) i. [Kim had done nothing about it,] and neither had Pat.
>
> ［連結付加詞 neither］
>
> （キムはそれについて何もしなかったし，パットも何もしなかった）
>
> ii. [They never replied to your letter,] did they?　［肯定付加疑問］
>
> （彼らはあなたの手紙に返事をすることは決してなかったですね）
>
> iii. In no city has she been entirely comfortable.　［主語・助動詞倒置］
>
> （彼女が完全に心を落ち着かせた街は 1 つもなかった）

注意すべきは，(20iii) において前置詞句 in no city を前置することで主語・

---

[5] nothing の交替形として，古風な naught という語もあるが，現代英語においては It availed him naught.（それは彼にとって何の役にも立たない）や It will come to naught.（それは失敗に終わるだろう）といったわずかなコロケーションに限られる．また，米用法では naught は nought（ゼロ）の綴りの異形でもある．この用法の naught は統語的な否定の標識ではない．

助動詞倒置が起こっていることである．ここでは no のもつ否定の特性が前置詞句 in no city 全体に浸透しているが，これは，In which city has she been entirely comfortable?（どの街で彼女は完全に心を落ち着かせたことがありますか）において，疑問の特性が前置詞句 in which city 全体に浸透しているのと同じである．否定あるいは疑問の特性は限定要素から名詞句へ，さらには前置詞句へと上方向に浸透していく．[6]

■動詞否定構文との交替

一般的に，絶対否定語により標示された節否定は（19i）のタイプは any で，（19ii）のタイプは either, or, ever によってそれぞれ置き換えた動詞否定と交替可能である．

(21) i. a.　They showed <u>no</u> remorse.　　　　　　　　　［動詞外否定］
　　　　　　　（彼らには反省の色がみられなかった）
　　　　b.　They didn't show <u>any</u> remorse.　　　　　　［動詞否定］
　　　　　　　（同上）
　　ii. a.　We liked <u>none</u> of them.　　　　　　　　　　［動詞外否定］
　　　　　　　（私たちはそれらを 1 つも好まなかった）
　　　　b.　We didn't like <u>any</u> of them.　　　　　　　［動詞否定］
　　　　　　　（同上）
　　iii. a.　You did <u>nothing</u> about it.　　　　　　　　　［動詞外否定］
　　　　　　　（あなたはそれについて何もしなかった）
　　　　b.　You didn't do <u>anything</u> about it.　　　　　［動詞否定］
　　　　　　　（同上）
　　iv. a.　I knew <u>neither</u> of them.　　　　　　　　　　［動詞外否定］

---

[6] 訳者注：以下のように樹形図を用いることで，疑問の特性が上方向に浸透していることを示すことができる（本シリーズ第 6 巻『節のタイプと発話力，そして発話の内容』の説明に基づく）．否定の特性の浸透も同様である．

（私は彼らを両方とも知らなかった）

    b. I didn't know either of them.   ［動詞否定］

（同上）

v a. He neither knew nor cared where his children were. ［動詞外否定］

（彼は自分の子供の居場所を知らなかったし，気にかけることもなかった）

    b. He didn't either know or care where his children were. ［動詞否定］

（同上）

vi. a. She had never felt more alone.   ［動詞外否定］

（彼女はそれ以上孤独を感じたことは一度もなかった）

    b. She hadn't ever felt more alone.   ［動詞否定］

（同上）

この動詞否定と動詞外否定の交替には，以下の3つの制約がある．

(a)　節頭の否定語に対応する動詞否定は存在しない

否定語が，主語または主語に先行する要素内にある場合，それに対応する動詞否定は非文法的となる．

(22)　i. a. Nobody knew where Kim was.

        （誰もキムの居場所を知らなかった）

      b. *Anybody didn't know where Kim was.

  ii. a. At no stage did she complain.

        （どの段階においても彼女は不満をいわなかった）

      b. *At any stage she didn't complain.

 iii. a. I didn't go and neither did he.

        （私は行かなかったし，彼も行かなかった）

      b. *I didn't go and either didn't he.

(22iib, iiib) は非文法的であるが，動詞の後ろに any を含む要素を置いて She didn't complain at any stage. あるいは I didn't go and he didn't go either. とすると文法的になる．

(b)　述部内の no に対応する動詞否定

no が叙述補部にある名詞句を限定する場合，対応する動詞否定があるかそうでないかは，否定された名詞句の解釈によって決まる．

(23) i. a. This is no place for a child.
　　　　　　（ここは子供の来る場所ではない）
　　　 b. This isn't any place for a child.
　　　　　　（同上）

　 ii. a. This is no time to give up.
　　　　　　（あきらめている場合ではない）
　　　 b. This isn't any time to give up.
　　　　　　（同上）

　iii. a. That is no way to behave.
　　　　　　（そんな風に振る舞うものではない）
　　　 b. That isn't any way to behave.
　　　　　　（同上）

　 iv. a. I'm no angel.
　　　　　　（私は天使などではない）
　　　 b. ?I'm not any angel.
　　　　　　（私は天使の一員ではない）

　　v. a. You are no electrician.
　　　　　　（あなたは電気技師とはいえない）
　　　 b. ?You're not any electrician.
　　　　　　（あなたは電気技師の一員ではない）

　 vi. a. He's no friend, is he?
　　　　　　（彼は友達とはいえないですね）
　　　 b. ?He isn't any friend, is he?
　　　　　　（彼は友達の一員ではないですね）

(23i-iii) は，2つの構文間に規則的な関係があること示している．他方で (23iv-vi) における (b) の容認性は疑わしく，たとえ容認可能であったとしても (a) と同じ意味にはならない．no がつく述語名詞句は，一般的に (23iv-vi) のパターンを示す．(23i-iii) のような交替が容認されるのは，名詞句の主要部が place, time, way のような単純かつ基本的な名詞で，さらに主語が this または that の場合に限られる．(23iv-vi) の (a) の例の解釈は，主要部名詞が示す集合（天使，電気技師，友達）の典型的な特性に関連している．たとえば，(23iva) が真であるためには，「私が天使の一員ではない」ことは必要条件でも十分条件でもない．この例が主張しているのは，「私は天使の典型的な

特性（完全なる善，親切，忍耐など）をもっていない」ということである．同じことは，(23va, via) についても当てはまる．(23iv–vi) の (b) は，(a) のパラフレーズとしては適さず，文字通りの意味だけを伝える．たとえば，(23ivb) は「私は天使の一員ではない」を意味する．

(c)　動詞と否定語との距離に関する制約

節否定を標示する動詞外否定語は，原則として節内のどの位置にも現れることができるが，その位置が節の先頭から離れたり深く埋め込まれると，その分容認性は下がる．なぜなら，文を処理する際に，否定語に到達するまでに肯定節であると誤って解釈してしまうからである．

(24)　i. a.　I am not satisfied with the proposal you have put to me in any way.

　　　　　（私はあなたが出した提案にまったく満足していない）

　　　 b. ?I am satisfied with the proposal you have put to me in no way.

　　　　　（同上）

　　ii. a.　As far as I can recall, I have not purchased food at the drive-through window of a fast-food restaurant on any street in this city.

　　　　　（記憶にあるかぎり，私はこの街のどの通りでもファストフードレストランのドライブスルーで食べ物を買ったことはない）

　　　 b. ?As far as I can recall, I have purchased food at the drive-through window of a fast-food restaurant on no street in this city.

　　　　　（同上）

　　否定語が（とくに定形の）従属節内にあり，主節の動詞から著しく離れていると，その否定語は主節を否定しているとは解釈されず，従属節を否定しているように聞こえる．たとえば，以下の例を比較されたい．

(25)　i.　I was not trying to imply that Bob had offered bribes to any official.

　　　　（私は，ボブが役人であれば誰にでも賄賂を贈っていたということをほのめかそうとしていたのではない）

ii.   I was trying to imply that Bob had offered bribes to <u>no</u> official.

（私は，ボブがどの役人にも賄賂を贈らなかったということをほのめかそ
うとしていた）   ($\neq$ (25i))

iii. I was trying to imply that Bob had <u>not</u> offered bribes to <u>any</u>
official.

（同上）   ($=$ (25ii))

(25ii) は (25i) と同義ではなく，むしろ (25iii) の交替形である．また，以下
の例も比較されたい．

(26) i.   I can<u>not</u> recall actually seeing a magpie attempting to steal <u>any-
thing</u>.

（カササギが何かを盗もうとするのを実際に目にしたことを思い出せない）

ii. [#]I can recall actually seeing a magpie attempting to steal <u>nothing</u>.

（カササギが何も盗もうとしなかったのを実際に目にしたことを思い出せる）
                                                            ($\neq$ (26i))

(26i) において，anything は従属節に，一次動詞否定は主節にある．一次動詞
否定をとりのぞき，従属節内の anything を nothing に置き換えると (26ii) に
なるが，これは (26i) と等価ではない．(26ii) は，steal 節あるいは attempt
節の従属節否定であると理解される．たとえば，attempt 節を否定の作用域と
した場合の解釈は，「カササギが何も盗もうとしなかったのを実際に目にした
ことを思い出せる」となる．しかし，「鳥が何かを盗もうとしない」という様
子は，わざわざ述べるまでもないことなので，(26ii) は奇妙に聞こえる．

　従属節内の否定語がまったく主節を否定できないわけではなく，普通はない
というだけである．主節否定が可能になるのは，従属節が非定形節（たいてい
は不定詞節）になる場合である．

(27) i.   I don't know why they say they were forced to take their shoes
off; [WE certainly forced them to do nothing of the kind].

（なぜ彼らが靴を脱ぐことを強制されたといっているのか，私にはわから
ない．私たちは決してそんなことをしろと彼らに強制していない）

ii. [We are requiring people to pay nothing for the concert,] but
nonetheless we are hoping for at least some donations at the
door.

（私たちは，人々にコンサートのお金を払うことをまったく求めていない

けれど，それでも入り口では少しばかりの寄付をしてくれることを期待している）

(27) において，否定語は下線部の不定詞節内にあるが，否定の作用域は角括弧で囲まれた定形節である．このことは，これらの例が動詞否定を用いた WE certainly didn't forced them to do anything of the kind. や We are not requiring people to pay anything for the concert. と等価であることからも明らかである．したがって，このような例では，否定の特性がそれを含む節から上位の節へと浸透している．

3.2.2　節内部否定
ここでは，絶対否定語が節内部否定を標示する 3 つの状況を概観する．

(a)　前置詞の補部としての否定名詞句

(28)　i.　I could do a lot for this place with no money at all.
　　　　（たとえお金がまったくなくても，私はこの場所のために多くのことができるであろう）

　　　ii.　Kim regretted having married someone with no ambition.
　　　　（キムは野心のない人間と結婚したことを後悔していた）

　　　iii.　It was a matter of no consequence.
　　　　（それはまったく重要ではないことだった）

　　　iv.　They were arguing about nothing.
　　　　（彼らは重要でないことについて議論していた／彼らは何も議論していなかった）

　　　v.　She finished it in no time.
　　　　（彼女はすぐにそれを終わらせた）

(28i-iii) の前置詞句は，節あるいは節補部をもつ前置詞句と意味的に等価である．つまり，下線部は，それぞれ if I had no money at all, who had no ambition, which had no importance とパラフレーズできる．これらの表現で否定が従属節を超えて上方向に浸透しないのと同様，(28i-iii) でも否定の作用域は前置詞句より上位の節には浸透しない．(28iv) は節内部否定（前者の日本語訳）として解釈されることが自然であるが（この場合の付加疑問は weren't they?），厳密にはあいまいである．すなわち，動詞否定の They weren't arguing about anything.（彼らは何も議論していなかった）と意味的に等価な節否定の解釈（後者の日本語訳）も可能である．（28v）の in no time は「すぐに」という意味のイディオムで，誇張法の1つである．あまりにもスピードが速いので，かかった時間がゼロであるかのように大げさに述べられている．たとえば，They were obviously up to no good.（彼らは何かよからぬことを企んでいた）における前置詞句もイディオムである．[7]

(b)　no＋mean, small など

(29)　Getting that degree was no mean achievement, wasn't it?
　　　（あの学位を得たのは並々ならぬ業績でしたね）

この例は，（28v）とは対照的に控えめな表現であり，下線部は「立派な業績」と肯定の意味で理解される．つぎの例も同様である．His resignation was in no small measure involuntary, wasn't it?（彼の辞任は彼にとって少なからず不本意でしたね）．

(c)　節の意味を表す名詞句

(30)　i.　They predicted no rain.
　　　　　（彼らは雨が降るとは予想しなかった／
　　　　　彼らは雨が降らないと予想した）
　　　ii.　They promised no increase in income tax.
　　　　　（彼らは所得税増税があるとは約束しなかった／
　　　　　彼らは所得税増税をしないと約束した）

［節否定と節内部否定であいまい］

（30i）は通常の節否定の解釈（前者の日本語訳）をもち，They didn't predict any rain. と等価である．しかし，節内部否定としての解釈（後者の日本語訳）も可能であり，その場合，名詞句 no rain は They predicted that there would be no rain. の that 節が圧縮されているものとして捉えることができる．同じことは（30ii）にも当てはまる．[8]

---

[7]　前置詞句ではないイディオムには no end（とても，非常に）などがある（例：We enjoyed it no end so did the others.（私たちは非常に楽しみ，ほかの人たちも同じく楽しんだ）；She had no end of a good time, didn't she?（彼女は本当にたくさんのよい時間を過ごしましたね））．

[8]　このタイプの絶対否定は，上の（a）とも両立する．なぜなら，（c）の名詞句は前置詞の補部としても生じうるからである．たとえば，The weak US dollar is expected to weigh on

202　　　　　　　　　　　　　第 II 部　否定

3.3　近似否定語

近似否定語には，以下の 7 つの語が含まれる．

(31)　i.　**限定詞**：　few（ほとんど…ない），little（ほとんど…ない）
　　　ii.　**副詞**：　　rarely（まれにしか…ない），seldom（めったに…しない）；
　　　　　　　　　　　barely（ほとんど…ない），hardly（ほとんど…ない），
　　　　　　　　　　　scarcely（ほとんど…ない）

限定詞である few と little は，名詞句内で限定要素として機能するか（例：Few people liked it.（それを好む人はほとんどいなかった）），融合限定要素として機能する（例：Few of them liked it.（彼らの中にそれを好む人はほとんどいなかった））．few は可算名詞複数形を，little は不可算名詞を選択する．little はまた，動詞を修飾する程度付加詞（例：He little understood the implications of what he had done.（彼は自分がしたことの意味をほとんど理解していなかった））や，比較級を修飾する付加詞（例：He felt little better.（彼の気分はほとんどよくなっていない））として機能する．few と little は，語彙素としての **few** と **little** の無標形であるが，これらの比較級と最上級（fewer, fewest, less, least）は統語的には否定語として機能しない．

(31ii) にあげた語は副詞である．rarely と seldom は頻度の副詞で，barely, hardly, scarcely は程度の副詞である．後者は動詞や形容詞，そしてとくに any のような限られた範囲の限定詞を修飾する特徴がある（例：She hardly moved.（彼女はほとんど動かなかった）；He was barely intelligible.（彼のことはほとんど理解不能だった）；There was scarcely any food left.（食べ物はほとんど残っていなかった））．

(32) のような絶対否定語または動詞否定との対比に基づいて，(31) の語を近似否定語とよぶこととする．

(32)　i.　a.　Few of them will survive.
　　　　　　　　（彼らの中で生き残る者はほとんどいないだろう）

---

equity and bond markets, despite no signs of inflation in Australia.（オーストラリアでインフレの兆候がないにもかかわらず，米ドル安は株式市場と債券市場にとって重荷になると予測されている）において，despite no signs of inflation は否定名詞句が前置詞の補部として現れている表現であり，同時にその解釈は節表現 despite there being no sign of inflation と等価である．

b. None of them will survive.
（彼らの中で生き残る者は1人もいないだろう）

ii. a. Ed rarely leaves the house.
（エドはめったに外出しない）

b. Ed never leaves the house.
（エドは決して外出しない）

iii. a. She had hardly moved.
（彼女はほとんど動かなかった）

b. She hadn't moved.
（彼女は動かなかった）

（32）において，(b) の例は完全なゼロを示しているのに対して，(a) の例は
ゼロに近いだいたいの数量化を表している．しかし，近似否定語が完全なゼロ
を示していないことから，肯定・否定の対比に関してどっちつかずの状況が生
じる．たとえば，（32iia）には「エドが家を出ていくのは多くない，ときどき
しか家を出ていかない」という論理的含意があり，その点で（32iia）は否定的
意味をもつ．他方で，「エドは間違いなくときどきは家を出る」という推意も
あり，この点で（32iib）と異なり，ある程度は肯定の特性ももつ．以下，3つ
の問題（「ゼロではない」という推意の性質，**論理的含意の方向（direction of
entailment）**に関する典型的否定語との類似点，否定節と肯定節を区別するの
に用いてきた構文における振る舞い）を考慮することで，これらの形式がどの
ように位置付けられるかを解明してみたい．a few と a little は，few と little
とは対照的に明らかに肯定である．前者と後者が上記の3つの問題に関して
どのように異なるかを示すことは，few と little の位置づけを明らかにするの
に役立つであろう．

(a) 「ゼロではない」という推意の性質

だいたいの数を表す近似否定語は，数量化の尺度において一定の範囲を指し示
す．一般的に，近似否定語は「上限は高くない」ことを論理的含意として表す
のに対し，「下限はゼロではない」ということはその推意であるに過ぎない．
few, a few が many, **no** とどのように関係しているかを（33）の図で示すこ
とができる．矢印は，それについているラベルによって異なる関係を表す．
'E ~' は「偽であることが論理的に含意される」ことを意味し，'I ~' は「偽で
あることが推意される」ことを意味する．

(33)

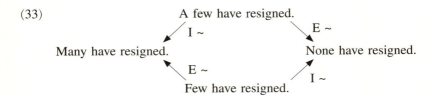

　A few have resigned. (少数の人が辞任した) は，Many have resigned. (多くの人が辞任した) が偽であることを推意し，None have resigned. (誰も辞任していない) が偽であるということを論理的に含意する．a few の下限は 3 人であるので，誰も辞任しなかったら A few have resigned. は明らかに偽となる．もし話し手が多くの人が辞任したということを知っていたら，many を使うほうが正確であるので，普通は a few を用いないだろう．しかし，この文脈で a few を用いても，間違いにはならない．というのも，多くの人が辞任したのであれば，少数の人が辞任したということも必然的に真となるからである．それに，話し手は多くの人が辞任したかどうかをまだ知らないのかもしれない．すなわち，many を用いた強い主張が真である可能性を排除せずに，とりあえず a few としたのかもしれない．

　ところが，few を用いるとまったく逆の状況になる．すなわち，Few have resigned. (辞任した人はほとんどいなかった) は，Many have resigned. (多くの人が辞任した) が偽であることを論理的に含意し，None have resigned. (辞任した人はいなかった) が偽であることを推意する．前者の論理的含意は自明であるが，後者が単なる推意であるということは，少し説明が必要である．なぜならこの推意は非常に強いものであり，話し手は少なくとも数人が辞任したということを知らなければ，Few have resigned. (辞任した人はほとんどいなかった) という表現を用いないだろうからである．しかし，推意が弱まる事例もある．たとえば，Few of you will have experienced the kind of intimidation which our collegue Kim Jones has had to endure over the last several months. (私たちの同僚キム・ジョーンズがここ数か月にわたって耐え続けてきたこのような脅しを経験した人は，あなたたちの中にほどんといないだろう) という例において，実際には誰も経験したことがない可能性もある．ここで none ではなく few を用いているのは，none を用いるのが偽であるからではなく，話し手が none を用いて強い主張をするだけの情報をもち合わせていないからである．

　few と a few の違いは，推意が取り消された文においても反映される．

(34)　i.　A few of them, indeed quite a lot, had found the proposal offen-

第 3 章　動詞外否定　　　205

sive.

（彼らの中にその提案を不快であると感じた人は少なからず，いや実のところかなり多くいた）

ii.　Few of them, if any, will find the proposal offensive.

（彼らの中にその提案を不快であると感じる人は，たとえいたとしても，ほとんどいないだろう）

(34i) の indeed quite a lot は，a few の「多数ではない」という推意を取り消している．同じやり方で論理的含意を取り消すことはできないので，ここで a few のかわりに few を用いることはできない．同様に，(34ii) の if any は few の「ゼロではない」という推意を取り消しているが，ここで「ゼロではない」という論理的含意がある a few を few のかわりに用いることはできない．

　このような「ゼロではない」という推意が，論理的含意へと強められることもある．その 1 つの事例は，when 節が barely, hardly, scarcely に後続する構文である．

(35)　I had hardly arrived at the office when I was summoned to see the boss.

（私が事務所についたとたん，上司に会うよう命じられた）

(35) では，「私が事務所についた」ということが単に推意されているだけではなく，論理的に含意されている．

(b)　論理的含意の方向

明らかに否定を表す文の集合と，明らかに肯定を表す文の集合の論理的含意を比較することで，論理的含意の方向を示すことができる．まず，否定文の集合を (36) に示す．

(36)　i.　No one would deliberately injure an animal.

（誰も故意に動物を傷つけないだろう）

ii.　No one would deliberately injure a mammal.

（誰も故意に哺乳動物を傷つけないだろう）

iii.　No one would deliberately injure a horse.

（誰も故意に馬を傷つけないだろう）

iv.　No one would deliberately injure a racehorse.

（誰も故意に競走馬を傷つけないだろう）

論理的含意の
方向

動物の一部のみが哺乳類であり，さらにその一部が馬であり，そのまた一部が競走馬であるので，（36）で動詞句が表す内容を満たす条件の難易度は，段々と上がっている．（36i）が真であれば，（36ii-iv）も真となる．もっとも一般的なものが一番上で，もっとも特定的なものが一番下という順番を考えると，数量名詞句 no one は**下方含意**（**downward entailment**）をもつといえる．すなわち，それぞれの例がその下にある例を論理的に含意する一方で，その上にある例は含意しないということである．「哺乳動物を故意に傷つけようとする人がいない」のであれば，「馬を故意に傷つけようとする人はいない」ということになるが，「馬を故意に傷つけようとする人がいない」からといって，「それ以外の哺乳動物（たとえば豚など）を故意に傷つける人がいない」ということにはならない．

　つぎに，肯定文の集合を考えよう．

(37) i. Most people can afford to keep <u>an animal</u>.
（ほとんどの人が動物を飼う余裕がある）

ii. Most people can afford to keep <u>a mammal</u>.
（ほとんどの人が哺乳動物を飼う余裕がある）

iii. Most people can afford to keep <u>a horse</u>.
（ほとんどの人が馬を飼う余裕がある）

iv. Most people can afford to keep <u>a racehorse</u>.
（ほとんどの人が競走馬を飼う余裕がある）

論理的含意の
方向

(37) において，論理的含意は逆の方向に機能している．「ほとんどの人が馬を飼う余裕がある」のであれば，「ほとんどの人が哺乳動物を飼う余裕がある」ということになるが，「ほとんどの人が哺乳動物を飼う余裕がある」からといって，「ほとんどの人が馬を飼う余裕がある」ということにはならない．たとえば，「小さな哺乳動物（たとえば猫）だけを飼う余裕がある人が多い」ということかもしれない．したがって，（37）の例において数量名詞句は**上方含意**（**upward entailment**）をもつといえる．

　すべての数量表現が，上方あるいは下方の含意のどちらかをもつというわけではない．たとえば，Exactly ten members of the class own a horse.（クラスの中のちょうど10人が馬を所有している）と，Exactly ten members of the class own a mammal.（クラスの中のちょうど10人が哺乳動物を所有している）は，互いに論理的含意の関係にない．しかし，数量詞が論理的含意を生じさせる場合，その含意が否定の no のように下方向になるか，肯定の most のように上方向

第 3 章　動詞外否定　　207

になるかを問うことはできる．このテストにかけると，few は no と似たような
パターンを，a few は most と似たようなパターンを示すことがわかる．以
下の対比をみてみよう．

(38)　i. a.　Few good drivers ignore signs.　　　　　　　　　　［下方含意］
　　　　　　　　（標識を無視する優良運転者はほとんどいない）

　　　　b.　A few good drivers ignore signs.　　　　　　　　　　［上方含意］
　　　　　　　　（標識を無視する優良運転者は少数いる）

　　ii. a.　Few good drivers ignore big signs.　　　　　　　　　　［下方含意］
　　　　　　　　（大きな標識を無視する優良運転者はほとんどいない）

　　　　b.　A few good drivers ignore big signs.　　　　　　　　　　［上方含意］
　　　　　　　　（大きな標識を無視する優良運転者は少数いる）

述部 ignore big signs（大きな標識を無視する）は，ignore signs（標識を無視する）
よりも限られた条件を定義しており，(38ia) が (38iia) を論理的に含意する
ことから，few good drivers が下方含意の数量名詞句であることがわかる．し
かし，(38ib) は (38iib) を論理的に含意しない．「小さな標識を無視する優良
運転者が少数いるけれども，大きな標識を無視する優良運転者はいない」とい
う状況がありうるからである．逆に，(38iib) のほうが (38ib) を論理的に含
意している．すなわち，「大きな標識を無視する優良運転者が少数いれば，標
識一般を無視する優良運転者もまた少数（少なくとも同じ数）いる」というこ
とになる．したがって，a few good drivers は上方含意の数量名詞句である．

　これらの結果は，前節における論理的含意と推意に関する考察とも合致して
いる．もし few が「少なくともいくらか（at least some）」を論理的に含意し
ていたら，(38ia) と (38iia) との間に論理的含意は成り立たないないだろう．
「少なくとも何人かの優良運転者が標識を無視している」からといって，「大き
な標識を無視している者も何人かいる」ことにならないのは明らかである．こ
れは，(38ib) と (38iib) についても同様である．もし a few が「多くはない
（not many）」を論理的に含意していたら，実際とは逆に，(38iib) は (38ib)
を論理的に含意できないだろう．「大きな標識を無視する運転者が多くない」
からといって，「どの大きさであれ標識を無視する運転者の数も同様に少ない」
ことにはならないからである．[9]

----

　[9] 下方含意は，当該の構文が否定であることの絶対的な証拠にはならない．その例として at
most（せいぜい）という表現がある．At most 25% of Australians own an animal.（オースト

第 II 部　否定

　論理的含意の方向に関するテストは，ほかの近似否定語についても同じ結果を示す．(39) は seldom の例である．

(39)　i.　I had seldom seen such birds.
　　　　　（私はめったにそんな鳥をみたことがなかった）

　　ii.　I had seldom clearly seen such birds.
　　　　　（私はめったにそんな鳥をはっきりとみたことがなかった）

　　iii.　I had seldom clearly seen such birds through binoculars.
　　　　　（私はめったにそんな鳥を双眼鏡ではっきりとみたことがなかった）

　　iv.　I had seldom clearly seen such birds through really powerful binoculars.
　　　　　（私はめったにそんな鳥を強力な双眼鏡ではっきりとみたことがなかった）

(36) と同様，ここでも動詞句によって表される内容を実現する条件の難易度が段々と上がっている．「その鳥をみたことのある人の数」は「その鳥をはっきりみたことのある人の数」よりも多いだろうし，さらに「その鳥をはっきりみたことのある人の数」は，「その鳥を双眼鏡ではっきりとみたことのある人の数」よりも多いことになる．ここでも下方含意が得られる．すなわち，(39i) が真であれば (39ii) も真となり，(39i) と (39ii) が真であれば (39iii) も真となるというように，下に行くほど主張がより具体的になっている．この下方含意の特性は，副詞 seldom によってもたらされている．seldom をとりのぞくと，下方含意の特性はなくなる．たとえ I had seen such birds.（私はそんな鳥をみたことがあった）が真だとしても，必ずしも I had clearly seen such birds.（私はそんな鳥をはっきりとみたことがあった）や I had clearly seen such birds through binoculars.（私はそんな鳥を双眼鏡ではっきりとみたことがあった）が真であるとは限らない．

ラリア人のせいぜい 25％が動物を飼っている）は At most 25% of Australians own a horse.（オーストラリア人のせいぜい 25％が馬を飼っている）を論理的に含意するが，これらの節は no more than を用いた意味的に等価な構文と異なり，肯定である．このことは，「せいぜい 25％のニュージーランド人もそうである」と続けるときに and at most 25% of New Zealanders do so too/*either となることや，付加疑問として don't they? を選択することからも明らかである．

[専門的解説]

この種の副詞が下方含意の特性をもつかどうかを決める際には，想定されている比較の背景を変えないように注意する必要がある．以下の例をみてみよう．

(40) i. David rarely watches films.
      （デビッドはめったに映画をみない）
   ii. David rarely watches violent films.
      （デビッドは残虐な映画をめったにみない）

(40i) を，デビッドの日々の暮らしに照らして解釈するのは自然である．もしデビッドが年に1回しか映画をみないのであれば，(40i) は真である．そして，(40ii) をデビッドが映画をみに行く機会に照らして解釈するのも自然である．彼のみる映画の9割が残虐な映画であれば，(40ii) は偽となる．ここで，デビッドが10年間に10本しか映画をみておらず，その10本のうち9本は残酷な映画であるというのは十分にありえる状況である．その場合，「デビッドは1年のうちほとんど映画をみない」という (40i) の自然な解釈は真となり，「デビッドのみる映画のほとんどは残虐ではない」という (40ii) の自然な解釈は偽となる（むしろ，デビッドのみた映画のほとんどは残虐な映画となる）．しかし，だからといって rarely が下方含意的でないということにはならない．

rare という単語を解釈する際には，どれほどまれであるかを評価するための参照クラスをどう選択するかが重要である．2つの文の真理条件の適正な比較は，同一の参照クラスのもとで行わなければならない．たとえば，参照クラスをデビッドの人生における日々の集合として固定すると，平均して10年間で10回映画をみることは，たしかに映画をめったにみない部類であるので，(40i) は真である．しかし同じ基準で考えると，平均して10年間で9回しか残酷な映画をみないということも，「残酷な映画をめったにみない」とみなされるので，(40ii) も真である（たとえデビッドのみた映画がすべて残酷な映画であっても，真となるだろう）．

これは，(40ii) の真理値を評価するための参照クラスを，デビッドが映画をみた経験の集合とすることが間違っているといっているのではない．(40i) が (40ii) を論理的に含意しているかどうかをたしかめるためには，参照クラスを変えて両者を別々の基準で評価してはならないということである．下方含意の主張するところは，もし合理的な参照クラスのもとで (40i) が真となれば，そのクラスを固定して (40ii) を評価すると，(40ii) もまた真になるということである．

(c)　否定極性の統語的テスト
以下の例は，近似否定語が節否定を標示できることを示している.

(41)　i.　[**not even**]
　　　a.　Little of the liquid spilled, not even when the flask fell over.
　　　　　（その液体はほとんどこぼれなかった．フラスコが倒れたときでさえ）
　　　b.　One seldom sees such birds, not even in Australia.
　　　　　（そのような鳥をみることはほとんどない．オーストラリアにおいてで
　　　　　さえ）
　　ii.　[連結付加詞]
　　　a.　She hardly goes out these days, and neither does her son.
　　　　　（彼女は最近外出することがほとんどない，彼女の息子もそうだ）
　　　b.　Little of the gas spilled, and little of the gas escaped, either.
　　　　　（ガスはほとんどあふれず，また漏れ出すこともなかった）
　　iii.　[付加疑問]
　　　a.　Few good drivers ignore signs, do they?
　　　　　（標識を無視する優良運転者はほとんどいないですね）
　　　b.　Hardly any of them complained, did they?
　　　　　（彼らの中で不満を述べた人はほとんどいないですね）
　　iv.　[倒置]
　　　Rarely does the possum emerge before dusk.
　　　（夕暮れ前にフクロネズミが出現することはほとんどない）

　しかし，絶対否定語よりも問題は複雑である．(41) は近似否定語を用いた各
パターンの典型例というわけではなく，以下の4つの点に注意すべきである.

[専門的解説]
近似否定語は前の位置に現れると節否定を標示しやすくなる
　(41) の否定語はすべて動詞の前に現れているが，節の後ろに現れると極性
のテストの結果は明確でなくなる．たとえば，以下の対比を考えてみよう.

(42)　i.　Few of the boys had shown any interest in the proposal.
　　　　　（少年たちの中にその提案に興味を示すものはほとんどいなかった）
　　ii.　He had so far shown the visitors few of the sights of London.
　　　　　（彼はこれまで訪問客にロンドンの風景をほとんどみせてこなかった）

第 3 章　動詞外否定

(42i) で had they? を付加疑問として選択することは完全に容認されるが，(42ii) で had he? を付加疑問にすると，多くの話者にとって容認性がかなり下がる．同様に，(42i) に and nor indeed had many of the girls（実際，少女たちもそうだった）と続けるのは容認可能だが，(42ii) に and nor indeed had his colleagues（実際，彼の同僚もそうだった）と続けると容認性が下がる．

「ゼロではない」という推意の強さが統語的極性に影響することがある

(43)　i.　He's probably lying. It's barely conceivable that he could have done it himself.

（彼はおそらく嘘をついている．彼が自力でそれをやったとはほとんど考えられない）

　　　ii.　She's barely alive.

（彼女は死にかけている）

肯定付加疑問は (43ii) よりも (43i) で容認性が高くなるが，これは (43i) のほうが (43ii) よりもやや強い否定を表していることと関連があるように思われる．つまり，(43i) の話者は「彼がそれを自力でやれなかったこと」がほぼ間違いないと思っているのに対して，(43ii) は「彼女が辛うじてではあるが生きていること」を伝えている．

近接否定語のクラスは完全に均一であるとは限らない
rarely と seldom は，ほかの近接否定語と比べてやや弱い節否定標識である．ほかの近接否定語とは異なり，これら2つは only の焦点になることができる．(44i) は rarely の例である．

(44)　i.　She visits her parents only rarely.

（彼女はほんのたまにしか両親のもとを訪れない）

　　　ii.　*She had read only few of the letters.

　　　iii.　*She had done only hardly anything about it.

(44ii) は，few を a few に置き換えることで文法的となる．only があることにより「彼女が両親のもとを訪れる状況が少なくとも何度かはある」という解釈が好まれるので，(44i) に肯定付加疑問 does she? や，and neither does her brother（彼女の兄も訪れない）を続けることはできない．また多くの話者にとって，主語・助動詞倒置をともなわずに rarely を節頭に置くこと

もできる（例：Rarely, the possum emerges before dusk.（ごくまれに，フクロネズミが夕暮れ前に現れることがある））．その場合は「ごくまれに（very occasionally）だがある」と理解され，統語的には肯定節となる．

近接否定語は絶対否定語と同じく節内部否定に生じることができる
絶対否定語が節内部否定を標示する構文の中には，近接否定語を許すものもある（3.2.2節参照）．

(45) i. I could do a lot for this place with <u>barely</u> any money at all.

((28i) 参照)

（たとえお金がほとんどなくても，私はこの場所のために多くのことができるであろう）

ii. Kim regretted having married someone with <u>little</u> ambition.

((28ii) 参照)

（キムは野心がほとんどない人間と結婚したことを後悔していた）

iii. They have predicted <u>little</u> rain for the next month. ((30) 参照)
（彼らは翌月ほとんど雨が降らないと予測した）

3.4 動詞否定に関連した接辞否定

接辞否定が統語的に常に節内部否定となることはすでに述べたとおりであるが，意味的には節否定と等価になる場合とそうでない場合がある．以下の対比に注目されたい．

(46) i. a. That model is <u>available</u>.
（あのモデルは入手可能である）

b. Such mistakes are <u>common</u>.
（そのような間違いはよく起こる）

ii. a. That model is <u>not available</u>.
（あのモデルは入手できない）

b. Such mistakes are <u>not common</u>.
（そのような間違いはよくは起こらない）

iii. a. That model is <u>unavailable</u>.
（あのモデルは入手不可能である）

b. Such mistakes are <u>uncommon</u>.
　　（そのような間違いは珍しい）

　(46iia) と (46iiia) は等価であり，どちらも肯定の (46ia) と矛盾対当である．すなわち，(46ia) と (46iia) はともに真でありえず，ともに偽でもありえない．(46ia) と (46iiia) の間にも同じことがいえる．しかし，(b) の例において，節否定と接辞否定は等価ではない．すなわち，(46iib) が (46ib) と矛盾対当であるのに対して，接辞否定の (46iiib) はそうではない．(46ib) と (46iiib) はともに真でありえないが，ともに偽となる状況はありうるので，(46iiib) は (46ib) の反対対当である．このことは，(47) のように述べてもまったくつじつまが合うことから明らかである．

(47)　Such mistakes are not common, but they are not uncommon either.
　　（そのような間違いは，よくは起こらないが珍しいというわけでもない）

　(46) における (a) と (b) の違いは，common が段階的な特性を示すのに対して available はそうではないということに起因するものである．(48) に図示されるように，common と uncommon は単一の物差しにおいて互いに隣接しない領域を指し示していると考えることができる．

(48)

この物差しの中央付近は，common とも uncommon ともみなされない．したがって，not common は，uncommon よりも広い領域をカバーしているのである．
　実際には，Such mistakes are not common.（そのような間違いはよくは起こらない）は，(48) の物差し上の左側の頻度を指すと解釈される．しかし，これは第 5 章で扱う推意の問題である．ここでの議論で重要なのは，(47) のような例からわかるとおり，Such mistakes are not common. と Such mistakes are uncommon. が同義ではないということである．
　強意語の very（とても）を加えると，not common と uncommon との違いを際立たせることができる．

(49)　a.　Such mistakes are not very common.
　　　　（そのような間違いはあまり起こらない）

b. Such mistakes are very uncommon.
（そのような間違いはとても珍しい）

very common は，(48) の物差し上で右側の端に相当し，common よりも狭い領域を示す．同様に，very uncommon は uncommon よりも狭い左側の領域を示す．したがって，中間の領域がいっそう広がり，意味の違いがよりはっきりする．

第4章 極性感応的項目

出現の可否が節の極性に左右される**極性感応的（polarity-sensitive）**語彙項目というものがあり，それらはかなりの数存在する．極性感応的項目は単語だけに限られず，句であったり，イディオム表現であったりもする．否定節では認められるが肯定節では通常認められないものや，反対に，肯定節では認められるが否定節では通例認められないものがある．

(1) i. a. She doesn't see him <u>any longer</u>.
　　　　　　（彼女はもう彼に会わない）
　　　b. She knows him <u>already</u>.
　　　　　　（彼女はすでに彼を知っている）
　　ii. a. *She sees him <u>any longer</u>.
　　　b. *She doesn't know him <u>already</u>.

たとえば，相を表す付加詞 any longer は，（1ia）のように否定の節内では容認されるが，（1iia）のような肯定節内では容認されない．反対に，already は，（1ib）のように肯定の節内では容認されるが，（1iib）のように否定の節内では容認されない（ただし，（1iib）が，（1ib）のような発話を否定するために用いられる特殊な事例はのぞく）．ここで，これら2種類の表現を，それぞれ以下の用語でよぶことにする．

(2) i. 肯定の文脈よりも否定の文脈を好む語彙項目（例：any longer）のことを，**否定指向極性感応項目（negatively-oriented polarity-sensitive item: NPI）**とよぶ．

　　ii. 否定の文脈よりも肯定の文脈を好む語彙項目（例：already）のこ

215

とを，**肯定指向極性感応項目**（**positively-oriented polarity-sensitive item: PPI**）とよぶ.

非肯定的文脈

否定の文脈を好むという上記の表現は間違いではないが，これは NPI の分布について一面を捉えたものにすぎない．(1) の節は，いずれも主節平叙文であるが，それら以外の疑問節やある種の従属節に目を向けると，NPI の分布は否定の節内に限られないことがわかる.

(3) i. Do you need me <u>any longer</u>?　　　　　　　　　　［疑問節］
　　　（あなたはこれ以上私のことが必要ですか）

　　 ii. If [you play <u>any longer</u>], you'll get too tired.　　［条件節］
　　　（あなたはこれ以上遊ぶと，疲れすぎてしまうでしょう）

(3i) では any longer が疑問節に生じており，(3ii) では条件を表す従属節に生じている．これらは肯定の節であるが，命題を主張していない点が (1ia) と共通している．すなわち，(3i) では命題内容が問われており，(3ii) では命題が条件として考慮されているにすぎないのである．NPI を認めるこれらの広い文脈を**非肯定的**（**non-affirmative**）文脈とよび，対照的に NPI を排除する文脈を**肯定的**（**affirmative**）文脈とよぶ.

　NPI は非肯定的文脈に限られるが，PPI は肯定的文脈に限られるわけではない．たとえば，already は any longer と同じように，疑問節内や条件節内で容認される.

(4) i. Have they <u>already</u> left?　　　　　　　　　　　　［疑問節］
　　　（彼らはもう出発しましたか）

　　 ii. If [he has <u>already</u> finished his work], we can leave immediately.
　　　　　　　　　　　　　　　　　　　　　　　　　　　　　　［条件節］

　　　（彼がもう自分の仕事を終わらせているなら，すぐに出発できる）

このように，NPI と PPI が生じる文脈は完全に相互排他的ではない．これらの表現は，主節平叙文においては相互排他的であるが，それ以外の文脈では必ずしもそうではない.[1]

---

[1] NPI は，否定極性項目（negative polarity items）とよばれることがあるが，その呼称は誤解を受けやすいので，ここでは用いないことにする．NPI それ自体は否定表現ではない．た

制限の強さの多様性

NPI と PPI の類は，決して完全に均一ではない．それらの分布にどの程度の制限が課されるかについて，多くの違いがみられる．たとえば，much は *She loved him much. のような節が容認されないことから NPI としての資格をもつが，肯定の文脈にまったく現れないというわけではない（例：She much regretted accepting their invitation.（彼女は彼らの招待を受けたことをかなり後悔した））．対照的に，She did not love him at all.（彼女は彼のことをまったく愛していなかった）のような文に現れる at all も NPI であるが，こちらは肯定の文脈に現れることは決してない．PPI についても同様で，すでに述べたように，already は疑問節で容認可能であるが，pretty（かなり）はそうではない．すなわち，?Is she pretty happy? のような例の容認性は疑わしい．

同じく留意すべき点は，ある 1 つの語彙項目について，ある語義では制限が適用されるが，別の語義では制限が適用されない場合があるということである．たとえば any は，She didn't make any changes.（彼女は何の変更もしなかった）や Did she make any changes?（彼女は何か変更しましたか）における語義では非肯定的であるが，「自由選択」の語義では極性感応的でない（例：Take any card.（どれかカードを引きなさい）：Any changes must be approved by the board.（どんな変更も委員会の承認が必要だ））．[2] 説明の便宜上，語義の区別をす

とえば，NPI の any は否定語 no とは区別されるべきである．本文で強調して述べたとおり，NPI の分布は否定の文脈に制限されるものではない．また，「肯定的」，「非肯定的」という用語のかわりに，それぞれ「断定的（assertive）」「非断定的（non-assertive）」といういい方が用いられることもある．ここで「肯定的」という用語を採用しているのは，それによって 2 つの重要な特徴が同時に表されるからである．ひとつは否定（negative）に対しての「肯定（positive）」であり，もうひとつは疑問（interrogative）に対しての「平叙（declarative）」である．NPI という用語のかわりに「非肯定的」という語を（文脈ではなく）語彙項目そのものを指すのに用いてもよいかもしれない．しかし，ここでは PPI と対比させるために，NPI という呼称を用いることにする．

[2] 訳者注：自由選択の any は，複数名詞，単数名詞，不可算名詞と共起できる．

(i) a. Any computers with defective keyboards should be returned. 　　[複数名詞]
(キーボードに欠陥があるコンピュータはどれも返品するべきだ)

　　b. Any policeman will be able to tell you. 　　[単数名詞]
(どの警官もあなたを見分けられるでしょう)

　　c. Any remaining dirt will have to be removed. 　　[不可算名詞]
(残った土はどれもとりのぞかれなければいけないだろう)

この用法では，名詞が示す集合から恣意的に個体を取り出す，あるいはある一定量の中からその一部分を取り出すという意味を表している．(ib) では，警官の中から誰かを自由に選択し

218　　　　　　　　　　　　　第 II 部　否定

る際には，下付き文字を用いて，NPI の any を 'any$_n$' と表記することにする.

　本節では，NPI と PPI を順番に概観し，any（NPI），some（PPI），no（否定語）といった表現の対応関係を考察する. 最後の 4.4 節では，非肯定的文脈を構成しているのは何かという問いを，より詳しくとり上げる.

4.1　否定指向極性感応項目（NPI）

NPI は非常に数が多いので，網羅的で決定的なリストを作るのは不可能である. NPI の中心的表現，ならびに周辺的表現の一部を以下の（5）にあげる.

(5)　i.　**any 類の表現**：any$_n$（どれも），anybody$_n$（誰も），any longer（もはや），any more（anymore（米用法））（もうこれ以上），anyone$_n$（誰も），anything$_n$（何も），anywhere$_n$（どこも）

　　ii.　**雑多な文法項目**（たいていは付加詞として機能する）：at all（全然），either$_n$（いずれも），ever$_n$（これまでに），long$_n$（久しく），much（とても），till/until（…までずっと），too$_n$（あまり），what(so)ever$_n$（全然，少しも），yet$_n$（まだ）

　　iii.　**法助動詞**：dare（あえて…する），need（必ずしも）

　　iv.　**いくつかの語彙動詞**：bother（＋不定詞）（わざわざ…する），budge（身動きする），faze（困惑させる）

　　v.　**多くの慣用表現**：can abide/bear/stand（我慢でき（ない）），can be bothered（わざわざ…した（くない）），could care less（少しも気に（しない）），[3] cost a bean（少しもお金が（かからない）），do a (single)

───────────────

たら，その選び出した警官は誰であっても「あなた」を認識できる，ということを表している. また，以下の例で any$_n$ と自由選択の any の違いがわかる.

　(ii)　a.　[We don't publish any$_n$ letters:] we only accept commissioned articles.
　　　　　（私たちはレターは出版していない. 委託論文を引き受けているに過ぎない）

　　　b.　[We don't publish just any letters:] we reject more than half of those submitted.
　　　　　（私たちはどんなレターでも出版しているのではない. 投稿されたものの半分以上は不合格としている）

(iia) は We publish no letter. と同義であり，(iib) は自由選択の部分が否定され，選定をしていることを表している（詳細は本シリーズ第 3 巻『名詞と名詞句』参照）.

[3]　多くのアメリカ英語話者にとって，I couldn't care less. という表現は否定辞を失い，I could care less. と表現されるようになっているが，「私はまったく気にしない」という慣用的意味はそのまま保持されている. そういった話者にとっては，care less はもはや NPI ではなく，could care less が否定の意味（おおよそ文字通りの意味とは反対の意味）をもつ慣用表現

thing (about …) ((…に関して) 何ひとつ (しない)), drink/touch a drop (一滴も飲 (まない)), eat a bite/thing (一口も食べ (ない)), give a damn/fig (少しも気に (しない)), have a clue (全然わか (らない)), have a penny (to one's name) (英用法)/have a red cent (米用法) (びた一文もち合わせ (ない)), hear/say a word/sound (一言も (いわない)), hold a candle to (…の足元にも及 (ばない)), in ages (長いこと), in donkey's years (ずいぶん長い間), lift a finger (to help) (少しも手伝おうと (しない)), mind a bit (少しも構 (わない)), move a muscle (身動きひとつ (しない)), say a word (一言もい (わない)), see a thing (何もみ (ない)), see a (living) soul (人っ子ひとりみ (ない)), so much as (＋動詞) (…すらしない), take a (blind) bit of notice (ちっとも注意 (しない)), would hurt a fly (虫も殺 (さない))

以下の例は，平叙主節における否定と肯定の対比を示している．

(6) i. a. Lee didn't budge an inch.
         （リーは少しも動かなかった）
      b. *Lee budged an inch.
   ii. a. They can't abide aniseed.
         （彼らはアニシ油を我慢できない）
      b. *They can abide aniseed.
  iii. a. You needn't come with us.
         （あなたは私たちと来る必要はない）
      b. *You need come with us.
   iv. a. He didn't wait so much as a week.
         （彼は 1 週間も待てなかった）
      b. *He waited so much as a week.
    v. a. She hasn't woken up yet.
         （彼女はまだ目を覚まさない）
      b. *She has woken up yet.
   vi. a. I didn't see a living soul.

になっている．これは珍しいことではなく，I don't know beans about it. (私はそれについて何も知らない) から，同じ意味をもつ I know beans about it. への発達でもみられる．

（私は人っ子ひとりみなかった）

b. #I saw a living soul.

（私は生きている魂をひとつみた）

vii. a. Joe hasn't lifted a finger to help.

（ジョーは少し手伝おうとしたことすらない）

b. #Joe has lifted a finger to help.

（ジョーは手伝うために指をもち上げたことがある）

肯定節のほうは非文法的か，あるいは否定節とは異なる文字通りの奇妙な意味をもつ．たとえば，(6via) は誰にも会わなかったことを意味するが，(6vib) の唯一の解釈は，何らかの方法で魂をみたということである．同じように，(6viia) はジョーが手伝いを何もしなかったことを意味するが，(6viib) の唯一の解釈は，ジョーがした手助けが，文字通り指をもち上げることだったというものである．

(5) のいくつかの表現についている下付き文字は，当該の表現が NPI 以外の意味をもっていることを示している．たとえば，any や either には自由選択の意味がある．[4] また either には，等位接続を表す非 NPI 用法がある（例：She's arriving either on Monday or on Tuesday.（彼女は月曜か火曜に到着する））．また ever や yet も同じく NPI ではない用法があり（例：It will last for ever.（永遠に続くだろう）; He is yet to announce his decision.（彼はこれから決心を公表することになっている）），long も形容詞として用いられる場合は NPI ではない（例：It lasted a long time.（長い時間続いた））．

NPI としての too_n は「かなり (very)」を意味し，「過剰に (excessively)」を意味する通常の too とは異なる．この違いは，推薦状における I can't rec-

---

[4] 訳者注：any については，本シリーズ第3巻『名詞と名詞句』および本章注2を参照のこと．either には，NPI 用法と自由選択の用法がある．

  (i) i. a. He didn't like $either_n$ teacher. 　　　　　　　　　　　　　　　[NPI]

      （彼はどちらの教員も好きではなかった）

     b. *He liked either teacher. 　　　　　　　　　　　　　　　　　　[NPI]

    ii. a. Did $either_n$ boy have a key? 　　　　　　　　　　　　　　　　[NPI]

      （どちらの子がカギをもっていたの）

     b. *Either boy had a key. 　　　　　　　　　　　　　　　　　　　[NPI]

   iii. a. You can take either computer. 　　　　　　　　　　　　　　　［自由選択］

      （あなたはどっちのコンピュータでももっていってよい）

     b. *She had taken either computer. 　　　　　　　　　　　　　　［自由選択］

ommend her too highly. の多義性にみられる．通常は，「彼女の長所をどれだけ評価しても過大評価にはなりえない」という解釈であるが，too$_n$ の意味では「私は気乗りしない推薦しかできない」となる．

what(so)ever（全然，少しも）は，any や **no** に後続して名詞句の強調の後置修飾要素として機能する場合にのみ，NPI となる（例：There is no justification whatsoever for his behaviour.（彼の行為には少しも正当性がない）；Have you any idea whatever of its value?（少しでも価値のある考えがありますか））．

till と until は，いくらか事情が異なっている．これらは節が**瞬間的（punctual）**な意味を表す場合にのみ NPI となる．

(7) i. a. We won't leave till six o'clock.
       （私たちは6時まで出発しないでしょう）
    b. *We will leave till six o'clock.
   ii. a. We won't publish it until next year.
       （私たちは来年までそれを出版しないでしょう）
    b. *We will publish it until next year.
  iii. a. We won't stay until the end.
       （私たちは最後まで滞在しないでしょう）
    b. We will stay until the end.
       （最後までずっと滞在するでしょう.）

(7iii) で示されているように，瞬間的意味ではなく**未完結（atelic）**の意味を表す動詞と一緒に使われると，till/until は極性感応的ではない．しかし，これは till/until の意味の違いに起因する問題ではなく，これらの前置詞の極性感応性が，ある種の動詞句と共起する場合に限られるからである．[5]

---

[5] 訳者注：till/until は，時間関係において**終点（end point）**を指定するので，付加する動詞句が表す出来事には継続性が必要となる．(7i, ii) において，leave や publish は**到達動詞（achievement verb）**であり，「出発／出版していない状態」から「出発／出版した状態」への瞬間的な変化を表す．それゆえ，肯定の文脈では一瞬の出来事を表し，till/until と共起できない．否定の文脈では「出発／出版していない状態」という継続性のある出来事を表し，その終点を till/until が指定するため，共起が許される．(7iii) は，stay が状態動詞であるので，その状態の終点を till/until が指定している．これは否定の文脈でも同じである．詳細は，本シリーズ第2巻『補部となる節，付加部となる節』を参照のこと．

4.1.1 NPI と否定のイディオム

NPI とよばれる要素の中に，not や屈折接辞 n't が含まれていないことに注意されたい．(5) で NPI としてあげたのは long や care less であり，not long や couldn't care less ではない．否定語は NPI を許す文脈のほうに含まれるものであり，NPI それ自体を構成するものではない．実際のところ，否定語をその一部として含み，NPI とは異なった振る舞いをするイディオムがいくつかある．当該のイディオムは，(8) における下線部の句である．not half bad は「かなりよい (quite good)」，**like** nothing better は「喜んで (be pleased)」，そして **stop** at nothing は「必要なあらゆる手段を講じる (use any means necessary)」をそれぞれ意味する．

[専門的解説]

(8) i. I tasted the caviar, and it was not half bad.
　　　　　（私はキャビアを味見したが，かなりよかった）
　　 ii. I would like nothing better than to attend the dinner.
　　　　　（私はぜひ晩餐に出席したい）
　　iii. George will stop at nothing to get that job.
　　　　　（ジョージはその仕事を得るためにどんなことでもするだろう）

注意すべきは，これらの例を（イディオム的意味を保持したままで）肯定文にはできないことである．つまり，half bad, like something better, stop at something は，(8) に対応する肯定的な表現とはならないのである．

　これらのイディオムは否定語を含んでいるが，イディオムを含む節を否定しているのではない．対照的に，NPI は否定語を含まないが，みずからが現れる文脈が非肯定的であることを示す何らかの特性を要求する．否定はまさにその特性のひとつである．not for long と not half bad の分布を比較すると，否定語を含むイディオムと NPI の振る舞いの違いがみえてくる．一見すると，これらは同じようにみえるかもしれない．

(9) i. a. They laughed, but not for long.
　　　　　　（彼らは笑ったが，長い間ではなかった）
　　　 b. It was salty, but not half bad.
　　　　　　（塩辛かったが，それほど悪くなかった）
　　 ii. a. It wasn't for long.

　　　　（長い間ではなかった）

　　b.　It wasn't half bad.

　　　　（悪くはなかった）

しかし，両者の類似性は以下の例では崩される．

(10)　i.　a.　They didn't laugh loudly or for long.

　　　　　　（彼らは大きな声で笑いもしなかったし，長い間笑いもしなかった）

　　　b.　#It wasn't too salty or half bad.

　　　　　　（それは塩からすぎず，半分腐ってもいなかった）

　ii.　a.　No one laughs for long.

　　　　　　（誰も長い間笑わない）

　　　b.　#Nothing was half bad.

　　　　　　（半分悪かったものは何もなかった）

　iii.　a.　Few people laughed for long.

　　　　　　（長い間笑った人はほとんどいなかった）

　　　b.　#Few portions were half bad.

　　　　　　（半分悪い部分はほとんどなかった）

　iv.　a.　I doubt that he'll laugh for long.

　　　　　　（彼は長い間笑わないと思う）

　　　b.　#I doubt that it was half bad.

　　　　　　（それは半分悪かったと思う）

　v.　a.　Did they laugh for long?

　　　　　　（彼らは長い間笑いましたか）

　　　b.　#Was it half bad?

　　　　　　（それは半分悪かったですか）

　vi.　a.　I'll leave if they laugh for long.

　　　　　　（彼らが長い間笑ったら，私は出ていきます）

　　　b.　#I'll leave if it's half bad.

　　　　　　（もしそれが半分悪かったら，私は出ていきます）

(b) の例の # は，想定上のイディオム的意味が存在しないことを示す．もっとも，たとえば half bad が「50％腐っている」というような別の意味を表すことはあるかもしれない．ここからわかるように，for long は必ずしも not や否定の助動詞とともに生じる必要はなく，ある種の非肯定的文脈内に生じさえすればよいのである．not half bad はそうではない．half bad の直前には，

not あるいは否定の助動詞がなければならない．half bad を単に非肯定的文脈内に入れるだけでは，not half bad というイディオムとしては解釈されない．

　同様に，like nothing better というイディオムも，この3単語から成る組み合わせで固定されている．(8ii) は，There's nothing I'd like better than to attend the dinner.（晩餐に参加するよりもしたいことは何もない）とパラフレーズできるが，I wouldn't like anything better than to attend the dinner.（晩餐に参加することよりもよいことを何も望まない）と同じ解釈ではない．後者は，「自分の優先順位の中では，晩餐会への出席にかなうものは（たとえ宝くじが当たるというようなことと比較しても）いっさいない」という文字通りの意味しかもたない．他方で (8ii) は，そのような文字通りの意味合いをもたない丁寧表現である．

　stop at nothing も否定の形式でしか現れない．?George will stop at something. は，「ジョージは何かに立ち止まるだろう」という文字どおりの意味しか表さないし，これに合う文脈を探すのは難しい．(8iii) を ?George will not stop at anything to get that job. とはパラフレーズできない（これは，「ジョージはその仕事を得るために何にも立ち止まらないだろう」という文字どおりの意味しかもたない）．stop at nothing（通常 will stop at nothing で用いられる）は，語の配列が決まっているため，like nothing better よりも語順の制限が強い．NPI の意味で ?There is nothing that George will stop at to get that job. という文を目にすることはない．

4.1.2　否定指向の強さにおける違い

第4章の冒頭で述べたとおり，極性感応項目の肯定指向性や否定指向性にはばらつきがある．このうち NPI に関しては，2つの問題を考慮しなければならない．(a) どれほど厳密に否定節に制限が課せられるのかという問題，そして (b) 否定節以外の非肯定的文脈（疑問文など）における NPI の生起の問題である．

■平叙主節における否定の文脈にかかる制限

ある種の表現については，話は非常に単純である．4.4節で扱う特殊な構文をのぞけば，NPI の at all は肯定平叙文ではまったく使われない．たとえば，She didn't like it at all.（彼女はまったくそれを好きではない）は容認されるが，*She liked it at all. は認められない．any がついた一連の語にも，NPI の any

第4章　極性感応的項目　　225

とは意味が異なる自由選択の用法を除外すれば，同じことが当てはまる．しかし，ほかの表現に関しては，文体や使用域によって NPI だったり，そうでなかったりする．much は，この点でとくにやっかいな語であり，long や many も同様の特性をもっている．

much や long, many が使われる文脈
much には，さまざまな文体や使用域ごとに驚くほど多くの用法がある．

(11) i. a. The new, more elaborated abstracts were <u>much</u> favoured among modernists.

（新しい，より洗練された抽象画は，モダニスト達の間でかなり評判だった）

b. Location theorists have given these matters <u>much</u> consideration.

（立地論学者は，これらの問題をかなり考慮してきた）

c. This means <u>much</u> to the American tradition.

（これはアメリカの伝統にかなり多くのことを意味している）

d. The design of an interlocking frame is <u>much</u> like a mechanical puzzle.

（格子組みの枠のデザインは，組み木細工のパズルにとても似ている）

e. The president spent <u>much</u> of the weekend at his summer home on Cape Cod.

（社長は，週末のほとんどをケープ・コッドにある夏の別荘で過ごした）

ii. a. Thank you very <u>much</u> for the lovely flowers.

（素晴らしいお花をどうもありがとう）

b. So <u>much</u> has happened that I'm not sure I can remember it all.

（あまりに多くのことが起きて，すべてを覚えていられるかわからない）

c. When I wear these I look too <u>much</u> like my dad.

（これらを身につけると，すごく自分の父親っぽくみえる）

d. This is <u>much</u> better than the other one.

（これは，もう一方よりもずっとよい）

e. I'll tell you this <u>much</u>: I didn't pay full price.

（これだけいっておきたい．私は全額支払わなかった）

iii. a. The lecture was very long but it didn't really cover <u>much</u>.

226　　　　　　　　　　　　第 II 部　否定

（その講義はとても長かったが，多くのことを取り扱ってはいなかった）

b.　I went sailing once but I didn't enjoy it <u>much</u>.

（私は一度ヨット遊びをしたが，あまり楽しくなかった）

c.　He isn't <u>much</u> of a dancer.

（彼は大したダンサーではない）

　大まかにいえば，(11i) の例は，書き言葉や文語的でかたい文体，年配の話者の言葉づかいによくみられる．(11ii, iii) の例は，どちらかといえば話し言葉や口語的でくだけた文体，若者の言葉づかいにみられる．しかし，これは大雑把な分け方であって，これらの用法を厳密に分類するのはきわめて難しい．なぜなら，ある文学作品からの語句が，引用という形で日常会話の身近な言い回しになっていたりするからである．

　これがどういうことかを説明するために，(11i) の例をより詳しくみてみよう．(11ia) では，much は受け身の過去分詞を前置修飾しており，「大いに」や「かなりの程度」を意味する強意語として用いられている．これはまさに文語的であるが，この用法でさえも，古い時代の言葉づかいから借用された固定表現として，くだけた会話で使われる．たとえば，Much appreciated. という句は「ありがとう (Thank you.)」という意味でよく用いられる．(11ib) では，much は NP 構造内の限定要素であり，「多くの」の意味である．これも文語的である．We have much sugar.（私たちは多くの砂糖をもっている）という表現がくだけた会話で使われることはまずないが，形式ばった言葉づかいをおどけたように模倣した，The living room is a scene of much confusion, I'm afraid.（残念ながら，居間はかなり混乱した様相だ）のようないい方を耳にすることはよくあるだろう．同様のことが，much が融合限定要素として用いられている (11ic) にも当てはまる．(11id) の much like は，この文脈では間違いなく文語的であるが，one is much like the next（どれも大体似たようなものだ）は会話でよくある言い回しとして受け入れられてきている．また，(11ie) の much of the weekend はやや文語的で，a lot of the weekend のほうが会話で使われるが，much of the time（たいていの時）は会話でよく使われる．

　(11i) の事例と (11ii) の事例には，重要な違いがある．後者については，文語調だとか，堅苦しい表現だということに注意する必要はない．つまり，(11ii) の例はすべて，現代の普通の会話でまったく自然な表現である．気をつけておくべきことは，(11iia-c) のように，very, so, too といった副詞的修飾要素をともなう much は，much が単独で用いられる場合よりもずっと広

い分布を示すことである．(11iid) の much は比較級形容詞を修飾する語であり，これはかなり一般的である（much longer は very long とほぼ同義で，「とても長い」の意）．また，(11iie) の this much（これだけ（多く））や that much（それだけ（多く））のような句も同様に一般的である．これらは，いずれも NPI ではない．

残るは (11iii) の用法だが，これが NPI としての much を含む構文である．以下の例の対比をみれば，そのことがよくわかる．

(12) i. a. I don't enjoy sailing much.
            （私は帆走をそれほど楽しまない）
      b. *I enjoy sailing much.
     ii. a. We don't have much time.
            （私たちにはそんなに時間はない）
      b. *We have much time.
    iii. a. Kim isn't much of a dancer.
            （キムは大したダンサーじゃない）
      b. *Kim is much of a dancer.

これらの例をみれば，たしかに much が NPI だということがわかる（だからこそ，(5) のリストに載っているのである）．ただ，much の生起を無作為にみていくと，much が NPI であることに疑問を投げかけるような例が容易にみつかるのも事実である．実際，much が肯定的文脈に生じている事例は多い．それでも，たとえば much が動詞の後に現れる付加詞で，much 自体を前位修飾する副詞がない場合に限るなら，その much は明らかに NPI である．これは，(12ia) と (12ib) のはっきりとした対比からわかる．くだけた文体では，(12ib) のかわりに I enjoy sailing a lot/a great deal.（私は帆走をとても楽しむ）という表現がある．また，(12iia) の肯定表現に当たるくだけたいい方は，(12iib) ではなく，We have plenty of time.（私たちにはたくさん時間がある）のようなものだろう．さらに，(12iiia) の肯定表現に当たるものは，Kim is quite a dancer.（キムはかなりのダンサーだ）になるだろう．

時の継続を表す副詞 long は，much と同様に**多数数量（multal quantification)**の表現であり，同じような振る舞いを示す．She hasn't known him long.（彼女は彼とは長い知り合いではない）という表現はあるが，*She has known him long. という表現はない（この意味は She has known him a long time.（彼女は長い間彼を知っている）で表される）．しかし，long は（ややかた

い）肯定節で，動詞の前に現れることができる（例：I have long thought that this should be changed.（これは変更されるべきだと私はずっと思っていた））.

　多数であることを意味する many も，much や long ほどではないが，否定指向性の特徴を示す．否定を含まない Many were lost.（多くが失われた）や We saw many flowers.（私たちは多くの花をみた）がかすかに文語的であるのに対し，Not many were lost.（失われたものは多くない）や We didn't see many flowers.（たくさんの花をみなかった）という否定文は，書き言葉でも普段の会話でも同じ程度に一般的である．しかし，?I'm not hungry because I've eaten many biscuits.（ビスケットをたくさん食べたので空腹ではない）のような文は不自然に聞こえ，くだけた文体では a lot of biscuits が強く好まれる．

否定文以外の非肯定的文脈での生起
否定文は非肯定的文脈のもっとも中心的な種類であるが，すでに述べたとおり，NPI はある種の肯定文，たとえば疑問文でも生じうる．これこそが，単に「否定文」ではなく，「非肯定的文脈」という用語で呼び分けている理由である．これら肯定（positive）の非肯定的（non-affirmative）文脈は，否定とのさまざまな意味論的，語用論的つながりがある．しかし，このつながりがどの程度強く，あるいは密接ではければならないかについては，NPI ごとに違いがある．この違いは，閉鎖疑問文がつくる非肯定的文脈について考えることで明らかになる．

閉鎖疑問文中の NPI
ほかの条件が同じならば，肯定の閉鎖疑問文でなされる質問は，質問者があらかじめどちらかの返答を期待するような**偏向的（biased）**なものではなく，そのような予断のない**中立的（neutral）**なものである.[6] 疑問文に NPI が含まれ

---

　[6] 訳者注：閉鎖疑問文とは，返答の種類が閉鎖集合をなしている疑問文のことであり，Do you like it?（あなたはそれが好きですか）という閉鎖疑問文に対する返答は，Yes, I do.（はい，好きです）と No, I don't.（いいえ，好きではありません）に限定される．反対に，What do you like?（あなたは何が好きですか）は開放疑問文とよばれ，可能な返答の種類は無限である．本文にもあるように，肯定の閉鎖疑問文を発した質問者は，可能な返答である Yes と No のどちらかを正答とするような意図をもたない．対照的に，Doesn't she like it?（彼女はそれが好きではないのですか）のような偏向的疑問文では，質問者は She doesn't like it.（彼女はそれが好きではないです）という否定的な返答を期待しているといえる．詳しくは，本シリーズ第 6 巻『節のタイプと発話力，そして発話の内容』を参照のこと．

ている場合，この中立性に何の影響を与えない NPI もあるが，否定的な返答を期待させる効果をもたらす NPI もある．以下の例を比較してみよう．

(13) i. a. Did they have a dog?
　　　　　　（彼らは犬を飼っていましたか）
　　　　b. Did they have any money?
　　　　　　（彼らはお金をもっていましたか）
　　ii. a. Has she been to Paris?
　　　　　　（彼女はパリに行ったことがありますか）
　　　　b. Has she ever been to Paris?
　　　　　　（彼女は今までにパリに行ったことがありますか）
　iii. a. Did they help him?
　　　　　　（彼らは彼を手伝いましたか）
　　　　b. Did they lift a finger to help him?
　　　　　　（彼らは彼を手伝おうとしましたか）

(13ia) への返答としては，Yes they did have a dog. （はい，彼らは犬を飼っていました）あるいは No they didn't have a dog. （いいえ，彼らは犬を飼っていませんでした）のどちらも可能である．上で述べたとおり，どちらか一方の答えが正しいという期待はまったくない．(13ib) への返答は（以降，yes/no は省略），They had some money. （彼らはいくらかお金をもっていた）か They didn't have any money. （彼らは全然お金をもっていなかった）になり，ここでも質問はまったくの中立である．質問の中に any があるからといって，返答に any が含まれていることは期待されないのである．肯定の返答が期待されていないことによって，NPI の any が十分に認可される．any は**極性的質問 (polar question)** におけるディフォルトの存在数量詞なのである．同様に，(13ii) のどちらの疑問文も，She has been to Paris (at some time). （彼女は（ある時に）パリへ行ったことがある）と She hasn't (ever) been to Paris. （彼女はパリには（これまでに）行ったことがない）という両極の返答の間で中立的である．しかし，(13iii) は異なっている．(13iiia) はもちろん中立的なのだが，(13iiib) はそうではない．すなわち，(13iiib) は They didn't lift a finger to help him. （彼らは彼を少しも手伝おうとしなかった）という否定の返答を期待している．この疑問文に肯定で答えると，#They lifted a finger to help him. （彼らは彼を手伝うために指をもち上げた）となり，これは「彼らが彼を手伝った」という意味ではない．この質問が肯定の返答に直接つながることはなく，したがって否定の返答が期待さ

230 第 II 部 否定

れることとなる．同じことが，(5iv-v) のほかの項目のほとんどに当てはまる．

強さの対比の語用論的性質

any, ever のグループと budge, lift a finger, in ages のグループの違いが，統語的なものではないことに注意しなければならない．前者が肯定疑問文で使われるのに対して後者はそうではない，ということではない．両者の違いは語用論の問題であり，疑問文が用いられる状況と，当該の疑問文の解釈に関係している．

例として，in ages をみてみよう．この句は I haven't tasted truffles in ages.（トリュフを長いこと口にしていない）のように使われるが，疑問の文脈ではあまりしっくりこない．単に相手に「最後にトリュフを食べてからしばらく時間が経っているか」と質問するのに ?Have you tasted truffles in ages? という疑問文を用いるのは，適切とはいえない．しかし，(14i) のように否定的な返答を強く促すようないい方をする文脈では，in ages が用いられることもある．同じように，動詞 budge は，ほとんどといっていいほど否定文に使用が限られているが，(14ii) のような否定の返答を促す文脈ではみることができる．

(14) i. I don't think you know anything about truffles or any other gourmet foods. Do you eat truffles regularly? Have you even so much as tasted truffles in ages?

（トリュフやそのほかのグルメ食材について何もご存じないと思いますが，トリュフは定期的に食べられていますか．そもそもトリュフを長いこと口にしたことがありますか）

ii. Did you budge an inch to let anyone else sit down? Not you; you just sat there hogging the whole couch as usual.

（少しでも場所を空けてほかの誰かを座らせてあげようとしましたか．しなかったでしょう．あなたはただそこで，いつもどおりソファを独り占めしていましたね）

4.2 肯定指向極性感応項目 (PPI)

PPI の類は NPI の類よりもその数はいくぶんか少ない．主な PPI は (15) にあげたもので，(16) は肯定の例と否定の非文を対比したサンプルである．

(15) i. some（いくつかの），somebody（誰か），someone（誰か），some-

thing（何か），somewhere（どこか），somehow（どういうわけか），somewhat（いくぶん）

 ii. **少数限定詞**：a few（いくらか），a little（わずかな），several（いくつかの），various（さまざまな）

 iii. **程度副詞**：pretty（かなり），fairly（相当に），quite$_p$（わりと），far$_p$（ずっと）

 iv. **相副詞**：already（すでに），still（依然として）

 v. **連結詞**：so（…もまたそうだ），too（同様だ），as well（同様だ）

 vi. **法助動詞を含むイディオム**：would rather（むしろ…したい），would sooner（…するほうがましだ），would as soon（むしろ…したい）

 vii. **発話行為表現**：I guess（（根拠なく）…と思う）

(16) i. a. They made some mistakes.

    （彼らはいくつか間違いをした）

   b. *They didn't make some mistakes.

 ii. a. It's pretty big.

    （それはかなり大きい）

   b. *It isn't pretty big.

 iii. a. It is still a mystery why he ran off.

    （なぜ彼が逃げたか依然として謎だ）

   b. *It isn't still a mystery why he ran off.

 iv. a. Kim saw it, and so did Pat.

    （キムはそれをみたし，パットもみた）

   b. *Kim saw it, and not so did Pat.

 v. a. This one is far better.

    （こっちのほうがはるかによい）

   b. *This one isn't far better.

 vi. a. I would rather die.

    （私は死んだほうがましだ）

   b. *I wouldn't rather die.

 vii. a. I guess I agree.

    （賛成しておくよ）

   b. *I don't guess I agree.

PPI としての quite は「わりと (fairly)」を意味し，「まったく，完全に (completely)」を意味する quite は極性感応項目ではない（例：That's quite right. (まったく正しい) 〜 That's not quite right. (まったく正しいわけではない)）．PPI として振る舞う far は，多くの場合比較表現を修飾し，およそ「相当に，ずいぶん (considerably)」を意味するが，距離に関する表現としては，極性感応項目ではない（例：They live/don't live far away.（彼らははるか遠くに住んでいる／住んでいない））．I guess が PPI とみなされるのは，**発話内の力 (illocutionary force)** を示す役割をはたす場合である．したがって，guess が文字通りの意味を表す場合には極性感応項目ではない（例：I don't guess what's in my presents, I wait to be surprised when I open them on Christmas Day.（プレゼントの中身は当てないよ．クリスマスの日に開けて，びっくりするのを待つんだ））．

■ 否定の作用域

(16) の (b) の例では，否定が PPI を作用域にもっている．一般的に，PPI のほうが否定を作用域にもっているときには，PPI と否定は共起できる．つまり，この場合は，当該表現にとって非肯定的文脈とはみなされないということである．以下の例と比較されたい．

(17) i.　I would rather not commit myself.
　　　　　（私はむしろ自分の意見を明らかにしたくない）

　　ii.　Far more of them didn't understand it than did.
　　　　　（彼らの中で，それを理解しなかった人のほうが理解した人よりずっと多い）

　　iii.　We already can't afford any luxuries: how will we deal with this new expense?
　　　　　（私たちには，すでにどんなぜいたく品も買う余裕がない．この新たな支出をどうしたものか）

　　iv.　I still don't know how she did it.
　　　　　（私は依然として，彼女がどうやってそれをやったのか知らない）

　　v.　I didn't understand some of the points she was trying to make.
　　　　　（私は，彼女が主張しようとしたもののいくつかを理解できなかった）

　　vi.　I'm afraid I couldn't stand several of her friends.
　　　　　（残念ながら，私は彼女の友達の何人かには我慢できなかった）

(17i) では，not が従属節にあり，would rather ではなく commit を修飾している．(17ii) の解釈は，理解しなかった人の数が，理解した人の数よりはる

かに多かった，というものである．(17iii) は，ぜいたく品を買う余裕がない状況がすでにあることを表している．(17iv) では，彼女が成し遂げた方法を私が知らない状況が依然として継続しているということ，そして (17v) では，彼女が主張しようとしたことのいくつかについて，私が理解しなかったことを表している．同様に (17vi) の解釈は，私が我慢できなかった彼女の友人が何人かいたということであり，我慢できた人数がある一定数（several）よりも少なかったということではない．これらすべての例で，PPI 自体は否定によって影響されず，よって完全に容認される．

しかしながら，連結付加詞の so, too, as well は否定を作用域にもつこともできない．

(18)　i.　*Kim didn't see it, and <u>so</u> didn't Pat.
　　　 ii.　*Kim didn't see it, and Pat didn't see it <u>too/as well</u>.

もちろん，この性質によって，これらの項目が節の極性テストに用いられるのであるが（1.1 節参照），制限の強さに関して両者に重要な違いがある．(18i) が完全に非文法的であるのに対し，(18ii) は，文末の付加詞が韻律的にある程度切り離されていれば，かろうじて容認可能だとみなす話者もいる．

■メタ言語的撤回とそのほかの撤回

いくつかの PPI は，メタ言語的，あるいは擬似メタ言語的手法で用いられると，否定の作用域内に生じることができる．

(19)　i.　A:　It's a pretty big fish.
　　　　　　　（それはかなり大きい魚だ）
　　　　　 B:　It isn't pretty big, it's abolutely gigantic.
　　　　　　　（それはかなり大きいではなく，まさに巨大だ）
　　　 ii.　A:　He's pretty stupid.
　　　　　　　（彼はかなり愚かだ）
　　　　　 B:　He's not pretty stupid, he's actually quite bright.
　　　　　　　（彼はかなり愚かなのではない．実はとても聡明だ）

(19i) は，メタ言語的否定の例である．B は，「それはかなり大きい」という命題が偽であるということを述べているのではなく，その表現では不十分だという理由で，当該の命題を却下しているのである．(19ii) では，B は A の発言が偽であると却下しているため，メタ言語的否定ではない．それでも，B

は A の用いた表現を繰り返している．これは，**否認 (denial)** とよばれている事例で，すでに述べられたことと，それに対する代替として明示的に述べられていることの間に矛盾がみられる．否定の文脈で PPI が容認されないというときには，このような特殊な用法は除外されている．(16b) の例にアスタリスクが付されているのは，当該の節が通常の否定文として用いられていることを想定したものである．

PPI が否定節に現れるもうひとつの事例は，その否定節が主節否定の下位に埋め込まれ，肯定の対応表現が推意によって生じるような場合である．

(20)　i.　You can't tell me that it isn't far better for some couples to divorce than to stay together.
　　　　（夫婦によっては，一緒にいるよりも離婚するほうがはるかにましだと思いませんか）

　　ii.　Never think that I wouldn't rather be with you than at the office.
　　　　（事務所にいるよりも，あなたと一緒にいたいことを知っていてね）

(20i) の you can't tell me that it isn't からは，「実際にその通りだ」という解釈が推意により強く生じ，それゆえ肯定指向の far が認可される．また，(20ii) では，never think that I wouldn't から「私はそうしたい」という解釈が推意によって強く生じ，それゆえ PPI である would rather が認可されている．

■ 疑問文

ほとんどの PPI は，疑問節内に生じることができる．

(21)　i.　a.　Wouldn't you rather stay here?　　　　　　　［否定疑問］
　　　　　　（あなたはむしろここに滞在したいのではないですか）
　　　　b.　Would you rather stay here?　　　　　　　　　［肯定疑問］
　　　　　　（あなたはむしろここに滞在したいのですか）

　　ii.　a.　Didn't Kim see it too/as well?　　　　　　　　［否定疑問］
　　　　　　（キムもみたのではないですか）
　　　　b.　Did Kim see it too/as well?　　　　　　　　　［肯定疑問］
　　　　　　（キムもみましたか）

　　iii.　a.　Isn't he pretty stupid?　　　　　　　　　　　［否定疑問］
　　　　　　（彼はかなり愚かではないですか）
　　　　b.　?Is he pretty stupid?　　　　　　　　　　　　［肯定疑問］

（彼はかなり愚かですか）

iv. a. Aren't they still/already in London?　　　　［否定疑問］

（彼らはまだ／すでにロンドンにいるのではないですか）

b. Are they still/already in London?　　　　　　［肯定疑問］

（彼らはまだ／すでにロンドンにいますか）

v. a. Isn't there something wrong with it?　　　　　［否定疑問］

（何か間違いがあるのではないですか）

b. Is there something wrong with it?　　　　　　［肯定疑問］

（何か間違いがありますか）

否定疑問文は通常，中立的ではなく偏向的な質問をするのに用いられる．質問者の意図が，肯定の返答を期待するものである場合には，PPI はたとえ否定の作用域内にあったとしても，その生起が認められる．しかし，**発話内行為 (illocutionary act)** を表す I guess と連結詞の so の生起は平叙文に制限され，疑問文には生じない．また，程度を表す副詞である pretty, fairly, quite_p は，そのほかの PPI に比べると，明らかに肯定疑問文に現れにくい．

4.3　PPI，NPI，否定語の対応関係

some，any_n，**no** の間には，以下の例で示されるとおり，重要な関係がある．

(22) i. Kim made some mistakes.　　　　　　　　　　［肯定文］

（キムは多少間違えた）

ii. Kim didn't make any mistakes.　　［動詞否定をともなう否定文］

（キムは何も間違えなかった）

iii. Kim made no mistakes.　　　　　［動詞外否定をともなう否定文］

（キムは何も間違えなかった）

(22ii, iii) では，存在数量化が否定の作用域内にあり，(4.2 節で述べた例外はあるものの) some は同じ環境に現れることはできない．否定が (22ii) では数量化と独立して現れており，(22iii) では両者が 1 つになっているという違いはあるものの，(22ii, iii) はともに (22i) の否定文である．

　同様の関係がほかのいくつかの項目でもみられ，以下のような対応関係をみいだすことができる．

		PPI	**NPI**	**絶対否定語**
i.	a.	some	any	no
		（いくつか）	（少しも）	（少しも…ない）
	b.	someone / somebody	anyone / anybody	no one / nobody
		（誰か）	（誰も）	（誰も…ない）
	c.	something	anything	nothing
		（何か）	（誰も）	（誰も…ない）
	d.	somewhere / someplace	anywhere / anyplace	nowhere / no place
		（どこか）	（どこも）	（どこも…ない）
	e.	sometimes	ever	never
		（ときどき）	（決して）	（決して…ない）
	f.	sometime, once	anytime, ever	never
		（いつか，かつて）	（決して）	（決して…ない）
	g.	somewhat	at all	
		（やや）	（まったく）	
ii.	a.	still	any more / any longer	no more / no longer
		（まだ）	（もはや）	（もはや…ない）
	b.	already	yet	
		（すでに）	（まだ）	
iii.	a.	so		neither / nor
		（…もまた）		（…もまた…ない）
	b.	too / as well	either	
		（…もまた）	（…もまた）	
	c.		either	neither
			（どちらも）	（どちらも…ない）
	d.		either … or	neither … nor
			（…または…）	（…も…もない）

　これら3つの表現は，解釈に多少の用心が必要である．まず，対になっている PPI と NPI の間の関係は，すべての例においてまったく同じというわけではない．たとえば，somewhat と at all の関係は，some と any のつながりと比べるとかなり弱く，体系的でもない．つぎに留意すべき点は，あるひとつの語が複数の意味や用法をもち，対応関係がそのうちのいくつかに限ってみられる場合もあるということである．some を例にとると，some のもついくつ

かの用法（第3巻『名詞と名詞句』参照）のうち，any および **no** とのつながりがもっとも明らかなのは，(22i) の基本的な存在数量化の意味である．しかし別の用法では，密接に関連する否定の対応表現がない．もっともわかりやすい例は，That was some journey.（あれはすごい旅行だった）や，Some friend he was!（彼は大した友人だった）でみられる用法である．

多くの極性感応項目は数量化と関係がある．大まかには，以下の一般化が成り立つ．

(24) i. 全称数量詞は極性感応的ではない．

    ii. 多数数量詞のなかには，ある程度の否定指向性を示すものがある．

    iii. 少数数量詞は（a few のように）肯定指向性をもつものと，(few のように）近接否定語となるものがある．

    iv. 典型的存在数量詞のほとんどは，(23i) に例示される対応関係のパターンを示す．

これに関連して留意すべきは，単純な存在数量化を越えて相当の量を示す some の用法は，そのような対応関係を示さないということである．It took some time to rectify the problem.（その問題を訂正するのにかなり時間がかかった）という文は，直接対応する any や no を使った否定文をもたない．#It didn't take any time to rectify the problem. は「その問題を訂正するのにまったく時間がかからなかった」の意である．語用論的に近い否定は，It didn't take much time to rectify the problem.（その問題を訂正するのにたいして時間がかからなかった）である．

もう1つ注意すべきは，いくつかの NPI が NPI としての意味に加えて，自由選択の意味をもっているという点である．これは any や any を含む複合語に当てはまる（例：Take any of the computers.（そのコンピュータをどれでももっていきなさい）；Ask anyone.（誰にでも尋ねなさい））．また either が名詞句構造内で限定要素あるいは融合限定要素として機能する際にも，同じように自由選択の意味をもつ（例：You can have either of the printers.（あなたはどちらのプリンタをもっていってもよい））．ever は，関係詞や疑問詞との複合語になっているときには，自由選択の意味をもつ（例：Take whatever you like.（何でも好きなものをもっていきなさい）；He'll grumble whatever you do.（彼はあなたがやることすべてに不平をいうでしょう））．それ以外では，ever が全称数量化を表すことができる（例：She had been ill ever since she returned from Paris.（パリから戻ってからずっと，彼女は具合が悪かった）；Ever the optimist, she was undeterred by these warnings.（あいかわらずの楽天家で，彼女はこれだけの忠告にもくじけなかった））．自由選択と全称数量化は，しばしば推意によって関係づけられる．Anyone can do that.（誰でもそれをしてよい）は，要素を選択する集合内のどの要素にも当てはまるため，推意により「全員それをしてよい」の解釈になる（第3巻『名詞と名詞句』参照）．

以下では，(23) であげたリストに解説を加える．

(a)　some ～ any の仲間（(23i)）

肯定疑問文では，some や any を含む語は，たいてい対照をなす．

(25)　i.　a.　Did Kim make <u>some</u> mistakes?　　　　　　　　　　**[PPI]**
　　　　　　　（キムは多少間違えましたか）
　　　　b.　Did you tell <u>someone</u>?　　　　　　　　　　　　　**[PPI]**
　　　　　　　（誰かに教えましたか）
　　ii.　a.　Did Kim make <u>any</u> mistakes?　　　　　　　　　　　**[NPI]**
　　　　　　　（キムは何か間違えましたか）
　　　　b.　Did you tell <u>anyone</u>?　　　　　　　　　　　　　　**[NPI]**
　　　　　　　（誰かに教えましたか）

(25ii) が疑問文としてまったくの中立である一方，(25i) では「肯定の返答が返ってくるだろう」という話し手の気持ちが強く示唆されることから，some の肯定指向性をみてとることができる．

(23id) で where ではなく place を含む表現は，くだけたアメリカ英語でみられる．

ever と never は，頻度または時の付加詞としての役割をもっている．頻度の意味を表す場合，この2つの語は sometimes とはっきりした対応関係をもつ（例：He sometimes loses his patience.（彼はときどきかんしゃくを起こす）～ He doesn't ever lose his patience.（彼は決してかんしゃくを起こさない）～ He never loses his patience.（同））．[7] 時の意味を表す場合，過去に関しては，もっ

---

[7] ever が not や動詞否定形の直後に出てくる場合では，動詞否定よりも never のほうが優先されやすい．頻度を表す ever のより自然な用法は，I don't think he ever loses his patience.（彼がかんしゃくを起こすとは思わない）のような例である．また，ever は never と並列され，強調の効果をともなう用法がある．これは主にくだけた会話にみられるものであるが，それ以外の文体でもみられる（例：Any risk of a prime minister abusing this power is effectively eliminated because he can never, ever put a political crony into the job.（首相に

とも密接な PPI は once である（例：She once liked them.（彼女はかつて彼らのことが好きだった）〜 She didn't ever like them.（彼女は一度も彼らのことが好きではなかった）〜 She never liked them.（同））．未来を表すときには，PPI は sometime が用いられる（例：I hope they will change these rules sometime.（私は彼らがいつかその規則を変更するのを望んでいる）〜 … won't ever/will never change these rules.（決してその規則を変更しないことを望んでいる））．アメリカ英語の anytime では，Feel free to call me anytime.（気兼ねなくいつでも電話してきてね）のように自由選択の意味がもっとも頻繁にみられるが，soon と組み合わさると NPI となり，そのような表現では sometime と対応関係を結ぶ（例：I expect it to end sometime soon.（それはすぐに終了すると思う）〜 $^{\%}$I don't expect it to end anytime soon.（それがすぐに終わるとは思わない））．

somewhat と at all の対応関係は，I somewhat regret agreeing to take part.（私は参加に同意したことをいくらか後悔している）〜 I don't at all regret agreeing to take part.（私は参加に同意したことを少しも後悔していない）にみられる．somewhat はややかたい文体で好まれ，at all はより広範な構文に生じる．たとえば，He hasn't worked at all this week.（彼は今週まったく働いていない）に対応する somewhat を使った肯定文はない．一般的に，at all は後置修飾の強意語として，any や **no** を含む名詞句構造に現れる（例：I hadn't had any food at all.（私は食料をまったく何ももっていなかった）：I'd had no food at all.（同））．これらの文では，肯定文は単に I'd had some food.（私は食料を多少もっていた）となる．また比較級の修飾要素としては，somewhat は any とも対応関係をなす（例：It was somewhat better than last time.（それは前回よりもいくぶんよかった）〜 I wasn't at all/any better than last time.（それは前回と比べてまったくよくなっていなかった））．

PPI の somehow は，一般に様態を表すが（例：They had somehow lost their way.（彼らはどうやってか迷子になった）），理由の意味を表すこともある（例：I somehow couldn't understand what he was getting at.（どういうわけか，彼が何をいおうとしているか理解できなかった））．後者の例では，somehow は「よくわからない理由で」あるいは「はっきりといえない何らかの理由で」という意味を表している．anyhow という語は存在しているが，somehow に対応する NPI としてではない．そのため，この対は（23i）には含まれてない．any-

---

よる職権乱用のどんなリスクも効果的にとりのぞかれる．なぜなら，政治上の取り巻きをその職には絶対につけられないからだ））．

how は自由選択の any に由来するが，様態副詞としては，特殊化された意味を表す．（例：They had stacked everything into the cupboard anyhow.（彼らは何でもかんでも戸棚へいい加減に／適当に詰め込んだ））．anyhow は，anyway のように譲歩を表したり，接続表現として用いられたりすることのほうが多い．

(b) 相を表す用法（(23ii)）

相を表す PPI と NPI との対応関係は，以下の例によって示される．

(26) i. a. Ed still lives with us.
（エドはまだ私たちと住んでいる）

b. Ed doesn't live with us any more / longer.
（エドは，もう私たちと住んでいない）

ii. a. Jill has already finished.
（ジルはもう終わらせた）

b. Jill hasn't finished yet.
（ジルはまだ終わらせていない）

相の意味では，any more はアメリカ英語ではたいていの場合 anymore と綴られ，この綴りはイギリス英語にも広がりつつある．[8] 肯定疑問文で still を認める一方で，any more/longer を容認しない話者もいる（例：Does he still live with you?（彼はまだあなたと住んでいるの）～ %Does he live with you any more?（同））．さらに，any more/longer には未来を推定する用法があるが，still はそのような用法をもっていないという違いもみられる．I'm not working here any more. は「私はもうここで働いていない」という現在時の意味と「私はここで働き続けるつもりはない」という未来時の意味であいまいだが，I'm still working here.（私はまだここで働いている）には現在時の意味しかない．

(c) either ～ neither の仲間（(23iii)）

either と neither の用法のひとつとして，節の否定極性をテストするのに利用した連結付加詞がある．

---

[8] anymore という綴りは，ときに相を表す用法以外でもみられるが，標準的用法としては許容されていない（例：*We don't know anymore than the others.）．アメリカの特定地域の英語では，anymore が非 NPI として用いられることがあり，およそ「最近（nowadays）」を意味する（例：%They're working together anymore.（彼らは最近一緒に働いている））．

第 4 章　極性感応的項目　　　241

(27)　i.　a.　Kim enjoyed it and so did Pat.

　　　　　　（キムは楽しんだし，パットも楽しんだ）

　　　　b.　Kim didn't enjoy it and neither did Pat.

　　　　　　（キムは楽しまなかったし，パットも楽しまなかった）

　　ii.　a.　Kim enjoyed it and Pat did too.

　　　　　　（キムは楽しんだし，パットも楽しんだ）

　　　　b.　Kim didn't enjoy it and Pat didn't either.

　　　　　　（キムは楽しまなかったし，パットも楽しまなかった）

このように，neither が平叙節内にある時には常に節頭に生じる．そのため動詞否定＋NPI either は neither に直接対応する表現ではない．neither に対応する PPI は so である．either は動詞に後続する位置に生じ，too および as well と対応関係をもつ．この連結用法では nor は neither の変種であるが，nor のほうがやや広い分布を示す．[9]

　(23iiic) の either と neither は，名詞句構造において存在数量詞として機能するものである（例：He hadn't read either of them.（彼はそれらのうちどちらも読んだことがなかった）〜 He had read neither of them.（同））．これらには単純な PPI の対応表現はないが，肯定文の He had read one of them.（彼らはそれらのうち一方を読んだことがあった）を相応の表現とみなしてもよい．ただし，この場合は 2 つのうちのどちらかという選択の意味をもたず，さらに one は極性感応的ではないという点で，either/neither とは異なっている．より近い対応関係は，He had read one or other of them.（彼はそれらのうちどちらかを読んだことがあった）との間にあり，この場合，one or other は PPI である．(23iiid) の項目は，等位接続の標識であり，これらの絶対否定語は，極性感応

---

　[9] 訳者注：本文でも指摘されているように，nor は neither のかわりに生じることがある．

　(i)　The Germans haven't yet replied; nor have the French.

　　　（ドイツ人はまだ返事をしていない．フランス人もしていない）

そのほかにも，等位接続詞として neither とともに等位接続構造をなすが，neither をともなわない場合もある．

　(ii)　a.　Neither Jill nor her husband could help us.

　　　　　（ジルもその夫も，私たちを助けられなかった）

　　　b.　The change won't be as abrupt as in 1958 nor as severe as in 1959.

　　　　　（その変化は 1958 年ほど急ではないし，1959 年ほど厳しくもないだろう）

(iib) では nor よりも or を用いるほうが普通だが，nor が用いられると否定が強調される印象がある．本シリーズ第 8 巻『接続詞と句読法』も参照のこと．

242 第 II 部 否定

的でない非否定の表現と対応している.

4.4 非肯定的文脈

この節では，NPI が生じることができる文脈を整える構文や語彙項目について概観する．否定はその中でもっとも中心的であるが，そのほかのものは否定と意味的・語用的にさまざまなつながりをもっている．以下にあげる例では，NPI には下線を，NPI を認可する項目には二重下線を付す.

■ 否定語

すべての否定語は，節否定であっても，節内部否定であっても，NPI を認可する.

(28) i. ［節否定］

  a. Kim didn't do anything wrong.

   （キムは何も悪いことはしていない）

  b. No one did anything wrong.

   （誰も何も悪いことはしていない）

  c. Hardly anyone liked it at all.

   （ほとんど誰もそれをまったく好きではない）

 ii. ［節内部否定］

  a. He seems not very interested in any of these activities.

   （彼はこれらの活動のどれにも興味がないようにみえる）

  b. It was a matter of little consequence for any of us.

   （私たちのほとんど誰にも重要性のない問題だ）

  c. It is unlikely anyone has noticed it yet.

   （誰もいまだそれに気づいていないようだ）

しかし注意しなければならないのは，否定の文脈が否定語のある場所から始まるということである．NPI は，自分に後続する否定語には認可されない（例：*Anyone did nothing wrong.；*We had given anyone nothing.）.

■ 疑問節

NPI が通例閉鎖疑問文内に生じることは，すでにみたとおりである．ここではそれらについては触れず，肯定の開放疑問文について詳しくみていこう.

開放疑問文

肯定開放疑問文における NPI の振る舞いは，意味的により単純な閉鎖疑問文の場合とは，少々異なる．以下の例を比較されたい．

(29) i. a. Who helped her?
(誰が彼女を手伝いましたか)

b. Who did anything to help her?
(彼女を手伝うのに誰か何かしましたか)

ii. a. Why did you help someone like George?
(なぜジョージのような人を手伝ったのですか)

b. Why would you lift a finger to help someone like George?
(なぜジョージのような人を手伝おうとしたのですか)

iii. a. How come you like her?
(どうして彼女が好きなのですか)

b. *How come you like her much?

一般的に，肯定開放疑問文で表される質問は，肯定の**前提**（**presupposition**）をもつ．通例，(29ia) でたずねる場合には，誰かが彼女を手伝ったということは了解済みで，それが誰だったかを聞こうとしているのである．同じく，(29iia) では，聞き手がジョージを手伝ったことが前提となっており，(29iiia) では聞き手が彼女を好きであることが前提となっている．

しかし any や ever のような NPI を導入すると，疑問文にさまざまな変化が生じる．(29ib) では，誰かが彼女を手伝うために何かをしたということが前提とはならない．誰も何もしなかった可能性もあるし，誰かが何かをしたかもしれない．Who has any suggestion to make?（誰か何か提案がありますか）という文は，実際に誰かに何か提案があるかどうかはまったくわからない時に用いられる．

(29iib) では，より強い否定指向性をもつ lift a finger（わずかに…する）が使われており，「ジョージは助けてやるに値しないので，彼を手助けしようとしないのが適切な態度だ」という否定的解釈が推意によって生じる．結果として，この質問をすることで，その推測から逸脱している理由をたずねることになる．

(29iiib) は，肯定平叙文の *You like her much. と同じく，非文法的である（How come you like her so much.（どうしてそんなに彼女が好きなの）とすれば完全に容認可能である）．しかし，much が肯定開放疑問文から統語的に排除

されるということではない．適切な否定の意味合いをもつ文脈があれば，much は容認される（例：Who cares much about it, anyway?（いずれにしても，誰がそれについてそんなに心配するのか））．

原形不定詞をともなう why 疑問文

(30) a. Why tell them anything about it?
(なぜ彼らにそのことについて何か伝えるのですか)

b. *Why not tell them anything about it?

NPI が (30a) の肯定疑問文で許されて，(30b) の否定疑問文では許されないことは，一見すると意外かもしれない．しかし，これにも構文のもつ意味が関係している．

(30a) は肯定文ではあるものの，「相手に何かを伝える理由はない」という否定的な意味を示唆している．この節のもつ否定的推意が，おのずと NPI を許している．他方で，why not を使った疑問文には，肯定的推意がある．修辞疑問文 Why not tell them about it?（彼らにそのことについて伝えないのですか）は，「相手に伝えるべきだ」ということを慣習的に表している．後者の肯定的意味が，(30b) の NPI を容認不可能にしている．

■節補部または節的補部をともなう非顕在的否定語

補部節をとる動詞や形容詞には，論理的含意や推意によって補部節の否定的解釈を暗に表すものがあり，その場合には補部節内で NPI が認可される．これらの語のいくつかは，節と同様の解釈をもつ名詞句や前置詞句を補部にとることができ，その場合でも NPI が認可される．ときには，従属節（あるいはそれに相当するもの）が主語になることがある．そのような場合，NPI を認可する要素に NPI 自体が先行する．具体例は，以下にあげる (34ii) と (36ii) である．

　非顕在的に否定の意味をもつ語は，(a) 失敗・否認・欠落，(b) 妨害・禁止，(c) 拒絶，(d) 疑念，(e) 不測，(f) 批判的評価の6種類に分類される．

(a) 失敗・否認・欠落の表現

不定詞または動名分詞形の補部をとり，「…できない」「…を否定する」「…を忘れる」という意味を表す語（主に動詞）の補部で NPI が認可される．この種類に分類される動詞には，avoid（避ける），decline（丁重に断る），fail（…し

第4章　極性感応的項目　　　　　　　　　　　　　　　　245

そこねる），forget（忘れる），neglect（怠る），refrain（差し控える）などがあり，
イギリス英語では omit（なおざりにする）なども含まれる.

(31) i. The authorities failed to do a thing to ensure the child's safety.
　　　　　（当局は，子供の安全を確保するために何の役にも立てなかった）

　　 ii. Lee forgot to take a blind bit of notice when they were giving
　　　　 directions.
　　　　　（彼らが指示しているとき，リーは耳を傾けることをまったく忘れていた）

　　iii. I want you to refrain from moving a muscle until you're com-
　　　　 pletely recovered.
　　　　　（完全に回復するまで，あなたには身動きひとつしないでほしい）

　　 iv. We managed to avoid any further delays.
　　　　　（私たちは何とか，それ以上の遅延を回避することができた）

(31i) は，当局が子供の安全を保証するのに何もしなかったことを論理的に含
意する．(31iv) では，動詞 avoid は「それ以上の遅延があること（having any
further delays）」とおおよそ解釈できる名詞句を補部としてとっている.

(b)　妨害・禁止の表現

妨害・禁止や除外を表す語，あるいはある行為を差し止める意味を表す語に
は，一般的に from を主要部とする前置詞句が後続し，さらにその前置詞の補
部に動名分詞形が選択される．NPI はその動名分詞形の中で認可される．こ
の種の動詞には，ban（（法的に）禁止する），hinder（妨げる），keep（…させな
い），prevent（妨げる），prohibit（禁止する），stop（止める）がある.

(32) i. We kept him from telephoning anyone before the police arrived.
　　　　　（私たちは警察の到着まで，彼に誰にも電話させなかった）

　　 ii. I am prohibited from so much as naming any of the principals in
　　　　 this case.
　　　　　（私はこの件では，主役のいずれかを指名することさえ禁止されている）

ここでも，否定の論理的含意がみられる．たとえば (32i) では，「彼は警察が
到着するまで誰にも電話をしなかった」ことが示唆される.

(c)　拒絶の表現

動詞 deny（否定する）は，非顕在的否定を表す語の中でとくに代表的なもので

あるが，近い意味を表す語にいい換えても，語彙内容や統語構造にかかわらず，NPI を認可する効果が得られる．

(33) i. My client denies that he ever said any such thing.
      （依頼人は，これまでにそのようなことは一切いってないと述べている）

   ii. My client denies any involvement in the matter.
      （依頼人は，その件への関与を一切否定している）

   iii. My client completely rejects the notion that he ever said any such thing.
      （依頼人は，これまでに何かそのようなことをいったという見解を完全に否定している）

ここで，(33i) を My client says that he never said any such thing.（依頼人は，そのようなことを一度もいっていないといっている）とパラフレーズすることができる．(33ii) は，補部が名詞句となる場合を示しており，that he was in any way involved in the matter（彼が何らかの形でその件にかかわったということ）と解釈される．

(d) 疑念の表現

疑いを表す語には，動詞 (doubt（疑問に思う）が代表例)，形容詞 (doubtful（確かでない），dubious（疑わしい），sceptical（疑い深い)），名詞 (doubt（疑念），scepticism（疑い)) が含まれる．

(34) i. I doubt that Lee has been to the theatre in ages.
      （リーが長いこと劇場に行っていたか疑問に思っている）

   ii. That they will ever have a better opportunity is very much to be doubted.
      （彼らにこれ以上よい機会があるかどうかは，非常に疑問だ）

   iii. I'm doubtful about the value of pursuing the matter any further.
      （これ以上その問題を追究することに価値があるか，私には疑問だ）

   iv. She expressed scepticism about there being any point in continuing.
      （彼女は，続ける意味があるのかという疑念を表した）

疑惑と否定には明らかな関係がある．というのも，疑うということはある命題が偽である可能性を心に抱くということだからである．動詞 doubt が平叙節

第 4 章　極性感応的項目　　247

を補部にとる場合は，その命題が偽だと信じたいという気持ちを表している.[10]

(e)　不測の表現

I'm surprised the car started.（車が動き出して驚いた）のような文は，車が発進した事象が予測に反していたため，その事象を目撃して反応したことを表している. つまり，もともと The car won't start.（車は動き出さないだろう）と表せる予測があったという推意が生じる. そのような予測がある場合，以下にあげる動詞や動詞イディオムの補部で NPI が認可される. amaze （驚嘆させる），astonish （驚かせる），astound （仰天させる），bowl over （大喜びさせる），flabbergast （面食らわせる），shock （ぎょっとさせる），surprise （(ふいに) 驚かす），take aback （当惑させる）. また，これらに対応する形容詞の補部でも同様である.

(35) i.　It astounds me that they took any notice of him.

　　　　（彼らが彼に関心をもったことに私は驚いた）

　　ii.　It's surprising he lifted a finger, considering that he's a total stranger.

　　　　（彼がまったくの他人であることを考えれば，労をとったのは驚きだ）

　　iii.　We were all amazed that he had been able to write anything during that time.

　　　　（われわれはみんな，彼がその間にものを書けたことに驚嘆した）

---

[10] 訳者注：動詞 doubt に補部節の命題が偽だという意図が含まれていることについては，以下の例文を比較されたい.

　(i) a.　I'm not certain that he wrote it but I'm not certain that he didn't write it either.

　　　　（私には彼がそれを書いたという確信がないが，彼が書かなかったという確信もない）

　　　b.　#I doubt that he wrote it but I doubt that he didn't write it too.

　　　　（私は彼がそれを書かなかったのではないかと思っているし，彼が書いたとも思っている）

動詞 doubt は，(ia) のように彼が書いたか書かなかったかということに関する確信の有無について述べているのではない. doubt の補部節の命題は偽であると考えられるため，書かなかったと思いながら，同時に書いたと思うことはできないので，(ib) は不自然だと判断される. 詳しくは本シリーズ第 6 巻『節のタイプと発話力，そして発話の内容』を参照のこと.

(f) 批判的評価の表現

absurd（不条理な），excessive（過度の），foolish（愚かな），monstrous（ばかげた），ridiculous（(物事が) ばかばかしい），silly（(考えなどが) ばかばかしい），stupid（くだらない），unacceptable（容認できない），unwise（分別のない）など，多くの批判的評価を表す語が存在するが，これらも NPI を認可する文脈をつくることができる．

(36) i. It would be <u>foolish</u> to take <u>any</u> unnecessary risks.
          （不必要なリスクをとるなど愚かだ）

     ii. <u>Any</u> more pudding would be quite <u>excessive</u>.
          （これ以上のプディングは多すぎる）

    iii. It was <u>stupid</u> of Basil <u>ever</u> to have mentioned the war.
          （その戦争に言及したことがあるとは，バジルは愚かだった）

推意により，(36i) では「最低限を越えるリスクは絶対にとるべきでない」という解釈が，(36ii) では「プディングをこれ以上食べるべきでない」という解釈が，それぞれ生じる．たいていの場合，実際の状況ではなく潜在的な可能性について述べるので，過去に起きた具体的な出来事について，?It was foolish to take any unnecessary risks.（不必要なリスクをとるのは愚かだった）とはいわない．

■ 下方含意の意味をもつ量化名詞句

3.3 節で説明した下方含意の意味をもつすべての量化名詞句は，後続する NPI を認可する．以下の例を比較されたい．

(37) i. a. Few of the bees stung <u>anyone</u>.
              （ほとんどどのミツバチも誰も刺さなかった）

          b. *A few of the bees stung anyone.

     ii. a. At most ten students did <u>any</u> work.
              （何らかの仕事をしたのはせいぜい 10 名の学生だった）

          b. *At least ten students did any work.

ほとんどの下方含意の量化名詞句は否定の意味を含むため，上記の (a) に分類されている．しかし，3 章注 9 でも述べたように，at most（せいぜい，多くても）は否定の意味をもたないにもかかわらず下方含意の解釈を引き起こし，(37iia) でみられるように，後続する NPI を認可する．a few（いくつかの）や

at least（せいぜい，少なくても）は上方含意の意味をもち，非肯定的文脈をつくらない．

（37iia）自体は否定文ではないが，否定との明確な関連性がある．At most ten of the thirty students worked.（30 名の学生のうちせいぜい 10 名が働いた）は，多数派である別の 20 名が働かなかったことを論理的に含意している．no more than を使って No more than ten of the students worked, did they?（働いたのはせいぜい 10 名の学生でしたね）とすると，付加疑問が肯定になっていることからわかるように，否定文になる．

他方，At least ten of the thirty students worked.（30 名の学生のうち少なくとも 10 名が働いた）には，そのような否定の論理的含意がいっさいない．それどころか，別の 20 名のうちの数人は働いたかもしれないことが示唆される．at least のかわりに no less than を使って，No less than ten of the students worked, didn't they?（働いたのは 10 名もの学生でしたね）とパラフレーズすることができるが，この場合も否定の付加疑問が示すように，文全体は肯定となる．

■ 程度副詞 too

(38) i. By that time I was just too tired to budge.
（その時まであまりに疲れていて，私は少しも動けなかった）

ii. It was too difficult for anyone else.
（ほかの誰にとっても，それは難しすぎた）

過剰さを意味する too は，不定詞節や for 前置詞句の間接補部を認可する．too ＋肯定不定詞構文は，so ＋否定定形節にパラフレーズされる（例：I was so tired that I couldn't budge.（とても疲れていたので少しも動けなかった））．同様に，（38ii）は It was so difficult that no one else could do it/that it was not appropriate for anyone else.（それは難しすぎるので，ほかの人は誰もできなかった／ほかの誰にとっても適切でなかった）とパラフレーズされる．注意すべきは，He wasn't too tired to have a couple of games of tennis.（彼は疲れすぎてテニスを数試合できないというわけではなかった）では，彼が実際に試合をしたという解釈が推意によって生じる点である．この肯定の意味合いにより，（4.2 節で論じた否認の用法を除けば）NPI は認可されない（例：*I wasn't too tired to budge.）．

■ 前置詞 (against, before, without)

いくつかの前置詞は，(39) の (a) が示しているように，NPI の文脈を整えることがある．

(39) i. a. She did it <u>without</u> <u>any</u> difficulty.
        （彼女は難なくそれをやった）
     b. *She did it with any difficulty.
   ii. a. He left <u>before</u> <u>anyone</u> noticed it.
        （誰かが気づく前に，彼は立ち去った）
     b. *He left after anyone noticed it.
  iii. a. I argued <u>against</u> taking <u>any</u> more.
        （私はこれ以上背負うことに反対の意見をいった）
     b. *I argued in favour of taking any more.

ここでも，NPI の生起が認められるのは，当該の節が否定の命題を伝達するからである．上の例はそれぞれ，「彼女がそれを行うのに困難はなかった」こと，「誰もそのことに気づかなかった」こと，「これ以上背負うべきではないと私が主張している」ことを表している．(a) の反意語となる前置詞を含む (b) の例では，否定の命題が伝達されず，NPI の生起は認められない．without と before は広範な用法で NPI を認可するが，against はこの例文でみられるような，やや特殊な意味においてのみ NPI を認可できる．

■ only

(40) i. <u>Only</u> then did she realise she had <u>any</u> chance of winning.
       （その時になってはじめて，彼女は勝利のチャンスがあることに気づいた）
   ii. She remained the <u>only</u> one capable of making <u>any</u> sense of it.
       （彼女は相変わらず，そのことが理解できる唯一の人だった）

only と否定にもやはり，明確なつながりがある．(40i) では，彼女はその時点まで勝つ見込みにまったく気づかなかったことが含意され，(40ii) では，ほかの誰もそのことをまったく理解できなかったことが含意されている．[11]

---

[11] 訳者注：only は被修飾要素に焦点を当てる修飾要素である．たとえば，Only Kim resigned.（キムだけが辞職した）という文では，Kim が焦点となり，これに基づいて，Kim resigned.（キムが辞職した）が前提となる．そして，Nobody except Kim resigned.（キム以

■ 比較級と最上級の構文

NPI は，比較の than や as の補部内でよく観察され，また最上級形容詞や最上級副詞を含む構文においては，関係節や部分を表す前置詞句の中でよく観察される．これまでと同様，これらの構文が否定と密接に関連していることがわかる．

(41) i. She ran faster than she had ever run before.
（彼女は以前よりも速く走った）

ii. The performance was as good as any you could hope to see.
（その公演は，あなたがみることを望みうるどんなものとも同じくらいよかった）

iii. It was the biggest fish I had ever seen.
（それは，それまでみた魚で一番大きかった）

(41i) は，彼女が以前に同じくらい速く走ったことがないことを，(41ii) は，ほかのどの公演もこの公演に劣ることを，そして (41iii) は，もっと大きい魚を以前にみたことがないことを，それぞれ論理的に含意する．

■ 顕在的・非顕在的条件文

if の補部として埋め込まれている節では，一般的に NPI が許容される．同様に，条件の解釈をもつほかのさまざまな節でも同じように NPI が許容される．以下の例を考えてみよう．

(42) i. If you want anything, just call.
（何かほしければ，すぐ電話してください）

ii. If I'd ever seen anything like that, I'd have reported it.
（そのようなものをみたならば，そう報告したでしょう）

iii. I would read your review, if I gave a damn about your opinion.
（あなたの意見がちょっとでも気になるなら，あなたの批評を読みますよ）

iv. Drink any more and you'll have to get a taxi home.
（これ以上飲むなら，タクシーで帰らないといけないですよ）

外は誰も辞職しなかった）が伝達内容の主な部分，すなわち**前景 (foreground)** となる．前景となった命題が否定文となっていることに注目されたい．詳しくは本シリーズ第 4 巻『形容詞と副詞』を参照のこと．

(42i) は**開放条件節 (open conditional)** である．つまり，あなたは何かをほしいかもしれないし，そうでないかもしれない．あらかじめどちらか一方の命題が想定されているわけではない．肯定であるとはっきり述べていないことから，any のような NPI が許される環境が十分に整えられている．(42ii, iii) の**隔たり条件節 (remote conditional)** 構文は，より密接に否定と結びついている．(42ii) は，そのようなものを今までみたことがなかったことを暗示している．また (42iii) は，あなたの意見は気にしないということを暗示している．give a damn はかなり強い否定指向性をもつ表現のひとつであり，解放条件節よりも隔たり条件節に現れるほうが自然である．(42iv) は統語的条件文ではないが，当該の命令文の解釈は if you drink any more（これ以上飲むなら）と等価であるため，NPI が条件の意味によって認可されている．[12]

---

[12] 訳者注：命令節が等位節構造の第一等位項に生じる場合，通例条件節として解釈されるが，条件の意味は命令節自体からではなく，等位接続詞 and から生じるものである．「命令節＋and＋節」の構造で，命令節の指示の力は**背景 (background)** 化され，and によって条件の意味が生じる．本シリーズ第 6 巻『節のタイプと発話力，そして発話の内容』も参照のこと．

第5章 否定の増加特定性

(I don't want to hear about it)

否定節は，実際の論理的含意よりも強い主張をしているとみなされることがある．これを**増加特定性（increased specificity）**をともなう解釈という．この現象のよくある例のひとつは，1.3.3 節で議論したように，否定の作用域内にある特定の要素が焦点として選択される場合である．たとえば，Your children don't hate school.（あなたの子供は学校を嫌っていない）という文は，「あなたの子供が学校を嫌っている」という命題が真となる条件を満たしていないだけでなく，より特定的に，「あなたの」という部分だけが否定された「あなた以外の子供は学校を嫌っている」と解釈される．

ほかのよくある事例として，以下のようなものがある．

(1) i. a. Mary doesn't like you.
      （メアリーはあなたが好きではない）

   b. Mary dislikes you.
      （メアリーはあなたが嫌いだ）

  ii. a. He doesn't have many friends.
      （彼には友人が多くない）

   b. He has few friends.
      （彼には友人がほとんどいない）

 iii. a. The weather wasn't very good.
      （天気はあまりよくはなかった）

   b. The weather was rather poor.
      （天気はかなり悪かった）

それぞれのペアにおいて，(a) からの推意によって，より特定的な (b) の解

253

釈が生じる.

(1ia) について考えてみよう. メアリーがあなたについて聞いたことさえないという状況下でも, おそらく (1ia) は真となるだろう. その場合, (1ib) は偽となる. ただし, そのような状況で (1ia) の文を発話することはほとんど意味のないことなので, (1ia) を解釈する際には, その可能性は考慮の対象から外れる. また, メアリーがあなたのことを知ってはいるが, あなたについて何の判断を下していない, つまり良い感情も悪い感情もなく, 何も感じることが無い場合は, 彼女はあなたのことを好きでもないし嫌いでもないので, (1ia) が真となる一方, (1ib) は偽となる. しかし, もしそうであったら, 普通は Mary doesn't like you, but she doesn't dislike you either. (メアリーはあなたが好きではないが, 嫌いでもない) のように, はっきりと述べるべきだろう. (1ia) が用いられる可能性がもっとも高い状況は, メアリーがあなたのことを嫌っているというもので, そうでないという証拠がない限り, 普通はそのように解釈される. この解釈は, (1ia) が真となりうるほかの諸条件を無視している点で, (1ia) の実際の意味よりも特定的である.

(1iia) の many は, あいまいな多数数量詞である. どこからが 'many' かという明確な基準はなく, たとえば, 20 は 'many' だが 19 はそうではない, ということにはならない. (1iia) からは, 友人の数が「たくさん」とみなせる水準よりかなり下回っている, すなわち, 彼にはほとんど友達がいない, ということが読み取れる. したがって, (1iia) はたいていの場合, (1iib) の He has few friends. を伝達していると解釈されるだろう. しかしその解釈は, (1iia) のもつ意味とまったく同じというわけではない. He doesn't have MANY friends, but he has a reasonable number. (彼には友人が多くはないが, それなりにはいる) は, 完全に意味の通る文である.[1] したがって, (1iia) から推意によって得られる (1iib) の解釈は, many と few の間にある中間領域を排除している点で, 特定的である.

(1iiia) の very も, 程度のはなはだしさを意味するもののその範囲はあいまいである. そこで, よい／悪いの尺度の中間部分を取り去ることで, (1iiia) から (1iiib) の解釈が推意によって得られる. 両者の文字通りの意味の違いは,

---

[1] not が many と結びついて限定詞句 not many を形成すると, 少数の解釈が暗にではなく論理的に含意されるようになる. not many は「ほんの少しの (few)」を意味するからである. したがって, #Not many people came to the meeting but a reasonable number did. (その会合にはほとんど人が来なかったが, それなりに来た) とはいえない.

つぎのように考えるとわかりやすい．very good は尺度の最上位に位置する比較的小さい部分を表すため，(1iiia) は「快晴とはいえない」広い範囲の天気を表している．他方で，(1iiib) は「ひどい悪天候」を表している．この推意による解釈は，典型的には It wasn't VERY good, but it was quite reasonable.（すごく良い天気だったわけではないが，まあまあの天気だった）のように，very に対照強勢を置くことで，取り消すことができる．この種の推意による解釈は，多数数量化においてかなり一般的にみられる．さらなる例として，She doesn't often lose her temper.（彼女は頻繁に腹を立てることはない）をあげることができる．この文から，She rarely loses her temper.（彼女はめったに腹を立てることがない）という解釈が推意によって生じる（論理的に含意されているのではない点に注意）．

本章が主に扱うのは，否定節がより特定的な解釈をもつようになる現象の中でも，さらに特殊な事例である．たとえば，(2ia) や (2iia) のように，主節にある否定がまるで補部節にかかっているように解釈される事例がある．

(2) i. a. I don't want to hear about it. ［主節否定］
 （私はそのことを聞きたくない）

 b. I want to not hear about it. ［従属節否定］
 （私はそのことを聞かないでいたい）

 ii. a. Mary didn't want you to tell them. ［主節否定］
 （メアリーはあなたに彼らに伝えてほしくなかった）

 b. Mary wanted you not to tell them. ［従属節否定］
 （メアリーはあなたに彼らに伝えないでほしかった）

どちらのペアにおいても，否定標識が (a) では主節にあり，(b) では want の補部節内にある．そしてどちらの例でも，(b) の解釈は (a) から推意によって生じ，いくらか特定的な意味を含んでいる．

この事例は，上述の (1ia) とかなり類似している．(2ia) は，私がそのことについてなんとも思っていなくても，聞かないことを望んでいても（聞くことをまぬがれたくても），どちらの場合でも真である．実際には，前者の可能性は普通考慮されず，後者のみが成り立つ解釈，すなわち (2ib) が生じる．もし，まったく関心がないのであれば，そのようにしっかりと述べるのが普通である．たとえば，I don't mind whether I hear about it or not.（私は，そのことを聞いても聞かなくてもどちらでもよい）といえば，その意図は伝わる．しかし，この表現が真であれば (2ia) もまた真となることから，(2ia) が (2ib) と同じ

意味を表していないことは明らかである．このようなわけで，(2ib) の解釈は
(2ia) からの推意によって生じており，論理的に含意されているわけではない．
ここでも，I don't want to hear about it and I don't want to not hear about it
—I'm completely indifferent.（私はそのことを聞きたいわけでもないし，聞かない
でいたくもない．まったく関心がないのだ）とすれば，推意による解釈を無効にす
ることができる．

■従属節否定の推意を許す主節動詞および形容詞

(2) で示された現象はかなり広範囲にみられ，非定形や定形の従属節を含む構
文で want のように振る舞う多くの語がある．(3) は，関連する動詞や形容詞
の代表例で，意味によって大まかに分類している．

(3) i. **希求：** choose（…することに決める），intend（…するつもりであ
る），mean（…するつもりである），plan（…するつもりで
ある），want（…したい）

ii. **助言：** advisable（当を得た），advise（…するよう勧める），had
better（…するのがよい），be meant（…のつもりでいう），
recommend（…することを勧める），?suggest（…と示唆す
る），be supposed（…だと思われている）

iii. **蓋然性：** likely（…しそうだ），?probable（…ということが起こりそ
うな）

iv. **意見：** %anticipate（…と予期する），believe（…と信じる），expect
（…と期待する），feel（…と思う），%figure（…だと考え
る），guess（…だと推測する），imagine（…と想像する），
reckon（…と評価する），suppose（…と思う），think（…
と考える）

v. **知覚：** appear（…に思える），feel（…と感じる），look（…にみえ
る），sound（…に聞こえる），seem（…のようだ）

■共通する意味的要素：「中程度モダリティ」

(3) の項目はすべてさまざまな**モダリティ（modality）**とかかわっており，い
わゆる「モダリティの強さ」の点でいえば，いずれも中程度の強さを表してい

第5章　否定の増加特定性（I don't want to hear about it）　　257

る.² たとえば，**中程度モダリティ（medium modality）** の want は，**弱程度モダリティ（weak modality）** の willing や**強程度モダリティ（strong modality）** の insist と対比をなしている.

(4) i. a.　I'm not willing to be included.　　　　　［弱程度モダリティ］
　　　　　　（一員と扱われるのは本意でない）

　　　b.　I'm willing to not be included.　　　　　［弱程度モダリティ］
　　　　　　（一員と扱われないでよい）

　　ii. a.　I don't want to be included.　　　　　　［中程度モダリティ］
　　　　　　（一員と扱われたくない）

　　　b.　I want to not be included.　　　　　　　［中程度モダリティ］
　　　　　　（一員と扱われないでいたい）

　　iii. a.　I don't insist on being included.　　　　　［強程度モダリティ］
　　　　　　（一員と扱われるのを強くは要求しない）

　　　b.　I insist on not being included.　　　　　　［強程度モダリティ］
　　　　　　（一員と扱われないのを強く要求する）

(4ii) においてのみ，(b) の解釈が (a) からの推意によって生じる．(4ia) は，実際には (4ib) を論理的に含意するが，(4ia) が真となる状況は，(4ib) が表す事象よりも広いため，(4ib) の意味を伝達するのに (4ia) が用いられることはないだろう．(4iib) と (4iiib) は，それぞれ (4iia) と (4iiia) を論理的に含意するが，(4iiia) と (4iiib) の意味の隔たりは，(4iia) と (4iib) の隔たりと比べてかなり大きい．すでにみたとおり，(4iia) と (4iib) の唯一の違いは，(4iia) では「私が一員と扱われるか否かについて無関心である」状況が許されるということである．それに対し，(4iiia) が許す状況は，(4iiib) よりもずっと広範囲である．たとえば前者では，「私は一員と扱われたいのだが，それを強く主張していないだけ」という場合がありうる．中程度モダリティ，すなわち主節否定と従属節否定で意味の違いが比較的小さい場合においてのみ，(b)

---

　² 訳者注：モダリティとは，主に節によって表される状況の**現実性（factuality）** または**実在化（actualisation）** に対する話者の心的態度にかかわる概念であり，その話者のもつ現実性・実在性への関与の強さをモダリティの強さという．たとえば，強程度モダリティに当たるのは**必然性（necessity）** であり，弱程度モダリティに当たるのは**可能性（possibility）** である．その中間として**蓋然性（probability）** がある．以降，本文では中程度の強さのモダリティを中程度モダリティとよぶこととする．詳細は，本シリーズ第1巻『動詞と非定形節，そして動詞を欠いた節』を参照のこと．

の解釈が（a）からの推意によって生じることになる．

同じことが「助言」のモダリティに関しても当てはまる．

(5) i. a. He didn't allow me to go. ［弱程度モダリティ］
（彼は私が行くことを許さなかった）

b. He allowed me not to go. ［弱程度モダリティ］
（彼は私が行かないことを許した）

ii. a. He didn't advise me to go. ［中程度モダリティ］
（彼は私が行くように勧めなかった）

b. He advised me not to go. ［中程度モダリティ］
（彼は私が行かないように勧めた）

iii. a. He didn't order me to go. ［強程度モダリティ］
（彼は私が行くように命令しなかった）

b. He ordered me not to go. ［強程度モダリティ］
（彼は私が行かないように命じた）

弱程度モダリティの allow や強程度モダリティの order と対照的に，advise は中程度モダリティを表し，この場合にのみ推意による解釈が生じる．ここでも，(5ia) が真となる状況は (5ib) が表す事象よりもかなり広く，前者は後者を論理的に含意する．また，(5iiib) は (5iiia) よりも多くの情報を含んでいるため，(5iiib) を (5iiia) によって伝達することができない．それに対し，(5iia) と (5iib) の違いはそれほど大きくない．もちろん，両者はまったく同じ意味を表しているわけではなく，(5iia) は「彼がまったく何の助言もしなかった」状況でも用いられる．しかし，もし私が行くべきかどうかについて彼が何らかの助言を実際したのであれば，(5iib) の解釈が (5iia) から推意によって生じる．注目すべきは，I don't advise you to go.（私はあなたが行くことをお勧めしません）のように，advise が**遂行文（performative sentence）**として用いられる際に，この意味合いが現れやすいということである．[3]

---

[3] 訳者注：動詞 promise は，「約束」という発話内行為を語彙的に内包するため，**遂行動詞（performative verb）**とよばれ，これを用いた文を遂行文とよぶ．I promise to return the key tomorrow.（明日鍵を返すと約束します）という発話により，この命題の真理値への「言明」と「約束」という2つの語用論的意味を伝達する発語内行為を行ったことになる．同様に，動詞 advise は，I advise you to go.（あなたに行くように忠告します）という発話により，「言明」と「忠告」という2つの語用論的意味を伝達する発語内行為を行ったことになる．「言明」は平叙文という形式から，「約束」や「忠告」は動詞 promise/advise から生じると考えられる．

likely は，「認識様態」のモダリティにおいて中程度を示す要素である．

(6) i. a. It isn't possible that he's alive. ［弱程度モダリティ］
　　　　（彼が存命だという可能性はない）

　　 b. It is possible that he isn't alive. ［弱程度モダリティ］
　　　　（彼が存命でないという可能性がある）

　 ii. a. It isn't likely that he's alive. ［中程度モダリティ］
　　　　（彼が存命でありそうにない）

　　 b. It is likely that he isn't alive. ［中程度モダリティ］
　　　　（彼が存命でなさそうだ）

 iii. a. It isn't certain that he's alive. ［強程度モダリティ］
　　　　（彼が存命かはたしかではない）

　　 b. It is certain that he isn't alive. ［強程度モダリティ］
　　　　（彼が存命でないのはたしかだ）

ここでも同様に，推意による解釈は (6ii) においてのみ生じ，(6i, iii) ではみられない．(6i) では，(6ia) が (6ib) を論理的に含意し，(6ia) を真とする状況のほうが広い．(6iii) では，(6iiib) は (6iiia) よりも多くの情報を含んでおり，(6iiib) は (6iiia) から語用的に推量されない．しかし (6ii) では，(6iia) と (6iib) の違いは比較的小さい．(1iia) の many と同様に，likely はあいまいな範囲を表し，どのくらいの蓋然性があれば 'likely' といえるのかは，どのくらいの数が 'many' とみなされるのかと同じように不明瞭である．たとえば，その下限を 60% として考えてみよう．もし彼が存命である可能性が 60% である場合，It's likely that he's alive. （彼は存命であるようだ）は真だと認められる．これを基準として考えると，(6iia) は，彼が存命である蓋然性が 60% を下回ることを表しており，(6iib) では彼が存命でない蓋然性が 60% であるから，彼が存命である蓋然性は 40% 以下である．したがって，(6iib) の解釈は，(6iia) の解釈では含まれている 40% から 60% までの範囲に触れずに 40% 以下の部分にのみ言及していることになり，より特定的である．これも，not many を few と解釈することと同じである．[4]

ただし，You promised to return the key tomorrow. （あなたは明日鍵を返すと約束した）は約束したことの「報告」でしかなく，遂行文とはみなされない．詳細は，本シリーズ第 6 巻『節のタイプと発話力，そして発話の内容』を参照のこと．
[4] (3) のモダリティ表現よりも，頻度の高さを表す often に意味的に近い含意をもつ**連鎖動**

260   第 II 部　否定

　think や believe のような動詞も，「認識様態」のモダリティにおいて中程度
を表すのに用いられることがよくある．これらは，2つの項をとるという点で
like と異なり，主語は経験者（認識様態の判断を行う者）と結びついている．
これらの動詞は強程度モダリティの know と対比をなすが，統語的に同等な
弱程度モダリティの動詞や形容詞はない．

  (7)　i.　a.　She doesn't think he's alive.　　　　［中程度モダリティ］
          （彼女は彼が存命だと考えていない）

        b.　She thinks he isn't alive.　　　　　［中程度モダリティ］
          （彼女は彼が存命でないと考えている）

    ii.　a.　She doesn't know he's alive.　　　　［強程度モダリティ］
          （彼女は彼が存命だと知らない）

        b.　She knows he isn't alive.　　　　　［強程度モダリティ］
          （彼女は彼が存命でないと知っている）

　この場合も同じく，(b) の解釈が (a) から推意によって得られるのは，中程
度モダリティのみである．(7iia) と (7iib) の意味上の違いはあまりに大きい
ため，その違いを語用的に無視することができない．さらに注目すべきは，こ
こでは弱程度モダリティとの対比を示していないにもかかわらず，think が中
程度モダリティだとわかることである．弱程度モダリティは別の方法で表現す
ることができる．たとえば，She is quite open-minded as to whether he is
alive.（彼が存命であるかに関して，彼女は中立的である）や，She has no idea
whether or not he is alive.（彼が存命であるか否かについて，彼女は何も考えていな
い）ということができる（否定語を含む後者のほうが，より自然である）．

　(3v) の「知覚」に分類される項目は，強程度モダリティや弱程度モダリティ
の比較対象はないものの，いずれも中程度モダリティを表す表現として分類で
きる．これまでの例と同じく，以下のペアにおいて (a) から (b) の解釈を推
意によって得ることができる．

  (8)　a.　He doesn't seem to understand.
        （彼は理解しているようにみえない）

     b.　He seems not to understand.

───────────────
詞 (catenative) として tend がある．以下の例文を比較されたい．They don't tend to read
the fine print.（彼らには細かい活字を読む傾向がない）; They tend not to read the fine print.
（彼らには細かい活字を読まない傾向がある）．

第 5 章　否定の増加特定性（I don't want to hear about it）　　261

（彼は理解していないようにみえる）

■ 特定性増加の慣習化

中程度モダリティを表すすべての語が，上でみたような増加特定性の推意を表すわけではない．増加特定性と結びつくかどうかは，一般的な意味条件を満たした上で，個別の項目ごとに決まる．

　たとえば，(6ii) で示したように，likely は推意によって特定的な解釈を生じさせるが，probable ではかなり難しい．「彼は存命ではないだろう（It is probable that he's not alive.）」という意味を表すのに，It's not probable that he's alive.（彼が存命である可能性が十分でない）といういい方を用いるのは，不自然である．同じように，I don't recommend that you tell them.（彼らに伝えることを勧めない）を「彼らに伝えないことを勧める（I recommend that you not tell them.）」という意味で使うことはよくあるが，これに比べると I don't suggest you tell them.（彼らに伝えることを提案しない）を「彼らに伝えないことを提案する（I suggest you don't tell them.）」という意味で使うのは容易ではない.[5]　さらに，いくつかの語に関しては，方言間の違いもある（(3) では % の記号で示している）．たとえば，ある方言では，I don't guess there's anybody home.（家に誰かいると思わない）を「家に誰もいないと思う（I guess there isn't anybody home.）」の意味で使うことができるが，別の方言ではできない．また，従属節否定構文の用いられやすさにも違いがある．たとえば，He seems not to have understood.（彼は理解していなかったようだ）は完全に自然であるが，I want to not go.（私は行かないことを欲する）はかなり不自然で，通例は I don't want to go.（私は行きたくない）のほうが自然である．

　増加特定性の解釈に慣習化が重要な役割をはたしていることは，推意により

---

[5]　認識様態を表す expect と義務の expect の違いにも注目されたい．認識様態的用法（およそ「think likely（…だと思う）」の意）においては，たいてい推意による特定的解釈が認められるが，義務的用法（「think x should（x は…すべき）」の意）においては，かなり制限を受ける．たとえば，We don't expect them to pay more than $100. は，認識様態用法では推意によって「彼らは 100 ドル以上払わないと私たちは思う（We expect that they won't pay more than $100.）」と解釈される．他方，義務の意味では，この文は「彼らが 100 ドル以上支払う義務があると私たちは思わない（We don't regard them as having an obligation to pay more than $100.）」を意味し，推意によって従属節否定の解釈「彼らが 100 ドル以上支払わない義務があると私たちは思う（We regard them as having an obligation not to pay more than $100.）」が生じることはない．

この解釈が生じる項目が言語ごとに違うことからも浮き彫りになる．英語では，動詞 hope が want と同様に中程度モダリティを表すが，これを否定しても従属節否定の解釈を語用的に得ることはできない．たとえば，I don't hope you're late.（あなたが遅刻することを望まない）から I hope you're not late.（あなたに遅刻しないことを望む）の解釈が推意によって生じることはない．しかし，hope に対応するドイツ語の動詞 hoffen はそのような解釈を許し，(3) にあげた英語の動詞と同じように振る舞う．

■ 推意による従属節否定の解釈がない要素：法助動詞

(3) の動詞のリストには，（イディオム had better の中の had を除けば）法助動詞がひとつもないことに注意してほしい．一見すると，以下の例も同様の振る舞いをしているようにみえるかもしれない．

(9) i. You <u>mustn't</u> tell anyone.　　　　　　［強程度モダリティ］

   （あなたは誰にも伝えてはいけない）

   ii. You <u>shouldn't</u> take the job.　　　　　［中程度モダリティ］

   （あなたはその仕事を受けるべきではない）

つまり，否定が統語的には主節に置かれ，意味的には従属節に影響しているという点で，これまで考察してきた事例と似ているのである．しかし (9) は，否定語と従属節の意味的な結びつきが推意によって生じるのではなく，文の意味の問題であるという点で，これまでの事例とは大きく異なっている．法助動詞が統語的に否定された時に，その法助動詞は否定の意味的作用域内に収まってもよいし，そうでなくてもよい．(9) は，いわゆる**内部否定 (internal negation)** の例で，否定が法助動詞自体にではなく，その非定形補部に意味的に作用している．たとえば，(9i) は「誰にも伝えない」という義務を課している．モダリティを否定する**外部否定 (external negation)** を表すには，need を使って You needn't tell anyone.（あなたは誰にも伝える必要はない）とする．さらに，これまでにみてきた例では，中程度モダリティのみが推意による特定的解釈を生じさせたのに対し，must は強程度モダリティを表すことにも注意されたい．このことからも，(9i) の内部否定の解釈が推意によるものではないことがわかるだろう．

　他方で，should は中程度モダリティを表す．しかしこの場合も，「あなたがすべきことはその仕事を受けないことだ (The right thing for you to do is to not take the job.)」という従属節否定の解釈はこの文自体が表す意味であり，

推意によって生じるのではない．従属節否定が推意によって得られる事例と（9ii）の違いは，後者では否定が主節に作用する非特定的解釈がない点にある．すなわち，（9ii）を「あなたがすべきことはその仕事を引き受けることではない（The right thing for you to do isn't to take the job.）」と解釈することはできない．このことは，[#]You shouldn't take the job and you shouldn't not take it either: it doesn't matter whether you take it or not.（あなたはその仕事を引き受けるべきというわけではないし，引き受けないべきというわけでもない．引き受けても引き受けなくてもどちらでもよい）といえないことからも明らかである．推意による特定的解釈が生じるのは，（8a）と（8b）やこれまでみてきたほかのペアのように，統語的に対立する主節否定と従属節否定がともに可能な場合に限られる．

■ can't seem to 構文

(10) a. I can't seem to get it right.

   （それを正しく理解できそうにない）

 b. I seem not to be able to get it right.

   （同上）

（10a）と（10b）は意味的に等価で，It seems that I can't get it right. とすることもできる．can't seem to 構文の seem は，統語的には否定された法助動詞の補部内にあるが，意味的には否定の作用域外にある．この例は，否定だけではなく法助動詞 can も（表層の語順とは逆に）意味的に seem の補部に属している点で，上でみた事例と異なっている．

　これは，当該の解釈が推意によって生じるのではなく，本来的な意味である事例のひとつで，ここで使われている can't seem は単に「不可能に思われる（seem unable）」を意味するイディオムである．このイディオムは **can** と否定，そして seem から構成され，たとえば seem を appear に置き換えることはできない．このイディオムにおける統語と意味の不一致は，おそらく **can** が無標形をもたず，*I seem not to can get it right. とはいえないという事実に関係している．

第6章 多重否定

節内に2つ以上の否定要素がある場合には，それらが別々の意味的否定を表しているか，単一の意味的否定を表しているかをはっきりと区別する必要がある．

(1) i. I didn't say I didn't want it.　　　　　　　　[**2つの意味的否定**]
　　　　（私はそれをほしくないといわなかった）

ii. He consulted neither his wife nor his parents.　[**1つの意味的否定**]
　　　　（彼は妻にも両親にも意見を求めなかった）

(1i) は，明らかに2つの意味的否定を含んでいる．1つは want に対するものであり，もう1つは say に対するものである．しかしながら，(1ii) では単一の意味的否定しか存在しない．それは等位接続を作用域にもち，統語的には接続語として二度現れている．(1ii) の否定は動詞外否定だが，単一の意味的否定であることは，動詞否定を用いた He didn't consult either his wife or his parents. と意味的に等価であることから明らかである．(1ii) の neither と nor は等位接続標識であり，**否定呼応 (negative concord, negative agreement)** として知られる現象を示している．

　意味的否定が別々の節にある (1i) や I didn't promise [not to tell them]. （彼らに伝えないと約束しなかった）のような構文はありふれているので，これ以上議論は必要ないだろう（You can't not go. （あなたは行かざるをえない）のように複数の否定標識が隣接する特殊事例については，2.3.2 節を参照されたい）．また，接辞否定についてもこれ以上述べる必要はないだろう．接辞否定は常に節内部否定なので，節否定と同時に生じても何ら問題ない（例：Their behaviour was certainly not immoral. （彼らの振る舞いはたしかに不道徳でなかった）；None

264

第 6 章　多重否定　　265

of the problems seemed unimportant.（重要でないように思われる問題はひとつも
なかった））．6.1 節では，単独で節否定を標示できる否定語が単一節内に複数
生じている構文について概観する．そして 6.2 節では，呼応とそれに類する否
定に目を向ける．

6.1　単一節内にある多重の意味的否定

(a)　最初の否定が存在数量詞を作用域にもつ構文

(2)　i.　None of them had no redeeming features.
　　　　　（彼らの中で欠点を補う特徴をもっていない人は誰もいなかった）

　　ii.　No one, surely, has never experienced such temptation.
　　　　　（たしかに，そのような誘惑を経験したことのない人は誰もいない）

　　iii.　Never before had no one nominated for the position.
　　　　　（その地位に（誰かを）指名する人が誰もいなかったということは今まで一
　　　　　度もなかった）

　　iv.　Neither investigator had no financial interest in the company.
　　　　　（どちらの調査官も，その会社に財政的関心を寄せなかったわけではない）

　　v.　No one didn't consider it a retrograde move.
　　　　　（それを後退だと考えない人は誰もいなかった）

存在数量化の否定が全称数量化と等価になることから，（2）の例はそれぞれつ
ぎのようにいい換えられる．All of them had some redeeming features.（彼ら
全員が欠点を補う特徴をもっていた）；Everyone, surely, has at some time expe-
rienced such temptation.（たしかに，誰もがそのような誘惑をいつの時か経験したこ
とがある）；Before, someone had always nominated for the position.（以前は，
その地位に（誰かを）指名する人がいつも誰かはいた）；Both investigators had
some financial interest in the company.（どちらの調査官もその会社に財政的関心
を寄せていた）；Everyone considered it a retrograde move.（誰もがそれを後退だ
と考えた）．注意すべき点は，パラフレーズした文において全称数量化表現に置
き換えられているのが，最初の否定語だということである．たとえば，（2ii）
では no one が never に先行しており，肯定文にした時には，それぞれ every-
one と at some time になっている．また，（2iii）では never が no one に先
行しており，肯定文にした時にはそれぞれ always と someone に置き換えら

れている（ただし，語順はこの通りではない）.[1]

　もちろん，肯定文で書かれた文のほうが理解しやすく，同じ意味を表すのであれば普通はそちらのほうを使う．何らかの特別な動機づけがある場合——たとえば対比をする場合——に，より複雑な形式が用いられる．誰も当該の地位に人を指名しなかったという状況を述べている（2iii）では，その状況と，それ以前のすべての状況が対比されている．また，対比される文脈に応じて複数の否定標識のどちらかに強勢が置かれることが多い．

　統語的には，どちらか一方の否定語だけで，節否定を標示することができる．（2）はすべて否定節であり，極性テストに対しても単一の否定をもつ節とまったく同じように振る舞う．したがって，None of them had any redeeming features, did they?（彼らの誰も欠点を補う特徴をもっていなかったですよね）と None of them had no redeeming features, did they?（彼らの中で欠点を補う特徴をもっていない人は誰もいなかったですよね）は，どちらも付加疑問が肯定になる．

(b)　そのほかの構文

(3)　i.　[He didn't say nothing:] he said it didn't matter.
　　　　（彼は何もいわなかったのではない．彼はどうでもいいといったのだ）

　　ii.　Not all of them made no mistakes.
　　　　（彼ら全員がまったく間違いをしなかったわけではない）

　　iii.　Not many/Few people found nothing to criticise.
　　　　（批判すべき点をまったくみつけなかった人はあまりいなかった／ほとんどいなかった）

　　iv.　[We not only made no progress:] we actually moved backwards.
　　　　（私たちはまったく進展しなかっただけではない．実際には後退した）

（3i）では，nothing が動詞否定に後続している．この場合，存在数量化を表して「彼は何かしらはいった（He did say something.）」を意味する．この種の例は否定的断定を否認するのに用いられ，ここでは He said nothing.（彼は何

---

[1] 同様の関係は，等位接続の**離接**（**disjunctive**）と順接（**coordination**）にも当てはまる．Neither Kim nor Pat had no financial interest in the company.（キムとパットのどちらもその会社に財政的関心を寄せなかったわけではなかった）は，Both Kim and Pat had some financial interest in the company.（キムとパットのどちらもその会社に財政的関心を寄せた）と等価である．

もいわなかった）を否認している．（3ii）には全称数量詞 all の否定があり，したがって存在数量化をともなう肯定文 Some of them made some mistakes.（彼らの何人かが何らかの間違いをした）と等価となる．（3iii）は，多数数量詞 many の否定，または few で表される少数数量化と否定との組み合わせの例であるが，これらと意味的に等価な肯定表現は存在しない．しかし，ある程度の人数の集合を仮定すれば，語用的には Most people found something to criticise.（ほとんどの人が何らかの批判すべき点をみつけた）とほぼ等価であるといってよいだろう．

（3iv）のように not only が否定語を作用域にもつ用法は非常に一般的である．この構文は，not only を削除してもう一方の否定語をそのままにしても同じ意味が保たれるという，ほかの構文にない特徴をもつ（例：We made no progress: we actually moved backwards.（私たちはまったく進展しなかった．実際には後退した））．

6.2　否定呼応と冗長的否定

ここからは，意味的には単一の否定が，表面上 2 つ以上の語で表されている構文に注目する．

(a)　標準英語での事例
標準英語には，節の否定が形態的に 2 か所以上で表される構文がいくつかある．

(4)　i.　Their action was neither illegal nor immoral.

　　　　　　　　　　　　　［離接等位接続の呼応 (**disjunctive coordination concord**)］

　　　　（彼らの活動は，非合法でも不道徳でもなかった）

　　ii.　They aren't here, I don't think.

　　　　　　　　　　　　　　　　　　［挿入的呼応 (**parenthetical concord**)］

　　　　（彼らはここにいない．私はそう思う）

　iii.　Not in my car, you're not.　　　　　［否定的応酬 (**negative retort**)］

　　　　（私の車ではなくてね．それにあなたは運転してないし）

　iv.　I wouldn't be surprised if it didn't rain.

　　　　　　　　　　　　　［冗長的従属節否定 (**pleonastic subordinate negative**)］

　　　　（雨が降らなかったことがわかったとしても驚きではないだろう／私は雨

が降っても驚かない）

離接等位接続の呼応

否定語が離接等位接続を作用域にもつと，Their action wasn't (either) illegal or immoral.（彼らの活動は非合法でも不道徳でもなかった）のように動詞否定を用いて表現する場合と，(4i) のように動詞否定を用いず等位接続自体で表現する場合がある．後者では，否定が等位接続のすべての標識で表されるのが普通であり，それゆえ否定の呼応が生じる．しかしながら，ときに Their action was neither illegal or immoral.（同）のように，nor のかわりに or が用いられることもある（本シリーズ第 8 巻『接続詞と句読法』参照）．

挿入的呼応

(4ii) はあまりなじみのない用法であるが，挿入句を使わない I don't think they are here.（彼らがここにいるとは思わない）や I think they aren't here.（彼らがここにいないと思う）と同様，否定は意味的に単一である．(4ii) では否定が主節 (they aren't here) と挿入節 (I don't think) の両方に現れているが，挿入節の否定語は随意的で，They aren't here, I think.（彼らはここにいない，と私は思う）としてもよい．(4ii) の否定の呼応関係は，Are they here, do you know?（彼らはここにいるかな．知っていますか）にみられる疑問文の呼応関係と類似している．[2]

否定的応酬

(4iii) は，A の I'm just driving into town.（もうすぐ車で町に入るところだ）という発語に対する B の返答として発せられたものと考えられる．B の返答は，You're not driving into town in my car.（あなたは私の車で町に入っているのではない）を縮約したものである．否定されている文頭の構成素は新情報を表しており，残りの部分は談話的に古いもので，A の発話から復元可能なものである．これにより，A の発話よりも特定的な命題，あるいは提案を強く排除するという効果がある．

---

[2] 訳者注：この点に関しては，本シリーズ第 6 巻『節のタイプと発話力，そして発話の内容』も参照のこと．

冗長的従属節否定

(4iv) は，2つの意味的否定がある読み「雨が降らなかったことがわかったとしても，私には驚きではないだろう」と，ここでの議論の中心である単一の意味的否定の読み「雨が降っても驚かない」とであいまいである．後者の解釈では，従属節内の否定語は冗長的で，主節ですでに標示されているものをふたたび標示している．そのほかの例を以下にあげる．

(5) i. No one can say what might not happen if there were another earthquake.
（ふたたび地震が起きたらどうなるか，誰もわからない）

ii. He is unable to predict how much of it may not turn out to be pure fabrication.
（その中でどれくらいが真っ赤なウソだと判明するかを彼は予測できない）

この種の冗長的な not がみられる構文は，かなり制限される．(4iv) では，帰結節で驚きが否定されて，条件節に冗長的な not が生起している（I wouldn't wonder if ...（...としても驚かない）としても可能である）．(5i, ii) では，冗長的 not は法助動詞 **may** が主要部になっている疑問節内にある．これら3つの例のすべてで，冗長的 not を含む従属節は，**非現実（non-factual）** であると強く解釈される．

■非標準方言における否定呼応

英語における否定呼応の非常にはっきりした事例は，非標準的方言でみられる．もちろん，本シリーズは標準英語の文法書であるが，否定呼応の現象はとても広く観察され，また目立つので，ここで触れておく価値がある．

[専門的解説]
コックニー方言（**Cockney**）（イングランド，ロンドンの東端の方言）からアフリカ系アメリカ人口語英語（**African American Vernacular English: AAVE**）（以前は黒人口語英語（**Black English Vernacular**）として知られた，アフリカ系アメリカ人の言語）にいたる多くの方言において，絶対否定語 no, no one, nothing などが，標準英語であれば any, anyone, anything などの NPI が生じる否定節内で用いられる．

(6) i. a. !He didn't say nothin'. 　　　　　　　　　　　　　　[非標準]

（彼は何もいわなかった）
        b. He didn't say anything.   [標準]
           （同上）
    ii. a. !You gonna spend your whole life [not trustin' nobody]?
                                                                          [非標準]
           （誰も信用せずに人生を終えるつもりですか）
        b. Are you going to spend your whole life [not trusting any-
            body]?   [標準]
           （同上）
   iii. a. !Nobody here didn't point no gun at nobody.   [非標準]
           （ここにいる誰も，誰にもどんな銃も向けなかった）
        b. Nobody here pointed any gun at anybody.   [標準]
           （同上）

それぞれの節には単一の意味的否定のみが含まれており，標準英語では単一の
否定語により標示されている．他方，非標準英語では，否定が動詞および節内
のすべての存在数量詞によって標示されている．したがって，否定呼応が動詞
とそれらの要素の間でみられる．

　否定呼応が現れる非標準英語の節は，多重の意味的否定を示す標準英語の
節，たとえば（2v）や（3i）と同音異義の関係にある．標準英語の He didn't
say nothing. は「彼は何かをいった（何もいわなかったわけではない）」を意
味している．同様に，(6iia) における角括弧内の節も，標準英語では「誰かを
信じることを拒絶している状態ではない」という意味で用いることができよう．
(6iiia) は，標準英語では原理的に4つの否定を含む意味を表すことになるだ
ろうが，もちろん実際はあまりに複雑すぎて理解できないだろう．また，非標
準英語には，標準英語の意味的多重否定に対応しない言い回し，たとえば，命
令文 Don't nobody move!（誰も動くな）のような構文もある．[3]
　標準英語話者の間では，否定呼応のある方言を「非論理的」だとか「劣って
いる」とみなす風潮がきわめて根強い．論理的規則にしたがって，2つの否定

---

[3] 同じことが without＋no 構文（標準英語の without＋any 構文に対応）にも当てはまり，
!Give me a large cheeseburger without no onions.（タマネギ抜きのLサイズチーズバーガー
をください）のような例がみられる．また，程度を表す近似否定語と動詞の間の否定呼応にも
当てはまり，!I can't hardly see.（ほとんど何もみえない）のような例（標準英語の I can
hardly see. に相当）がみられる．

語が互いに打ち消しあって肯定の意味をつくると考えられるからである．It isn't the case that she didn't move. （彼女が動かなかなかったわけではない）あるいは She didn't not move. （同）が She moved. （彼女が動いた）と等価であるのと同じように，He didn't say nothing. は単に「彼は何かをいった（He said something.）」を意味する二重否定で，その反対の否定の意味を表現するのに用いるべきではないといわれている．しかし，そのような批判はまったく的外れである．2つの否定が肯定と等価であるという規則は論理形式に適用されることであって，文法形式の問題ではない．すなわち，意味的否定には当てはまるが，否定の文法標識には当てはまらないのである．（6a）に関していえば，そこには単一の意味的否定のみが含まれるので，二重否定に関する論理的規則は適用されないどころか，まったく無関係である．[4] 非標準英語と似たパターンは，イタリア語，フランス語，スペイン語，ポーランド語，ロシア語など多くの他言語の標準方言でみられる．たとえば，イタリア語の non は "not" を，nessuno は "nobody" を意味しているが，Non ti credo nessuno. の意味は "Nobody believes you." （誰もあなたを信じない）であり，"Nobody doesn't believe you." （誰もあなたを信じないわけではない（誰かはあなたを信じている））ではない．ここでも2つの否定語が単一の意味的否定を表しており，これはちょうど非標準英語でみられるのと同じである．イタリア語，フランス語などを「非論理的」であると責める理由がないのと同じく，非標準英語を批判する理由はないのである．（6）における（a）と（b）の違いは，論理の問題ではなく文法の問題であり，標準方言と非標準方言のうち，一方の特徴が他方よりも優れているわけではない．

　否定呼応は非標準的特性ではあるが，経験豊かな英語使用者であれば，映画の音声，テレビドラマ，ポップソング，そして多くの日常会話といったありふれた場面での英語を理解するために，みずから使わなくともよく知っておいたほうがよいだろう．否定呼応が無知や文盲の証しだという主張は間違っている．否定呼応は，世界中の非標準英語がもつありふれた特徴である．I can't get no satisfaction. （まったく満足できない）という歌の題名を「私が満足しないことはありえない（私はいつでも満ち足りている）」と解釈する人がいれ

---

[4] 「二重否定」という用語が2つの否定が互いを打ち消しあう意味的規則を強く想起させることを考慮すると，この用語を否定呼応に用いるのはふさわしくないだろう．すでにみてきたように，否定呼応において否定語が2つにとどまらないことから考えても，この用語は不適切である．

ば，その人は英語を知らないのだ.[5, 6]

---

[5] 訳者注：*I Can't Get No Satisfaction* はローリング・ストーンズの楽曲の題名で，邦題は「サティスファクション」.

[6] 否定呼応は古英語でしばしばみられ，中英語の時代には事実上義務的となった. 初期近代英語では，標準的書き言葉で否定呼応が衰退したが，これは萌芽期の規範文法や，英語とラテン語の意図的な比較に影響を受けたものかもしれない. そして 19 世紀には，否定呼応が英語の非標準的使用を表す文芸的表現として再び出現するようになった. 多くの方言の話し言葉では否定呼応が継続的に使われていたのであろうが，歴史資料の記録に空白があることから，そのことがみえにくくなっている.

第7章　返答および照応における極性

7.1　極性疑問への回答およびそれに類する返答

■yes と no による回答

yes と no は，質問に対する答えで肯定および否定の標識として機能する．それらは単独でも使えるが，答えをより明確に表す節とともに生じることもできる．

(1)　i. a.　A:　Is this car yours?
　　　　　　　　（この車はあなたのですか）
　　　　　　　　　　　　　　　　　　　　　　B:　Yes (it is).
　　　　　　　　　　　　　　　　　　　　　　　　（はいそうです）
　　　b.　A:　Isn't this car yours?
　　　　　　　　（この車はあなたのじゃないですか）
　　　　　　　　　　　　　　　　　　　　　　B:　No (it isn't).
　　　　　　　　　　　　　　　　　　　　　　　　（いいえ違います）
　　ii. a.　A:　He has gone, hasn't he?
　　　　　　　　（彼は出発したのですよね）
　　　　　　　　　　　　　　　　　　　　　　B:　Yes (he has).
　　　　　　　　　　　　　　　　　　　　　　　　（はいそうです）
　　　b.　A:　He hasn't gone, has he?
　　　　　　　　（彼は出発してないですよね）
　　　　　　　　　　　　　　　　　　　　　　B:　No (he hasn't).
　　　　　　　　　　　　　　　　　　　　　　　　（いいえまだです）

yes と no のどちらを選ぶかは，返答の極性のみに依存しており，質問でたずねられている内容に同意するかしないかとは関係ない．極性疑問文，とくに否定疑問文は意図に偏りがあり，質問者がどちらか一方の返答が正しいとあらかじめ想定している場合もあるが，これと yes/no の選択とは何の関係もない．たとえば，(1ib) における適切な返答は，その車が B のものであれば yes であり，B の車でなければ no となる．どちらが事実だと A が考えているかは無関係である．(1ii) のような付加疑問への返答でも同様である．

　したがって，*Yes it isn't. や *No it is. は単一節としては非文法的である．Yes it is. や No it isn't. では，yes や no が特殊な付加詞である**極性付加詞**

273

(**polarity adjunct**) とみなされ，節の極性と一致する．これは，英語における極性呼応の一例といえる．また，付加詞が韻律的に切り離されて節尾に置かれ，It is, yes. や It isn't, no. となることもある．(1i) の質問に対して，No, it's Kim's. (いいえ，キムのものです) と返答しても，もちろん極性呼応の規則には違反しない．その場合は単一の節ではなく，No it's not mine, it's Kim's. (いいえ，それは私のものではありません．キムのものです) と同じように，2つの節が連続したものだと考えられる．

　質問内容への同意の有無が関係するのは，返答を1語で済ませるか，さらに言葉を接いで返答するかである．聞き手が手紙を投函していないと思っていることをほのめかして，Didn't you post the letter after all, then? (それじゃあ，結局手紙を投函しなかったの) とたずねたとしよう．質問者の想定に反して実際には投函したのであれば，単に Yes. と答えるのではなく，普通は Yes I did. と答えるだろう．

■ そのほかの発話行為への返答
陳述に対する返答としての yes や no の使い方は，やや異なっている．

(2)　i.　A:　She did very well.
　　　　　　　(彼女は非常によくやった)
　　　　B:　Yes (she did).
　　　　　　　(ええ，(よくやりましたね))
　　　　　　　No she didn't.
　　　　　　　(いや，よくはやってないですよ)

　　ii.　A:　She didn't do very well.
　　　　　　　(彼女は非常によくはやっていない)
　　　　B:　Yes she did.
　　　　　　　(いや，よくやりましたよ)
　　　　　　　No (she didn't).
　　　　　　　(ええ，(よくはやってないですね))

(2i) では，同意しない否定的返答が No. と縮約されることはなく，(2ii) でも同意しない肯定的返答は Yes. と縮約されない．しかし，このような事例では，(疑問文への返答と違って) A の否定陳述への同意を示すために yes を用いることも可能である．それは，Yes, you're right. (はい，あなたのいうとおりです) のように答える場合である．

第7章　返答および照応における極性　　275

行為指示表現（**directives**）に後続するときには，yes と no は，肯定または否定の指示に応じる意図の有無を表すのに用いられる．no が肯定的指示への拒否を表すのに使われることはあるが，yes が否定的指示を拒否する表現としてイディオム的に用いられることはない．

(3) i.　A:　Remember to lock up.　　　B:　Yes (I will).
　　　　　（忘れずに施錠しなさい）　　　　　（はい，そうします）

　　 ii.　A:　Don't forget to lock up.　　B:　No (I won't).
　　　　　（施錠するのを忘れないで）　　　　（決して忘れません）

　　iii.　A:　Tell me who did it.　　　　B:　No (I won't).
　　　　　（誰がやったかいいなさい）　　　　（いいえ，いいません）

　　iv.　A:　Don't tell them I did it.　　B: ?Yes I will.
　　　　　（私がやったと彼らにいわないで）　　（いや，いいます）

(3iv) では，B は単に I will (tell them). （（彼らに）いいます）というか，それに近い表現を述べる可能性のほうが高いだろう．Would you mind coming a little earlier next week?（来週は少し早めに来ていただいてよろしいですか）という疑問文が，語用的には Come a little earlier next week.（来週は少し早く来てください）という行為指示表現の丁寧表現になるように，ある種の疑問文が「指示」の発話行為を間接的に表す場合がある（本シリーズ第 6 巻『節のタイプと発話力，そして発話の内容』参照）．それに返答するときには，文字通りの疑問の意味を反映して，No of course not, I'll come around six.（もちろん問題ありません．6 時ごろに来ます）と答えることもできるし，間接的指示の意味を反映して，Yes of course, I'll come around six.（もちろん大丈夫です．6 時ごろに来ます）と答えることもできる．

■not や no を含むイディオム的否定返答

質問やそのほかの発話行為に対して，否定的返答を強調するイディオムがいくつかある．not を用いるものと，限定詞 no を用いるものがある．

(4) i.　Not for all the tea in China!
　　　　（どんなに金を積まれてもしない）
　　　　Not likely!（お断りだ）
　　　　Not on a bet!（ありえない）（米用法）
　　　　Not in a million years!（絶対にありえない）

Not on your life!（絶対にいやだ）

Not on your nelly!（とんでもない）（英用法）

ii. No fear!（だめだ）

No chance!（無理だ）

No way![1]（まさかそんなはずない）

7.2 照応形の so と not

so を肯定補部節の**照応的代用形（anaphoric pro-form**）としてとる述語は，not を否定補部節の照応的代用形として用いる.[2] これらの照応形はさまざまな環境で用いられるが，以下では質問への返答の事例で検証する.

(5) 疑問文	肯定的返答	否定的返答
	I believe/think so.	I believe/think not.
	（そう思います）	（そう思いません）
Are they reliable?	I was told so.	I was told not.
（彼らは信頼できますか）	（そう聞いています）	（そうは聞いていません）
	It seems so.	It seems not.
	（そうみえます）	（そうはみえません）

not は，（so と同じく）ここでは補部として機能しており，動詞外否定の標識となっている. 動詞を修飾しているのではない.

　代用表現と共起するのは完全な主節である必要はなく，節への付加詞としてはたらく前置された副詞句も，同様に代用表現と共起する.

---

[1] No way is that a diamond! のように，no way は強調の否定語として節構造に含まれる場合もある. もともとの様態の意味はここではかなり薄められており，それゆえ「それは絶対にダイヤモンドじゃない」と解釈される.

[2] 訳者注：so を肯定補部節の照応的代用形としてとる述語は，believe（信じる），hope（望む），say（いう），think（思う），tell（伝える）などがある. Will Kim be there?（キムはそこにいるだろうか）に対して，I hope so. は I hope Kim will be there.（キムがそこにいることを願います）を，I hope not. は I hope Kim will not be there.（キムがそこにいないことを願います）を表す. 同じように，if so（もしそうなら）と if not（もしそうでないなら）という対比もみられる. 本シリーズ第 9 巻『情報構造と照応表現』も参照のこと.

第7章　返答および照応における極性　　　277

(6)

Is the city beautiful?
（町は美しいですか）

Apparently so.	Apparently not.
（明らかにそうです）	（明らかに違います）
Most definitely so.	Most definitely not.
（ほぼ間違いなくそうです）	（ほぼ間違いなく違います）

ほかの付加詞，たとえば前置詞句は not と共起できるが so とは共起できない．

(7)

Does it rain much?
（たくさん雨が降りますか）

*On the whole so.	On the whole not.
	（概してそうではないです）
*So in the winter.	Not in the winter.
	（冬は降りません）
*Usually so this early.	Usually not this early.
	（たいていこんなに早い
	時期には降りません）

また，not は疑問文以外の発話行為に対する返答や，後続する否定節として用いられる照応縮約節を導くことができる．

(8) i. A: I think you should leave now.
（あなたは今出ていくべきだと思います）

B: Not without my money.
（お金があればね）

ii. I won't go, not even if they beg me.
（私は行きません．たとえ彼らが私に懇願しても）

iii. There aren't many wild rhinoceroses left, not in Africa or in Asia.
（野生のサイはあまり残っていない．アフリカでも，アジアでも）

ここで，not はそれぞれ「私は出ていくつもりはない（I won't leave.）」，「私は行かないつもりだ（I won't go.）」，「サイはあまり残っていない（There aren't many rhinoceroses left.）」と解釈される．

文献情報：もっと知りたい人のために

英文法に関する膨大な文献をカバーする解説書，これをつくるのは私たちにとってほとんど不可能といってもいいくらいの試みである．また，もしできたとしても，かなりの大著になってしまうであろう．本シリーズを準備するにあたって，参照したすべての著作に解説をつけようとするならば，それはそれでページ数を超過してしまうことになるだろう．しかし，本シリーズを執筆するにあたって参考にし，大いに影響を受けた文献が実際にあるわけであり，読者の皆さんがさらに研究を進めるためにどういった文献に目を向ければよいかをここで説明しておくことは，著者としての務めであると考える．とはいうものの，やはりここでの注釈も，また以下にあげる文献も，けっして代表的なサンプルとはいえないし，さらに，本シリーズではここにあげている以外にもたくさんの本や論文にあたり，それらからも有益な情報を得ていることを強調しておきたい．もう1つ明記しておきたいことがある．それは，以下の文献リストにあげられているからといって，私たちがその参考文献の立場を採用しているわけでもなければ，そこでいわれていることが正しいと考えているわけでもないということである．巻によっては，そこで示されている分析を直接使うためではなく，その分析がどう改良できるかを読者の皆さんに考えてもらうために言及した場合もある．そういった場合も，ほかの著者の分析に従って忠実に説明を行っている場合と同じように，本シリーズへの貢献として，適切に評価されるべきことは当然である．（もちろん，本シリーズに間違いや欠点があるとすれば，それは私たち著者のみに帰せられるべきものであることはいうまでもない．）

■英語

英語とその使用に関し，世界中の何千という書物のなかで英語の主要な地域差について概説しているものとして Trudgill and Hannah（1985）がある．また，英語がいかにして現在の国際語としての地位を獲得したかについては Crystal（1997）の解説がある．

■辞書

英語に関する辞書類のなかでもっとも重要なものは *Oxford English Diction-*

ary (*OED*) 第2版である．これは言語を問わず，これまでに編纂された辞書のなかでもっとも優れ，もっとも完成されたものといえる．アメリカ英語の辞書で，とくに「問題のある語法」にもしかるべき注意を払ったものとして *American Heritage Dictionary* (第4版, 2000) がある．オーストラリア英語の標準的辞書で本シリーズでも利用したものとしては *Macquarie Dictionary of Australian English* がある．上記以外にも，実際のコーパスからの優れた用例集で，本シリーズを編纂するにあたって助けとなった辞書に Paul Procter (1995) 編の *Cambridge International Dictionary of English* と John Sinclair (1987) 編の *Collins COBUILD English Language Dictionary* の2冊がある．

■ 用語集
非常に有益な言語学用語集で，本シリーズで頻繁に活用したものとして，Peter Matthews の *Concise Oxford Dictionary of Linguistics* (Matthews (1997)) と Larry Trask の *Dictionary of Grammatical Terms in Linguistics* (Trask (1993)) の2冊がある．

■ 文法書
20世紀前半のもっとも完成された英文法書の1つとして Otto Jesperson による7巻本 (1909-1949) があげられる．真摯な英文法学者であれば，誰もが定期的に紐解く著作であろう．それより幾分前に書かれた同類の著作として Poutsma (1926-1929) がある．20世紀後半に出版され，もっとも充実し，もっとも影響力のある文法書としては Quirk et al. (1985) があげられる．同書は，The Survey of English Usage at University College London の調査をもとに，1970年代初め以来出版されてきた文法書の集大成である．Biber et al. (1999) のコーパスに基づく文法書は基本的に同じ分析手法を用いている．しかし，話しことばと書きことばの文体やレジスターの違いによる異なった構文とそれらの出現頻度を定量的に細かく見ることに，通常の文法書には見られないほどの紙面を割いている．*Collins COBUILD English Grammar* には，さまざまな文法特性を共有する多くの単語リストが掲載されており，非常に有益な文法書である．また，Renaat Declerck の *A Comprehensive Descriptive Grammar of English* (1991a) も本シリーズを編纂するにあたり参考にした文献の1つである．変形生成文法学者による英語統語論の包括的な著作は比較的少ないが，そうしたなかでも，Stockwell, Schacter and Partee (1973) はかなり広い射程をもった生成文法初期の共同研究であり，McCawley (1998) は，

それ以降に出版された最良にしてもっとも詳しい変形文法に基づく著作となっている.

■語法マニュアル

権威主義的な語法マニュアルの古典的なもので, 第 0 巻で批判的に論じたものに Phythian (1979) がある. 権威主義的でない, 経験的データに基づく現代の著作の好例としては *Merriam-Webster's Dictionary of Contemporary English* があり, 本シリーズ執筆にあたっても有益な例文を提供してくれた. *American Heritage Dictionary* (2000) の用例解説もまた有益である. 本シリーズが参照したそのほかの語法マニュアルとしては, Fowler の古典 *Modern English Usage* の第 3 版となる Burchfield (1996) や Reader's Digest から出版されている *The Right Word at the Right Time* (1985) がある.

■歴史

第 0 巻でも強調したように, 本シリーズは英語の歴史的な説明を目指すものではない. 他方, Jespersen (1909–1949) は明らかに歴史的アプローチをとっており, 今なお高い価値のある著作である. *OED* も英文法史にかかわる巨大な資料集である. 英語統語論の歴史に関する研究としては Visser の 4 巻本 (1963–1973) がきわめて重要である. また, *The Cambridge History of the English Language* (6 巻本:Hogg (1992–2002)) は, 英語の歴史に関する綿密な調査書であり, おそらく現在入手できるものとしてはもっとも完成されたものである.

■発音と綴り

本シリーズでは, 英語の音声および音韻は扱っていない. ただし, 屈折形態にかかわる資料で必要となる音声表記法については, 第 10 巻で紹介している. 英語の発音についてさらに知りたい人は Wells (1990) を読むことをお薦めする. これは, イギリス英語とアメリカ英語の両方の標準語をカバーする, 現在もっとも信頼のおける発音辞典である. 音声学の専門知識がない人には, Pullum and Ladusaw (1996) が発音記号とその使い方を知る参考図書として使いやすいであろう. Mountford (1998) は, 近年発行された英語の綴りに関する重要な著作であり, 第 10 巻で使っている書記記号について重要な概念を紹介している.

■動詞

英語の動詞体系についてこれまで多くの研究がなされてきた．第1巻の内容に影響を与えたもっとも重要な著作として Palmer（1987）と Leech（1987）があげられる．時制一般に関する概説書としては Comrie（1985）が，英語の時制にかかわる重要な研究としては Binnick（1991），Declerck（1991b），McCoard（1978）などがある．また，本シリーズで採用している分析と同じ立場に立つ Huddleston（1995a，1995b）の論文も参照．アスペクトについては，Comrie（1976）および Tobin（1993）を参照．モーダル動詞およびモダリティ一般については，Coates（1983）と Palmer（1990，2001），さらに Duffley（1994）の *need* と *dare* の特徴を扱った議論を参照．英語の仮定法と関連する研究については Jacobsson（1975）の研究がある．

■節構造と補部

本シリーズ第2巻では節構造と補部について扱ったが，そこで参考にした多くの文献のなかでも，とくに，初期の重要な研究としては Halliday（1967–1968）を，便利な概説書としては Matthews（1981）と Dixon（1991）を，そして補文特性についての非常に有用な語彙集としては Levin（1993）をあげておきたい．主題役割に関しては，Wilkins（1988）と Dowty（1991）にある論文で詳しく論じられている．主題役割について概観した文献としては Palmer（1994）を参照．非標準的な構文の主語に関しては Seppänen, Granath and Herriman（1995）が，目的語と述語的補部の区別については Seppänen and Herriman（1997）が有用である．連結節に関しては Declerck（1988）に詳しい説明があり，非常に重要な文献となっている．そのほか，本シリーズでとくに参考にした著作としては，Wierzbicka（1982）の軽動詞に関するものがある．前置詞をともなう動詞についてはさまざまな先行研究があるが，ここではそのなかでもとりわけ，Bolinger（1971），Cattell（1984），Cowie and Mackin（1993）を参考にした．

■名詞

名詞の数と可算性に関する研究として，Reid（1991），Wickens（1992），Allan（1980）などの研究があげられる．性に関して広範に扱った対照言語学的研究としては Corbett（1991）がある．Bauer（1998）は，複合名詞と「修飾語＋主要部名詞」構文の関係について，本シリーズとは異なる見方を提示している．

■ 限定詞と限定要素

本シリーズでは，限定詞を名詞句構造における主要部としてではなく，ある種の依存要素つまり限定要素として扱っている．これに関して理論的な議論を行っているものとして，Payne（1993）がある．定・不定限定詞の用法については John Hawkins（1991）の研究がある．属格（「所有格」）限定要素については，Roger Hawkins（1981）と Alexiadou and Wilder（1998）に有益な言語資料が収められている．一般的に数量詞（all や some など）として知られている限定詞は，意味論および論理学の分野で極めて重要なテーマとなっており，現代意味論の代表的な研究としては（そうした研究は一般的にとても難解で専門性を要する研究ではあるが），Barwise and Cooper（1981），Keenan and Stavi（1986），Bach, Jelinek, Kratzer and Partee（1995）などがあげられる．

■ 名詞句

名詞句（NP）構造に関する一般的な研究としては，変形生成文法の枠組みだと，Jackendoff（1977）と Selkirk（1977）がある．部分詞構文については，Hoeksema（1996）編の論文集で広範に論じられている．NP の定性・不定性については，Reuland and ter Meulen（1987）および Christopher Lyons（1999）で詳しく論じられている．意味的に確定記述としての機能をもつ NP については，これまで言語学者だけでなく哲学者によっても精力的に研究が行われてきた．このテーマに関する論集としては Ostertag（1998）がある．Carlson and Pelletier（1995）には総称名詞句に関する論文がいくつかまとめられている．名詞化については，Lees（1960）および Koptevskaya-Tamm（1993）の研究を，同格については Acuña-Fariña（1999）の研究を参照．

■ 形容詞と副詞

限定用法の形容詞の位置とその複雑な意味的対応関係に関しては，その重要な文献として Ferris（1993）がある．また，形容詞句および副詞句の内部構造を扱った生成文法の研究に Jackendoff（1977）がある．また，Dixon（1982）では，英語よりも形容詞の数が圧倒的に少ない言語が存在するのはなぜかという興味深い問題が論じられている．

■ 前置詞と前置詞句

本シリーズの前置詞に関する記述および前置詞と副詞との区別に関しては，とくに強く影響を受けた変形生成文法に基づく重要文献として，Emonds（1972）

と Jackendoff（1973）の2つをあげることができる．また前置詞と副詞の違いに関する論考としては，Burton-Roberts（1991）や Lee（1998）なども参照．教育的観点から英語の前置詞の多様な意味と用法を記述した著作としては Hill（1968）が有益である．in front of のような複合前置詞に関する本シリーズの説明に関しては，Seppänen, Bowen and Trotta（1994）からいろいろ影響を受けている．前置詞の意味に関する学際的な研究に関しては Herskovits（1986）を参照．

■ 付加詞

第2巻で付加詞を扱っているが，以下でとりあげる著作以上のものに負うところが大きい．変形生成文法の立場で書かれた入門的なものとしては，Jackendoff（1991）の9章，Jackendoff（1995）の9章，Baker（1995）の11章がある．付加詞の統語論に関するより専門的で理論的な論考としては，Bellert（1977），Cinque（1999），（Cinque の説明に対する代案を提示している）Ernst（2001）をあげることができる．特定の付加詞を扱った研究としては，とくに Parsons（1990）の（修飾語一般に関する）4章と（時間的修飾語に関する）11章，程度修飾語を扱った Bolinger（1972），頻度修飾語を扱った Lewis（1975），条件節を扱った Traugott（1986）や Dudman（1994）などをあげることができる．

■ 否定

否定に関する古典的な変形生成文法研究としては Klima（1964）が，また幅広いデータを扱った生成文法初期の研究としては Stockwell, Schachter and Partee（1973）がある．また，そのほかの変形文法による研究としては McCawley（1998: 17章）がある．含意の方向性に関する概念および第5巻での極性項目の扱いについては，Ladusaw（1980）に負うところが大きい．第5巻の増加特定性の説明については，否定に関する多くの意味的特徴を詳述している Horn（1989）をとくに参考にした．

■ 節タイプと発話の力

発話の力に関する一般的な問題は，言語哲学分野の研究のなかでも，とくに Austin（1962）に端を発している．Cole and Morgan（1975）には，それに関連する論文が収められているが，そのなかでもとりわけ，間接発話行為に関する Searle の論考が重要である．疑問文についてはかなりの数の文献が存在す

るが，ここであげておきたいものとしては，極性（'yes/no'）疑問文と選択疑問文の区別に関する Bolinger（1978），多変数疑問文に関する Hirschbühler（1985），不定詞疑問節に関する Duffley and Enns（1996），従属疑問節に関する Ohlander（1986），疑問補文をとる語彙素の意味分類に関する Karttunen（1977），統語範疇としての疑問文と意味範疇としての疑問の区別をより精密に扱っている Huddleston（1994）がある．また，命令文については，Bolinger（1977: 8–9 章）と Davies（1986）を，感嘆文については Elliott（1974）を参照．

■ 関係詞節の構造

変形文法の枠組みで関係詞節を扱った，包括的かつ重要な研究に McCawley（1981）がある．また，変形を用いない理論的な分析に Sag（1997）がある．Bresnan and Grimshaw（1978）は，融合関係詞（彼らの用語では「自由関係詞」）を扱っている．不定詞目的節と不定詞関係詞節の関係については Green（1992）を参照．関係詞 that の範疇の問題については Auwera（1985）を，（本シリーズの用語でいうところの）統合関係詞節および補足関係詞節の違いについては Jacobsson（1994）を参照．

■ 非局所的依存関係

変形生成文法初期の文献で，非局所的依存構文に課せられる制約を扱っていて重要なものに，1967 年の自身の博士論文に基づく Ross（1986）がある．変形文法理論の立場から非局所的依存を扱った文献は数多く存在するが，ここではそうした先行研究を振り返ることはしていない．第 7 巻では変形を用いない分析がとられているが，同じ路線のものが Gazdar（1981）や Gazdar et al.（1985）でも提案ならびに展開されている．

■ 比較構造

比較構文（第 7 巻）を説明するにあたって本シリーズが参照した文献として，変形生成文法研究の重要な 1 つである Bresnan（1973）および機能主義的な概念を記述に取り入れた Kuno（1981）がある．意味論的な視点を含む研究としては，Allan（1986）および Mitchell（1990）があげられる．

■ 非定形節

不定詞構文の研究では Mair（1990）と Duffley（1992）が重要である．第 1

巻で紹介した連鎖動詞構文の分析は Palmer (1987: 9 章)に多くを負っている．本シリーズで複合連鎖動詞構文とよんでいるものを包括的に扱った研究としては Postal (1974) を，知覚動詞の連鎖動詞補文をとくに扱った研究としては Akmajian (1977) を参照．動詞およびその補文の主部動詞の屈折に課せられる統語的制約に関しては Pullum and Zwicky (1998) を参照．コントロールの研究としては，それがいかに意味的な現象であるかを示した Sag and Pollard (1991) が有益である．

■ 等位接続と補足

等位接続全般に関する有益な研究としては Oirsouw (1987) が，言語間の比較対照研究としては Payne (1985) がある．Gazdar et al. (1985: 8 章) では，第 8 巻で紹介したものと同じくらい詳しい（かつかなり専門的な）記述がなされている．等位接続の一般的な特徴をいくつか紹介した文献に Ross (1986) がある．等位接続要素間に求められる近似性の問題については Schachter (1977) が，また統語的に異なる範疇間の等位接続については Sag et al. (1985) を参照．本シリーズで「補足」とよぶ現象については Peterson (1998) を参照．

■ 情報のまとめ方

第 9 巻で扱った情報パッケージ構文（補文前置，後置，主語・依存詞倒置，右方転移，存在・提示節，長距離受動文）に課せられる語用論的制約については Birner and Ward (1998) で詳しく論じられており，本シリーズの説明の基盤となっている．談話的新情報・旧情報の区別と聞き手の新情報・旧情報の区別に関する議論は Prince (1992) をもとにしている．また，存在文の転移主語に適用される聞き手の新情報条件に関する本シリーズの説明は，Prince (1992) を修正したものとなっている．存在文に関する初期の重要な研究については Erdmann (1976) と Lumsden (1988) を参照．本シリーズの命題肯定に関する議論は Horn (1991) によるところが大きい．左方転移に関する議論は Prince (1997) に負っている．受動文に関しては Tomlin (1986) が有益である．分裂文の機能に関しては Prince (1978) および Delin (1995) に重要な考え方が示されている．また，Collins (1991) にはこれらの構文に関する有益なデータが含まれている．英語のトピックとフォーカスの区別に関する総合的な情報源としては Lambrecht (1994) がお勧めである．

■直示と照応

直示と照応を扱った理論的な研究で重要なものに John Lyons (1977: 11章) がある．直示については，ほかに，Anderson and Keenan (1985), Jarvella and Klein (1982), Fillmore (1997) も参照．照応を変形文法の枠組みで説明したものとしては McCawley (1998: 11章) が有益であり，照応表現の分類を扱った研究としては Hankamer and Sag (1976) が重要である．英語の照応構文について詳細かつ包括的な記述をしているものに Halliday and Hasan (1976) が，代名詞をとくに取り上げたものに Wales (1996) がある．第9巻の再帰代名詞の取り扱いについては，Pollard and Sag (1992), Reinhart and Reuland (1993), Zribi-Hertz (1989) に多くを負っている．強調的再帰代名詞の使用範囲を詳細に扱ったものに Edmondson & Plank (1978) がある．相互代名詞だと，Kim & Peters (1998) が近年の重要な成果としてあげられる．本シリーズの予期的照応の議論は，とくに，Carden (1982) および Mittwoch (1983) によるところが大きい．再帰代名詞と予期的照応については Van Hoek (1997) にためになる議論がある．

■屈折

屈折を論じる際，発音に注意を向ける必要がある．第10巻では主に，発音については，Wells (1990) を参考にした．第10巻で紹介したような形態論分析の入門としては Matthews (1991) が，また本シリーズのアプローチとは矛盾せず，しかもより専門的な理論にかかわる議論を行っているものとしては Anderson (1992) がある．動詞の形態（およびそのほかの特徴）は Palmer (1987) で詳しく論じられている．形容詞の比較級と最上級の屈折については Rowicka (1987) を参照．接語的助動詞の発音に課せられる統語条件を詳しく論じた理論的研究には，Selkirk (1980, 1984) や Kaisse (1985) がある．

■語彙的語形成

語彙的語形成（第10巻）との関連でとくに有益な辞書として，Barnhart et al. (1990) や Knowles (1997) がある．語形成の標準的な研究としては，Jespersen (1909-1949, part vi: Morphology, 1942), Marchand (1969), Adams (1973), Bauer (1983), Szymanek (1989) がある．変形生成文法の枠組みでの研究としては，Lees (1960), Aronoff (1976), Plag (1999) がある．複合語については Ryder (1994) を，その生産性に関するコーパス研究については Baayen and Renouf (1996) を参照．

■ 句読法

英語の句読法（第8巻）を包括的に扱っているものとして *Chicago Manual of Style* の5章をあげることができる．また，よく参考にされるものとして Partridge (1953) がある．句読法だけを扱った便利な本としては, Sumney (1949) と Meyer (1987) がある．後者には句読法のパターンに関する豊富な統計的な情報が含まれている．句読点の規則についてより理論的な議論を行っているものに Nunberg (1990) がある．句読法の歴史については Parkes (1992) を参照．

参 考 文 献

以下の文献リストは，本シリーズ『英文法大事典（全11巻）』（原著 *The Cambridge Grammar of the English Language*）で触れているものに限定されている．よく知られている辞書やそのほかの主だった参考書籍は，編者名ではなく書名で示してある．出版都市名は出版社の名称から直接わからない場合に限って記してある．アメリカおよびオーストラリアで出版された著作については，はっきりしない場合に限り，郵便で使う州名の略語を付け加えてある．

Acuña-Fariña, J. C. (1999) "On Apposition," *English Language and Linguistics* 3, 59–81.

Adams, Valerie (1973) *An Introduction to Modern English Word-Formation*, Longman, London.

Akmajian, Adrian (1977) "The Complement Structure of Perception Verbs in an Autonomous Syntax Framework," *Formal Syntax*, ed. by Peter W. Culicover, Thomas Wasow and Adrian Akmajian, 427–460, Academic Press, Orlando, FL.

Alexiadou, Artemis and Chris Wilder, eds. (1998), *Possessors, Predicates and Movement in the Determiner Phrase*, Linguistik Aktuell, 22, John Benjamins, Amsterdam.

Allan, Keith (1980) "Nouns and Countability," *Language* 56, 541–567.

Allan, Keith (1986) "Interpreting English Comparatives," *Journal of Semantics* 5, 1–50.

American Heritage Dictionary of the English Language (2000), 4th ed., Houghton Mifflin, Boston, MA.

Anderson, Stephen R. (1992) *A-Morphous Morphology*, Cambridge University Press, Cambridge.

Anderson, Stephen R. and Edward L. Keenan (1985) "Deixis," *Language Typology and Syntactic Description*, Vol. iii, ed. by Timothy Shopen, 259–309, Cambridge University Press, Cambridge.

Aronoff, Mark (1976) *Word Formation in Generative Grammar*, MIT Press, Cambridge, MA.

Austin, J. L. (1962) *How to Do Things with Words*, Clarendon Press, Oxford.

Auwera, Johan van der (1985) "Relative *That*—a Centennial Dispute," *Journal of Linguistics* 21, 149–179.

Baayen, H. and A. Renouf (1996) "Chronicling the *Times*: Productive Lexical Innova-

289

tions in an English Newspaper," *Language* 72, 69–96.

Bach, Emmon, Eloise Jelinek, Angelika Kratzer and Barbara Partee, eds. (1995) *Quantification in Natural Languages*, Kluwer, Dordrecht.

Baker, C. L. (1995) *English Syntax*, 2nd ed., MIT Press, Cambridge, MA.

Barnhart, R. K., C. Steinmetz and C. L. Barnhart (1990) *Third Barnhart Dictionary of New English*, H. W. Wilson, New York.

Barwise, Jon and Robin Cooper (1981) "Generalized Quantifiers and Natural Language," *Linguistics and Philosophy* 4, 159–219.

Bauer, Laurie (1983) *English Word-formation*, Cambridge University Press, Cambridge.

Bauer, Laurie (1998) "When Is a Sequence of Two Nouns a Compound in English?" *English Language and Linguistics* 2, 65–86.

Bellert, Irena (1977) "On Semantic and Distributional Properties of Sentential Adverbs," *Linguistic Inquiry* 8, 337–351.

Biber, Douglas, Stig Johansson, Geoffrey Leech, Susan Conrad and Edward Finegan (1999) *Longman Grammar of Spoken and Written English*, Longman, Harlow.

Binnick, Robert I. (1991) *Time and the Verb*, Oxford University Press, Oxford.

Birner, Betty and Gregory Ward (1998) *Information Status and Noncanonical Word Order in English*, John Benjamins, Amsterdam.

Bolinger, Dwight (1971) *The Phrasal Verb in English*, Harvard University Press, Cambridge, MA.

Bolinger, Dwight (1972) *Degree Words*, Mouton, The Hague.

Bolinger, Dwight (1977) *Meaning and Form*, Longman, London.

Bolinger, Dwight (1978) "Yes-No Questions Are Not Alternative Questions," *Questions*, ed. by Henry Hiˊz, 87–105, Reidel, Dordrecht.

Bresnan, Joan (1973) "Syntax of the Comparative Clause Construction in English," *Linguistic Inquiry* 4, 275–343.

Bresnan, Joan and Jane Grimshaw (1978) "The Syntax of Free Relatives in English," *Linguistic Inquiry* 9, 331–391.

Burchfield, R. W. (1996) *The New Fowler's Modern English Usage*, 3rd ed., Clarendon Press, Oxford.

Burton-Roberts, Noel (1991), "Prepositions, Adverbs and Adverbials," *Language Usage and Description*, ed. by Ingrid Tieken-Boon van Ostade and J. Frankis, 159–172, Rodopi, Amsterdam.

Cambridge International Dictionary of English (1995), ed.-in-chief Paul Procter, Cambridge University Press.

Carden, Guy (1982) "Backwards Anaphora in Discourse Context," *Journal of Linguistics* 18, 361–387.

Carlson, Gregory N. and Francis J. Pelletier, eds. (1995) *The Generic Book*, University of Chicago Press, Chicago.

Cattell, Ray (1984) *Syntax and Semantics 17: Composite Predicates in English*, Academic Press, Orlando, FL.

Chicago Manual of Style (1993), 14th ed., University of Chicago Press.

Cinque, Guglielmo (1999) *Adverbs and Functional Heads*, Basil Blackwell, Oxford.

Coates, Jennifer (1983) *The Semantics of the Modal Auxiliaries*, Croom Helm, London.

Cole, Peter and Jerry L. Morgan, eds. (1975) *Syntax and Semantics 3: Speech Acts*, Academic Press, New York.

Collins, Peter (1991) *Cleft and Pseudo-cleft Constructions in English*, Routledge, London.

Collins, Peter and David Lee (1998) *The Clause in English: In Honour of Rodney Huddleston*, John Benjamins, Amsterdam.

Collins COBUILD English Grammar (1990), Collins, London.

Collins COBUILD English Language Dictionary (1995), ed. John Sinclair, Harper-Collins, New York.

Comrie, Bernard (1976) *Aspect*, Cambridge University Press, Cambridge.

Comrie, Bernard (1985) *Tense*, Cambridge University Press, Cambridge.

Corbett, Greville G. (1991) *Gender*, Cambridge University Press, Cambridge.

Cowie, A. P. and R. Mackin (1993) *Oxford Dictionary of Phrasal Verbs*, Oxford University Press, Oxford.

Crystal, David (1997) *English as a Global Language*, Cambridge University Press, Cambridge.

Culicover, Peter W., Thomas Wasow and Adrian Akmajian, eds. (1977) *Formal Syntax*, Academic Press, Orlando, FL.

Davies, Eirlys E. (1986) *The English Imperative*, Croom Helm, London.

Declerck, Renaat (1988) *Studies on Copular Sentences, Clefts and Pseudo-Clefts*, Louvain University Press, Louvain.

Declerck, Renaat (1991a) *A Comprehensive Descriptive Grammar of English*, Kaitakusha, Tokyo.

Declerck, Renaat (1991b) *Tense in English: Its Structure and Use in Discourse*, Routledge, London.

Delin, Judy (1995) "Presupposition and Shared Knowledge in *It*-Clefts," *Language and Cognitive Processes* 10, 97–120.

Dixon, Robert M. W. (1982) *Where Have All the Adjectives Gone?: And Other Essays in Semantics and Syntax*, Mouton de Gruyter, Berlin.

Dixon, Robert M. W. (1991) *A New Approach to English Grammar, on Semantic Principles*, Clarendon Press, Oxford.

Dowty, David (1991) "Thematic Proto-Roles and Argument Selection," *Language* 67, 547–619.

Dudman, V. H. (1994) "On Conditionals," *Journal of Philosophy* 3, 113–128.

Duffley, Patrick J. (1992) *The English Infinitive*, Longman, London.

Duffley, Patrick J. (1994)" *Need* and *Dare*: The Black Sheep of the Modal Family," *Lingua* 94, 213–243.

Duffley, Patrick J. and Peter J. Enns (1996)" *Wh*-Words and the Infinitive in English," *Lingua* 98, 221–242.

Edmondson, Jerry and Franz Plank (1978) "Great Expectations: An Intensive Self Analysis," *Linguistics and Philosophy* 2, 373–413.

Elliott, Dale (1974) "Toward a Grammar of Exclamations," *Foundations of Language* 11, 231–246.

Emonds, Joseph E. (1972) "Evidence that Indirect Object Movement Is a Structure-Preserving Rule," *Foundations of Language* 8, 546–561.

Erdmann, Peter (1976) *'There' Sentences in English*, Tudov, Munich.

Ernst, Thomas (2001) *The Syntax of Adjuncts*, Cambridge University Press, Cambridge.

Ferris, D. Connor (1993) *The Meaning of Syntax: A Study in the Adjectives of English*, Longman, Harlow.

Fillmore, Charles W. (1997) *Lectures on Deixis*, CSLI Publications, Stanford, CA.

Gazdar, Gerald (1981) "Unbounded Dependencies and Coordinate Structure," *Linguistic Inquiry* 12, 155–184.

Gazdar, Gerald, Ewan Klein, Geoffrey K. Pullum and Ivan A. Sag (1985) *Generalized Phrase Structure Grammar*, Basil Blackwell, Oxford; and Harvard University Press, Cambridge, MA.

Green, Georgia M. (1992) "Purpose Infinitives and Their Relatives," *The Joy of Grammar: A Festschrift in Honor of James D. McCawley*, ed. by Diane Brentari, Gary N. Larson and L. A. Mcleod, 95–127, John Benjamins, Amsterdam.

Halliday, M. A. K. (1967-1968) "Notes on Transitivity and Theme in English," *Journal of Linguistics* 3, 37–81 and 199–244, and 4, 179–215.

Halliday, M. A. K. and Ruqaiya Hasan (1976) *Cohesion in English*, Longman, London.

Hankamer, Jorge and Ivan A. Sag (1976) "Deep and Surface Anaphora," *Linguistic Inquiry* 7, 391–426.

Haspelmath, Martin (1999) "Explaining Article-Possessor Complementarity: Economic Motivation in Noun Phrase Syntax," *Language* 75, 227–243.

Hawkins, John (1991) "On (In)definite Articles," *Journal of Linguistics* 27, 405–442.

Hawkins, Roger (1981) "Towards an Account of the Possessive Constructions: *NP's N* and *the N of NP*," *Journal of Linguistics* 17, 247–269.

Herskovits, Annette H. (1986) *Language and Spatial Cognition: An Interdisciplinary Study of the Prepositions in English*, Cambridge University Press, Cambridge.

Hill, L. A. (1968) *Prepositions and Adverbial Particles: An Interim Classification, Semantic, Structural and Graded*, Oxford University Press, Oxford.

Hirschbühler, Paul (1985) *The Syntax and Semantics of Wh-Constructions*, Garland, New York.

Hoeksema, Jacob, ed. (1996), *Partitives: Studies on the Syntax and Semantics of the Partitive and Related Constructions*, Mouton de Gruyter, Berlin.

Hogg, Richard M., gen. ed. (1992-2002) *The Cambridge History of the English Language* (6 vols.), Cambridge University Press, Cambridge.

Horn, Laurence R. (1989) *A Natural History of Negation*, University of Chicago Press, Chicago.

Horn, Laurence R. (1991) "Given as New: When Redundant Information Isn't," *Journal of Pragmatics* 15, 305-328.

Huddleston, Rodney (1994) "The Contrast between Interrogatives and Questions," *Journal of Linguistics* 30, 411-439.

Huddleston, Rodney (1995a) "The English Perfect as a Secondary Tense," *The Verb in Contemporary English: Theory and Description*, ed. by Bas Aarts and C. F. Meyer, 102-122, Cambridge University Press, Cambridge.

Huddleston, Rodney (1995b) "The Case against a Future Tense in English," *Studies in Language* 19, 399-446.

Jackendoff, Ray (1973) "The Base Rules for Prepositional Phrases," *A Festschrift for Morris Halle*, ed. by Stephen R. Anderson and Paul Kiparsky, Holt, Rinehart and Winston, New York.

Jackendoff, Ray (1977) $\overline{X}$ *Syntax: A Study of Phrase Structure*, MIT Press, Cambridge, MA.

Jackendoff, Ray (1991) *Semantics and Cognition*, MIT Press, Cambridge, MA.

Jackendoff, Ray (1995) *Semantic Structures*, MIT Press, Cambridge, MA.

Jacobsson, Bengt (1975) "How Dead Is the English Subjunctive?" *Moderna Språk* 69, 218-231.

Jacobsson, Bengt (1994) "Non-Restrictive Relative *That*-Clauses Revisited," *Studia Neophilologica* 62, 181-195.

Jarvella, Robert J. and Wolfgang Klein, eds. (1982) *Speech, Place and Action: Studies in Deixis and Related Topics*, John Wiley, Chichester.

Jespersen, Otto (1909-1949) *A Modern English Grammar on Historical Principles* (7 vols.), Munksgaard, Copenhagen. [Republished, Carl Winter, Heidelberg; George Allen and Unwin, London.]

Kaisse, Ellen (1985) *Connected Speech: The Interaction of Syntax and Phonology*, Academic Press, New York.

Karttunen, Lauri (1977) "Syntax and Semantics of Questions," *Linguistics and Philosophy* 1, 3–44.

Keenan, Edward L. and Jonathan Stavi (1986) "A Semantic Characterization of Natural Language Determiners," *Linguistics and Philosophy* 9, 253–326.

Kim, Yookyung and P. Stanley Peters (1998) "Semantic and Pragmatic Context-Dependence: The Case of Reciprocals," *Is the Best Good Enough?*, ed. by Pila Barbosa, Danny Fox, Paul Hagstrom, Martha McGinnis and David Pesetsky, 221–247, MIT Press, Cambridge, MA.

Klima, Edward S. (1964) "Negation in English," *The Structure of Language: Readings in the Philosophy of Language*, ed. by Jerry A. Fodor and Jerrold J. Katz, 246–323, Prentice-Hall, Englewood Cliffs, NJ.

Knowles, Elizabeth (1997), with Julia Elliot, *The Oxford Dictionary of New Words*, Oxford University Press, Oxford.

Koptevskaya-Tamm, Maria (1993) *Nominalizations*, Routledge, London.

Kuno, Susumo (1981) "The Syntax of Comparative Clauses," *Papers from the 17th Regional Meeting, Chicago Linguistic Society*, ed. by Roberta A. Hendrick, Carrie S. Masek and Mary Frances Miller, 136–155, Chicago Linguistic Society.

Ladusaw, William A. (1980) *Polarity Sensitivity as Inherent Scope Relations*, Garland, New York.

Lambrecht, Knud (1994) *Information Structure and Language Form*, Cambridge University Press, Cambridge.

Lee, David (1998) "Intransitive Prepositions: Are They Viable?" *The Clause in English: In Honour of Rodney Huddleston*, ed. by Peter Collins and David Lee, 133–147, John Benjamins, Amsterdam.

Leech, Geoffrey N. (1987) *Meaning and the English Verb*, Longman, London.

Lees, Robert B. (1960) *The Grammar of English Nominalizations*, Mouton, The Hague.

Levin, Beth (1993) *English Verb Classes and Alternations*, University of Chicago Press, Chicago.

Lewis, David K. (1975) "Adverbs of Quantification," *Formal Semantics of Natural Languages*, ed. by Edward L. Keenan, 3–15, Cambridge University Press, Cambridge.

Lumsden, Michael (1988) *Existential Sentences: Their Structure and Meaning*, Croom-Helm, London.

Lyons, Christopher (1999) *Definiteness*, Cambridge University Press, Cambridge.

Lyons, John (1977) *Semantics* (2 vols.), Cambridge University Press, Cambridge.

Macquarie Dictionary (1991), 2nd ed., ed. by Arthur Delbridge et al., McMahon's Point, NSW, Macquarie Library, Australia.

Mair, Christian (1990) *Infinitival Complement Clauses in English: A Study of Syntax in Discourse*, Cambridge University Press, Cambridge.

Marchand, Hans (1969) *The Categories and Types of Present-Day English Word-Formation*, Beck, Munich.

Matthews, Peter H. (1981) *Syntax*, Cambridge University Press, Cambridge.

Matthews, Peter H. (1991) *Morphology*, 2nd ed., Cambridge University Press, Cambridge.

Matthews, Peter H. (1997) *The Concise Oxford Dictionary of Linguistics*, Oxford University Press, Oxford.

McCawley, James D. (1981) "The Syntax and Semantics of English Relative Clauses," *Lingua* 53, 99–149.

McCawley, James D. (1998) *The Syntactic Phenomena of English*, 2nd ed., University of Chicago Press, Chicago.

McCoard, Robert W. (1978) *The English Perfect: Tense-choice and Pragmatic Inferences*, North-Holland, Amsterdam.

Merriam-Webster's Dictionary of Contemporary English Usage (1994), Merriam-Webster, Springfield, MA.

Meyer, Charles F. (1987) *A Linguistic Study of American Punctuation*, Peter Lang, New York.

Mitchell, Keith (1990) "On Comparisons in a Notional Grammar," *Applied Linguistics* 11, 52–72.

Mittwoch, Anita (1983) "Backward Anaphora and Discourse Structure," *Journal of Pragmatics* 7, 129–139.

Mountford, John D. (1998) *An Insight into English Spelling*, Hodder and Stoughton Educational, London.

Nunberg, Geoffrey (1990) *The Linguistics of Punctuation*, CSLI Publications, Stanford, CA.

Ohlander, S. (1986) "Question-Orientation versus Answer-Orientation in English Interrogative Clauses," *Linguistics across Historical and Geographical Boundaries*, Vol. ii: *Descriptive, Contrastive and Applied Linguistics*, ed. by D. Kastovsky and A. Szwedek, 963–982, Mouton de Gruyter, Berlin.

Oirsouw, Robert R. van (1987) *The Syntax of Coordination*, Croom Helm, London.

Ostertag, Gary, ed. (1998) *Definite Descriptions: A Reader*, MIT Press, Cambridge, MA.

Oxford English Dictionary (1989), 2nd ed. (20 vols.), prepared by J. A. Simpson & E. S. C. Weiner, Oxford University Press, Oxford.

Palmer, F. R. (1987) *The English Verb*, 2nd ed., Longman, London.

Palmer, F. R. (1990) *Modality and the English Modals*, Longman, London.

Palmer, F. R. (1994) *Grammatical Roles and Relations*, Cambridge University Press, Cambridge.

Palmer, F. R. (2001) *Mood and Modality*, 2nd ed., Cambridge University Press, Cambridge.

Parkes, Malcolm (1992) *Pause and Effect: An Introduction to the History of Punctuation in the West*, Scolar Press, Aldershot.

Parsons, Terence (1990) *Events in the Semantics of English*, MIT Press, Cambridge, MA.

Partridge, Eric (1953) *You Have a Point There*, Routledge and Kegan Paul, London.

Payne, John (1993) "The Headedness of Noun Phrases: Slaying the Nominal Hydra," *Heads in Grammatical Theory*, ed. by Greville G. Corbett, Norman M. Fraser and Scott McGlashan, 114-139, Cambridge University Press, Cambridge.

Payne, John (1985) "Complex Phrases and Complex Sentences," *Language Typology and Syntactic Description*, Vol. ii, ed. by Timothy Shopen, 3-41, Cambridge University Press, Cambridge.

Peterson, Peter (1998) "On the Boundaries of Syntax: Non-Syntagmatic Relations," in Collins and Lee (1998), 229-250.

Phythian, B. A. (1979) *A Concise Dictionary of Correct English*, Teach Yourself Books, London; Littlefield, Adams, Totowa, NJ.

Plag, I. (1999) *Morphological Productivity: Structural Constraints in English Derivation*, Mouton de Gruyter, Berlin.

Pollard, Carl and Ivan A. Sag (1992) "Anaphors in English and the Scope of Binding Theory," *Linguistic Inquiry* 23, 261-303.

Postal, Paul M. (1974) *On Raising*, MIT Press, Cambridge, MA.

Poutsma, Hendrik (1926-1929) *A Grammar of Late Modern English*, Noordhoof, Groningen.

Prince, Ellen F. (1978) "A Comparison of *Wh*-Clefts and *It*-Clefts in Discourse," *Language* 54, 883-906.

Prince, Ellen F. (1992) "The ZPG Letter: Subjects, Definites and Information-Status," *Discourse Descriptions: Diverse Analyses of a Fundraising Text*, ed. by William C. Mann and Sandra A. Thompson, 295-325, John Benjamins, Amsterdam.

Prince, Ellen F. (1997) "On the Functions of Left-Dislocation in English Discourse," *Directions in Functional Linguistics*, ed. by Akio Kamio, 117-143, John Benjamins, Amsterdam.

Pullum, Geoffrey K. and William A. Ladusaw (1996) *Phonetic Symbol Guide*, 2nd ed., University of Chicago Press, Chicago.

Pullum, Geoffrey K. and Arnold Zwicky (1998) "Gerund Participles and Head-Complement Inflection Conditions," *The Clause in English: In Honour of Rodney Huddleston*, ed. by Peter Collins and David Lee, 251-271, John Benjamins, Amsterdam.

参考文献 297

Quirk, Randolph, Sidney Greenbaum, Geoffrey Leech and Jan Svartvik (1985) *A Comprehensive Grammar of the English Language*, Longman, London.

Reader's Digest (1985) *The Right Word at the Right Time: A Guide to the English Language and How to Use it*, Reader's Digest, London.

Reid, Wallis (1991) *Verb and Noun Number in English: A Functional Explanation*, Longman, London.

Reinhart, Tanya and Eric Reuland (1993) "Reflexivity," *Linguistic Inquiry* 24, 657–720.

Reuland, Eric and Alice ter Meulen, eds. (1987) *The Representation of (In)definiteness*, MIT Press, Cambridge, MA.

Ross, John R. (1986) *Infinite Syntax!*, Erlbaum, Hillsdale, NJ.

Rowicka, G. (1987) "Synthetical Comparison of English Adjectives," *Studia Anglica Posnaniensa* 20, 129–149.

Ryder, M. E. (1994) *Ordered Chaos: The Interpretation of English Noun-Noun Compounds*, University of California Press, Berkeley.

Sag, Ivan A. (1997) "English Relative Clause Constructions," *Journal of Linguistics* 33, 431–483.

Sag, Ivan A., Gerald Gazdar, Thomas Wasow and Steven Weisler (1985) "Coordination and How to Distinguish Categories," *Natural Language and Linguistic Theory* 3, 117–171.

Sag, Ivan A. and Carl Pollard (1991) "An Integrated Theory of Complement Control," *Language* 67, 63–113.

Schachter, Paul (1977) "Constraints on Coordination," *Language* 53, 86–103.

Searle, John R. (1975) "Indirect Speech Acts," in Cole and Morgan (1998), 59–82.

Selkirk, Elisabeth O. (1977) "Some Remarks on Noun Phrase Structure," in Culicover, Wasow and Akmajian (1977), 285–316.

Selkirk, Elisabeth O. (1980) *The Phrase Phonology of English and French*, Garland, New York.

Selkirk, Elisabeth O. (1984) *Phonology and Syntax: The Relation between Sound and Structure*, MIT Press, Cambridge, MA.

Seppänen, Aimo, Rhonwen Bowen and Joe Trotta (1994) "On the So-Called Complex Prepositions," *Studia Anglica Posnaniensia* 29, 3–29.

Seppänen, Aimo, Solveig Granath and Jennifer Herriman (1995) "On So-Called "Formal" Subjects / Objects and "Real" Subjects / Objects," *Studia Neophilologica* 67, 11–19.

Seppänen, Aimo and J. Herriman (1997) "The Object / Predicative Contrast and the Analysis of "She Made Him a Good Wife"," *Neuphilologische Mitteilungen* 98, 135–146.

Stockwell, Robert P., Paul Schachter and Barbara Hall Partee (1973) *The Major Syn-*

tactic Structures of English, Holt, Rinehart and Winston, New York.

Sumney, G. (1949) *Modern Punctuation*, Ronald Press, New York.

Szymanek, B. (1989) *Introduction to Morphological Analysis*, Panstwowe Wydawnictwo Naukowe, Warsaw.

Tobin, Yishai (1993) *Aspect in the English Verb*, Longman, London.

Tomlin, Russell S. (1986) *Basic Word Order: Functional Principles*, Croom Helm, London.

Trask, R. L. (1993) *A Dictionary of Grammatical Terms in Linguistics*, Routledge, London.

Traugott, Elizabeth C., ed. (1986) *On Conditionals*, Cambridge University Press, Cambridge.

Trudgill, Peter and Jean Hannah (1985) *International English: A Guide to Varieties of Standard English*, 2nd ed., Edward Arnold, London.

Van Hoek, Karen (1997) *Anaphora and Conceptual Structure*, University of Chicago Press, Chicago.

Visser, F. T. (1963-1973) *An Historical Syntax of the English Language* (4 vols.), E. J. Brill, Leiden.

Wales, Katie (1996) *Personal Pronouns in Present-day English*, Cambridge University Press, Cambridge.

Wells, John C. (1990) *Longman Pronunciation Dictionary*, Longman, London.

Wickens, Mark A. (1992) *Grammatical Number in English Nouns: An Empirical and Theoretical Account*, John Benjamins, Amsterdam.

Wierzbicka, Anna (1982) "Why Can You *Have a Drink* When You Can't **Have an Eat?*" *Language* 58, 753-799.

Wilkins, Wendy, ed. (1988) *Syntax and Semantics 21: Thematic Relations*, Academic Press, New York.

Zribi-Hertz, Anna (1989) "Anaphor Binding and Narrative Point of View: English Reflexive Pronouns in Sentence and Discourse," *Language* 65, 695-727.

索　引

1. 日本語は五十音順に並べてある．英語（で始まるもの）はアルファベット順で，最後に一括してある．
2. 数字はページ数を示す．

［あ行］

アフリカ系アメリカ人口語英語（African American Vernacular English: AAVE） 269

依存要素（dependent）　3, 194

一次形式（primary form）　147, 168, 174, 177, 179, 183

一次動詞否定（primary verbal negation） 147, 168, 174, 199

イディオム（idiom）　29, 44, 47-48, 50-51, 54, 57-60, 62-63, 75, 87, 90, 94, 99, 100, 102, 106, 117, 122-123, 126, 133, 136, 201, 215, 222-224, 231, 247, 262-263, 275

意味役割（semantic role）　3, 12, 123

隠喩（metaphor）　59-60, 109, 111, 115-117, 119-120, 125-126, 128, 138

音調句（intonational phrase）　159

［か行］

蓋然性（probability）　256-257, 259

外部否定（external negation）　262

開放疑問文（open interrogative）　10, 145, 228, 242-243

開放条件節（open conditional）　252

格（case）　2, 9, 135

核（nucleus）　77

核前位位置（prenuclear position, pre-nucleus position）　77, 144, 149

拡大可能な（expandable）　14

拡大不可能な（non-expandable）　13-14, 23, 58

可能性（possibility）　257

下方含意（downward entailment）　206-209, 248

冠詞（article）　45, 80, 85-86, 95, 99, 133

完全に化石化している（fully fossilised） 47

観点（perspective）　116

換喩（metonymy）　115-116

基体（base）　189

起点（source）　38, 109-111, 125, 130

強程度モダリティ（strong modality） 257-260, 262

極性（polarity）　97-99, 142-144, 149, 158, 160, 173, 177-180, 184, 186-187, 190-191, 210-211, 215, 233, 240, 266, 273-274

極性感応的（polarity-sensitive）　215, 217, 221, 237, 241

極性的質問（polar question）　229

極性付加詞（polarity adjunct）　273-274

近似否定語（approximate negator）　148, 183, 202-203, 208, 210, 270

屈折比較級・最上級（inflectional comparative/superlative）　19-20

句動詞（verbal idiom）　68-69, 122

現実性（factuality）　257

懸垂分詞（dangling particle）　29

限定（attributive）　15, 19, 22-24, 27, 39, 47, 188-189, 190

限定詞（determinative）　39, 40, 44, 52, 105, 184, 187-188, 194-195, 202, 231, 254, 275

限定要素（determiner）　13, 47-48, 58, 80, 99, 106, 130, 148, 195, 202, 226, 237

語彙素（lexeme）　13, 16, 24-25, 90, 202

後位（postpositive）　15, 19

行為指示表現（directives）　275

構成素（constituent）　51-52, 55-58, 69, 75-76, 104, 154, 165, 268

後置詞（postposition）　11

肯定極性（positive polarity）　142

肯定指向極性感応項目（positively-oriented polarity-sensitive item: PPI）　216-218, 230, 232-236, 238-241

肯定節（positive clause）　142-145, 149, 151, 156-157, 163-164, 166-169, 175-176, 178, 180, 198, 203, 212, 215, 220, 228

肯定的（affirmative）　216-217, 227

黒人口語英語（Black English Vernacular）　269

コックニー方言（Cockney）　269

[さ行]

再分析（reanalysis）　52-53, 60, 83

作用域の焦点（scopal focus）　163

残置（strand）　10, 64-73, 86

軸（axis）　117

支持の do（supportive *do*）　169, 174, 180

実在化（actualisation）　257

支配（govern）　2, 9-10

弱程度モダリティ（weak modality）　257-260

従属接続詞（subordinating conjunction）　5-7, 57, 87

従属名詞句（subordinate NP）　130-131

終点（end point）　221

自由表現（free expression）　46-47, 50, 52

縮約疑問節（reduced interrogative clause）　144

縮約節（reduced clause）　88, 99, 143-144, 277

主語・助動詞倒置（subject-auxiliary inversion）　144-145, 149, 171, 182, 185, 194, 211

主語限定要素（subject-determiner）　130

主節認可補部（matrix-licensed complement）　96

主要語（head word）　6

瞬間的（punctual）　221

順接（coordination）　266

使用域（register）　27, 225

照応的（anaphoric）　38, 53, 56, 184

照応的代用形（anaphoric pro-form）　276

冗長的従属節否定（pleonastic subordinate negative）　267, 269

焦点（focus）　163-167, 253

上方含意（upward entailment）　206-207, 249

情報の焦点（informational focus）　163, 167

省略疑問文（elliptical interrogative）　71

所格（locative）　35

叙述（predicative）　15, 18, 27, 107, 188

叙述補部（predicative complement）　4-5, 23, 77, 79, 81, 84-88, 120, 124, 133, 196

真（true）　150-153, 156-157, 160, 163-

164, 166-167, 191, 197, 204, 206, 208-209, 213, 253-255, 257-259

真理条件 (truth condition) 152-154, 156, 158, 162-163, 180, 209

推意 (implicature) 148, 150-151, 159, 166-167, 203-205, 207, 211, 213, 234, 238, 243-244, 247-249, 253-263

遂行動詞 (performative verb) 258

遂行文 (performative sentence) 258-259

随伴格 (comitative) 138

数量化 (quantification) 148, 160-162, 181, 203, 235, 237-238, 255, 265-267

接辞否定語 (affixal negator) 148

絶対否定語 (absolute negator) 148, 183, 194-195, 200, 202, 210, 212, 236, 241, 269

接置詞 (adposition) 11

節内部否定 (subclausal negation) 145-146, 149-150, 157-158, 172, 186-188, 190, 192-194, 200-201, 212, 242, 264

節否定 (clausal negation) 145-146, 149-150, 157-158, 172, 185-188, 190, 194-195, 198-199, 201, 210-213, 234, 242, 264-267

前景 (foreground) 251

線形語順 (linear order) 11, 158, 160

全称数量詞 (universal quantifier) 161-162, 237, 267

前置詞句前置 (PP fronting) 66-71, 73

前置詞残置 (preposition stranding) 10, 64-65, 67, 69

前置詞付動詞 (prepositional verb) 84-85

前提 (presupposition) 243, 250

増加特定性 (increased specificity) 253, 261

総合的一次否定 (synthetic primary negation) 168-169

総合的否定 (synthetic negation) 145-148, 169-172, 174, 178-179, 182-183

相対的作用域 (relative scope) 154-160

挿入的呼応 (parenthetical concord) 267-268

存在数量詞 (existential quantifier) 162, 229, 237, 241, 265, 270

[た行]

多数数量 (multal quantification) 227, 237

段階的 (gradable) 23, 99, 189, 213

着点 (goal) 17, 38, 92, 105, 109-112, 118, 125-126, 135-136

中程度モダリティ (medium modality) 256-262

中立的 (neutral) 228-229, 235

直示的 (deictic) 38

陳述内容節 (declarative content clause) 5, 14, 55

通常否定 (ordinary negation) 145-146, 150-151

ディフォルト (default) 9, 130-131, 142, 150, 160, 166, 229

等価 (equivalent) 162, 176, 180-182, 199-202, 208, 212-213, 252, 263-267, 271

動詞外否定 (non-verbal negation) 145-148, 155, 183-184, 192, 195-196

動詞否定 (verbal negation) 145, 147-151, 168, 173-175, 183-185, 187, 190, 192-193, 195-196, 199, 200, 202, 212, 235, 238, 241, 264, 266, 268

到達動詞 (achievement verb) 221

同定用法 (specifying use) 18, 36, 107, 178-179, 181

動名分詞 (gerund-participle) 16, 26, 28-30, 45, 62, 74, 94, 96

独立分詞構文 (absolute construction) 73-74

閉じた類 (closed class) 12

トラジェクター (trajector) 109, 112-114, 116

度量句 (measure phrase) 186-187

[な行]

内部否定 (internal negation) 262

二次 (secondary) 147

二次動詞否定 (secondary verbal negation) 147, 175

二次否定 (secondary negation) 175-177, 179-182

認識的可能性 (epistemic possibility) 178

認識的必然性 (epistemic necessity) 178

[は行]

背景 (background) 252

発話内行為 (illocutionary act) 235, 258

発話内の力 (illocutionary force) 232

反対対当 (contrary) 157, 160, 213

非現実 (non-factual) 269

非肯定的 (non-affirmative) 216-218, 228, 222-224, 232, 241, 249

必然性 (necessity) 257

否定極性 (negative polarity) 142, 210, 240

否定呼応 (negative concord, negative agreement) 264, 267, 269-272

否定指向極性感応項目 (negatively-oriented polarity-sensitive item: NPI) 215-218, 220-222, 224-225, 227-230, 235-252, 269

否定節 (negative clause) 142-145, 149, 157-158, 160, 163-164, 166-167, 179, 203, 215, 220, 224, 234, 253, 255, 266, 269, 277

否定的応酬 (negative retort) 267-268

否定の作用域 (scope of negation) 151-158, 160-162, 166-167, 178-180, 185, 187, 199-200, 232-233, 235, 253, 263

否定の焦点 (focus of negation) 151, 163, 165-167

否認 (denial) 234, 244, 249, 266-267

非命令二次 (non-imperative secondary) 147

非有界依存関係構文 (unbounded dependency construction) 78

品詞転換 (conversion) 15, 28, 74

付加疑問 (tag) 144, 148-149, 158, 160, 173-174, 177-180, 184, 186-188, 192-194, 200, 208, 210-211, 249, 266, 273

付加疑問節 (interrogative tag) 144

複合接続詞 (complex conjunction) 57

複合前置詞 (complex preposition) 41-42, 49-52, 54-55, 58-60, 62

不利益の与格 (dative of disadvantage) 135

分析的一次否定 (analytic primary negation) 168-169

分析的比較級・最上級 (analytic comparative/superlative) 20-21, 23

分析的否定 (analytic negation) 145-148, 169-171, 174-175, 183

文法化 (grammaticise) 8-9, 108, 119-121, 123, 125, 130

分離不定詞 (split infinitive) 176

閉鎖疑問文 (closed interrogative) 10, 228, 242-243

隔たり条件節 (remote conditional) 252

偏向的（biased） 228, 235
編入（incorporate） 52
補文標識（complementizer） 7

［ま行］

未完結（atelic） 221
矛盾対当（contradictory） 157, 160-161, 213
無標形（plain form） 169, 174-176, 202, 263
命令動詞否定（imperative verbal negation） 147
メタ言語的否定（metalinguistic negation） 145-146, 150-151, 233
モダリティ（modality） 256-262

［や行］

融合関係節（fused relative） 94
融合限定要素（fused determiner） 99, 202, 226, 237

与格（dative） 2, 9, 135

［ら行］

ランドマーク（landmark） 109, 112-114, 117
離接（disjunctive） 266
離接等位接続の呼応（disjunctive coordination concord） 267-268
倫理的与格（ethic dative） 135
類別的（classificatory） 189
連結付加詞（connective adjunct） 143-145, 149, 153, 192, 194, 210, 233, 240
連鎖動詞（catenative） 259-260
論理的含意（entailment） 151, 166-167, 191, 203-208, 244-245, 249, 253
論理的含意の方向（direction of entailment） 203, 205-206, 208

［英語］

it 分裂文（*it*-cleft） 18, 85

306

原著者・編集委員長・監訳者・訳者紹介

【原著者】

Rodney Huddleston　クイーンズランド大学 名誉教授

Geoffrey K. Pullum　エジンバラ大学 教授

【編集委員長】

畠山雄二　東京農工大学 准教授

【監訳者】

藤田耕司　京都大学 教授

長谷川信子　神田外語大学 教授

竹沢幸一　筑波大学 教授

【責任訳者】

縄田裕幸　島根大学 教授

【共訳者】

久米祐介　名城大学 准教授

松元洋介　中京大学 准教授

山村崇斗　筑波大学 助教

「英文法大事典」シリーズ　第5巻
前置詞と前置詞句，そして否定

著　者	Rodney Huddleston・Geoffrey K. Pullum
編集委員長	畠山雄二
監訳者	藤田耕司・長谷川信子・竹沢幸一
訳　者	縄田裕幸・久米祐介・松元洋介・山村崇斗
発行者	武村哲司
印刷所	日之出印刷株式会社

2018 年 5 月 22 日　第 1 版第 1 刷発行©

発行所　　株式会社　開 拓 社

〒 113-0023 東京都文京区向丘 1-5-2
電話　（03）5842-8900（代表）
振替　00160-8-39587
http://www.kaitakusha.co.jp

ISBN978-4-7589-1365-2　C3382

JCOPY ＜出版者著作権管理機構 委託出版物＞

本書の無断複製は，著作権法上での例外を除き禁じられています．複製される場合は，そのつど事前に，出版者著作権管理機構（電話 03-3513-6969, FAX 03-3513-6979, e-mail: info@jcopy.or.jp）の許諾を得てください．